새롭게 조망해 본 기독교 대안교육

기독교 세계관에 근거한
대안교육 및 학교교육론

생명의 양식
THE BREAD OF LIFE

초판 인쇄	2024. 10. 25
초판 발행	2024. 11. 9
지 은 이	이현절 홍성수 조성국 정영찬 소진희
	이현민 박현수 이종화 이헌체 구현주
발 행 인	이기룡
디 자 이 너	이현정
펴 낸 곳	생명의 양식
	서울특별시 서초구 고무래로 10-5 (반포동)
	TEL.(02)592-0986 FAX.(02)595-7821

기독교 세계관에 근거한
대안교육 및 학교교육론

새롭게 조망해 본 기독교 대안교육

목 차

006　저자 소개

010　서문

013　제1장　참된 교육과 진정한 대안의 필요성:　　　이현철
　　　　　　우리의 상황과 딜레마

021　제2장　대안교육의 개념과 범주　　　　　　　　홍성수

047　제3장　기독교 대안교육의 역사:　　　　　　　　조성국
　　　　　　네덜란드, 북미, 남아공화국과 오세아니아

075　제4장　한국 기독교 대안학교의 역사와 현황　　정영찬

105　제5장　기독교 대안교육의 기초 :　　　　　　　소진희
　　　　　　기독교 세계관과 교육

129　제6장　기독교 대안교육의 교육목적과 교육과정　이현민

159　제7장　기독교 대안교육의 교수 방법과 평가　　이현철

181	제8장	기독교 대안학교의 법제화와 공동체적 구조: 정체성과 독특성	이현민
211	제9장	기독교 대안교육의 주체: 학생, 교사, 부모와 가정, 교회	홍성수
239	제10장	기독교 대안학교의 전망과 과제	박현수
261	제11장	대안학교 사례: 세움학교 이야기	이종화
279	제12장	대안학교 사례: 동일프로이데 이야기	이헌체
299	제13장	대안학교 사례: 벧엘국제스쿨 이야기	구현주
315	**참고문헌**		
327	**찾아보기**		

저자 소개

이현철 고신대학교 기독교교육과 교수

고신대학교 신학대학 기독교교육과, 경북대학교 대학원 교육학석사·박사, 美 Pennsylvania State University 교육학과 박사후 연구, 고려신학대학원 목회학석사, 美 Gordon-Conwell Theological Seminary 목회학박사. 기독교 교육을 포함한 실천신학, 교육학, 사회학 분야에 많은 논문과 저서를 발표하였으며, 한국학술지인용색인(KCI) 등재 학술논문 총피인용 수 최상위 연구자로 선정되기도 하였다.

홍성수 고신대학교 기독교교육과 교수

고신대학교 신학대학 기독교교육과 학사, 신학대학원 신학(목회학)석사, 대학원 문학석사, 기독교 종교교육 전공으로 교육학박사(Ph. D)를 취득했다. 기독교 교육역사를 주 연구 분야로 하면서 성경적 기독교 세계관과 철학 그리고 성경신학과 교리교육학의 현장 적용에 관심이 있다.

조성국　　　　　　　　　　　　　　　　　　고신대학교 명예교수

고신대학교 신학대학 기독교교육과 학사, 신학대학원 신학(목회학)석사, 대학원 문학석사, Potchefstroomse Universiteit 교육철학박사(Ph.D.). Vrije Universiteit Amsterdam 연구교수(Gastonderzoeker) 역임. 기독교 교육철학과 역사, 기독교 종교교육, 교회교육에서 여러 논문과 저서를 출간하였다.

정영찬　　　　　　　　　후세대교회 담임목사, 하나님의교사들 지도목사

진주교육대학교를 졸업하고(B.A.) 경남 통영에서 초등학교교사로 근무한 뒤 합동신학교에서 목회학을(M.Div), 고신대학교 대학원 기독교교육학을 수학하며 석·박사학위를 취득했다(M.A., Ph.D.). 그는 기독교사운동과 기독교 학교, 개혁교회에 대한 애정을 가진 목사이다.

소진희　　　　　　　　　　　　　　　　고신대학교 기독교교육과 교수

고신대학교 신학대학 기독교교육과 학사, 대학원 문학석사, 기독교 교육철학 전공으로 교육학박사(Ph. D.)를 취득했다. Dordt Universty 방문연구, 캐나다 SCSBC 객원연구원으로 기독교 학교를 연구하였다. 기독교 교육, 교육철학, 기독교 교육철학, 기독교 세계관이 주 연구분야이며, 기독교 교육철학을 실제 교육현장에 적용할 수 있도록 돕는 것에 관심이 있다.

이현민　　　　　　　　　　　　　고신대학교 기독교교육과 겸임교수

부산교육대학교를 졸업하고 남아프리카공화국 North-West University Potchefstroom(옛 Potchefstroom University for Christian Higher Education)에서 교육철학 전공으로 박사학위(Ph.D.)를 받았다. 신칼뱅주의 철학을 바탕으로 신앙에 합치된 교육을 실천하기 위한 교육의 일반 이론을 구축하는 일에 관심을 가지고 공부 중이다. 고신대학교 기독교교육과와 한동대학교 교육대학원의 겸임교수로 강의하고 있다.

박현수　　　　　　　　　　　　　별무리사회적협동조합 이사장

경인교육대학교 초등교육과를 졸업하고 경인교육대학교 대학원 교육학석사. 고신대학교 대학원 교육학 박사과정 수료하였다. 교사선교회 대표, 공립학교 교사, 별무리기독대안학교 교장, 한국대안교육기관연합회 정책팀장을 역임하였고, 현재는 제주도에서 기독교 대안학교 설립을 준비하고 있다.

이종화　　　　　　　　　　　　세움학교 교장, 세움교회 담임목사

이종화는 고신대학교 신학대학 국제문화선교학과, 부산장신대학원 목회학석사, 고신대학교 기독교 대안교육전공 석사학위를 취득하였으며, Youth Kosta 강사 및 부산성시화청년기도국장으로 섬기며, 다음세대를 위한 설교, 세미나 강사로 활동하고 있다.

이헌체   동일프로이데중고등학교 교장

고신대학교 신학과를 졸업하고 고려신학대학원 목회학석사와 고신대학교 기독교 대안교육전공 석사학위를 취득하였으며 현재 대구 동일교회 교육디렉터와 사단법인 동일프로이데커뮤니티 사무총장과 사립형공공도서관인 동일공공도서관 부관장 및 동일프로이데중고등학교 교장으로 섬기고 있다.

구현주   벧엘국제스쿨 교장, 온코칭&심리상담센터 원장

고신대학교 일반대학원 기독교상담학 석사, 기독교 교육학 박사학위를 취득했으며, 학습코칭 전문가, 독서치료사, 수퍼바이저, 기독교상담심리치료사 1급, 가족상담사 1급, 기독교상담자로서 부르심의 사명을 지키며, 기독교 대안교육의 현장에서 다음 세대들을 가르치며, 가정 회복을 위한 부모 교육에 헌신하고 있다.

서 문

　　대안교육과 대안학교를 통한 교육의 시도는 본질적으로 기존 교육 환경과 제도 자체 대한 의문과 인간관에 대한 근본적인 반성에서부터 시작한다. 이때 의문과 반성은 '교육주체의 세계관이 무엇인가? 학교관은 무엇인가? 지식과 실재관은 무엇인가?'와 같은 질문들에 답을 할 수있는가를 포함한다. 우리가 집중적으로 다루고자 하는 '기독교 대안교육'과 '기독교 대안학교'로 논의의 방향을 명확하게 좁히고자 할 때 더욱더 전술한 내용들은 반드시 짚고 넘어가야 할 핵심적인 요소들이 될 것이다. 이는 기독교 대안교육 및 기독교 대안학교와 관련된 세계관, 학교관, 지식과 실재관이 철저한 성경적 세계관과 건강한 기독교 교육철학 기초 위에서 비평적으로 논의되어야 함을 전제하기 때문이다.

　　하지만 안타깝게도 대안학교의 현장에서 기독교 대안교육과 대안학교에 대한 안정감있는 개론 서적과 자료들을 찾아보기가 쉽지 않다. 1990년대 중반 이후 본격적으로 우리 사회 안에서 대안교육 운동이 논의되기 시작한지

30년 가까이 되었다. 그동안 대안교육 운동에 대한 일반 교육학 영역에서의 논의와 분석은 그 양적인 수준에서 괄목할 만하게 성장하였으며, 교육학 전 분야에 있어 광범위하게 논의되었다. 그중에서도 특별히 교육사회학 분야에서의 접근들은 국내·외적으로 깊은 통찰력을 선사했다.

그러나 기독교 대안교육의 영역에서 현장의 교육주체들 혹은 기독교 대안교육을 준비하고 있는 이들이 신뢰할 만한 자료로서 기독교 대안교육이 무엇을 의미하는지, 그리고 그것을 바탕으로 어떻게 대안학교를 경영 및 운영해나가야 할지에 대한 답답함을 해갈(解渴)하는 기초 자료가 전무한 것이 사실이다. 물론 철학적이며, 기초적인 접근이 없었던 것은 아니지만 기독교 교육학을 전공한 이들에 의하여 이론과 현장의 맥락을 정련된 수준에서 논의해준 자료는 드물다.

이러한 기독교 대안교육 현장의 답답함을 바라보면서 나(이현철)는 고신대학교에서 기독교 교육학을 전공하였거나 고신대학교 기독교 대안교육 전공에서 연구하며, 학업을 수행한 교수 및 학위자들과 함께 기독교 대안교육 및 대안학교를 위한 학문적 씨앗을 뿌려보기로 마음을 먹었다.

감사하게도 귀한 연구자들과 동역자들이 나의 문제의식에 적극적으로 동의해주었으며, 의기투합하여 철저한 성경적 세계관을 기초로 기독교 대안교육의 이론적 논의에서부터 실제 기독교 대안학교와 관련된 교육적 이슈들을 다루어 볼 수 있었다.

나는 이 귀한 일에 동역해 준 연구자들에게 깊은 감사의 마음을 가진다. 고신대학교 기독교교육과 홍성수 교수(대안교육의 개념과 범주, 기독교 대안교육의 주체: 학생, 교사, 부모와 가정, 교회), 고신대학교 조성국 명예교수(기독교 대안교육의 역사: 네덜란드, 북미, 남아공화국과 오세아니아), 후세대교회 담임 목사이면서 하나님의교사들 지도목사인 정영찬 박사(한국 기독교 대안학교의 역사와 현황), 고신대학교 기독교교육과 소진희 교수(기독교 대안교육의 기초: 기독교 세계관과 교육), 고신대학교 기독교교육과 이현민 겸임교수(기독교 대안교육의 교육목적과 교육과정, 기독교 대안학교의 법제화와 공동체적 구조: 정체성과 독특성), 별무리사회적협동조합 박현수 이사장(기독교 대안학교의 전망과 과제), 세움학교 이종화 교장, 동일프로이데중고등학교 이헌체 교장, 벧엘국제스쿨 구현주 교장과 같은 이들의 기독교 대안교육을 향한 헌신과 열정이 있었기에 이 작업이 완성될 수 있었다.

이는 기독교 대안교육을 꿈꾸며 하나님 나라 확장을 위해 달려가고 있는 많은 현장 기독교 교육자들에게 큰 힘이 될 것을 확신한다. 부디 이 책이 무너진 한국의 교육을 살리며, 대안교육 현장의 수많은 교육주체들에게 위로와 기쁨이 되길 소망한다. Soli Deo Gloria!

2024년 9월
저자들을 대신하여 **이현철**

제1장

참된 교육과 진정한 대안의 필요성:
우리의 상황과 딜레마

이현철

제1장 참된 교육과 진정한 대안의 필요성: 우리의 상황과 딜레마

이현철

들어가며

우리의 사명은 철저한 기독교 인간관과 성경적 세계관에 근거한 교육을 통해 하나님 나라를 확장하고, 다음 세대를 '다른 세대'(사사기 2:10)가 아닌 참된 신앙의 세대로 세우는 것에 있다. 하지만 현재의 교육적 상황은 하나님 나라를 확장함에도, 참된 신앙의 세대로 세움에도 어려움을 지닌 구조를 안고 있다. 구체적으로 그 구조의 한계성은 우리가 직면하고 있는 공교육의 상황, 교육적 가치의 왜곡, 탈기독교적 사회와 문화의 영향 등으로 이루어지고 있으며, 본 절에서는 해당 사항을 살펴봄으로써 참된 교육과 진정한 대안으로서 기독교 대안학교의 필요성을 강조해보고자 한다.

1. 공교육의 한계

한국사회의 공교육은 획일화된 국가수준 교육과정을 통해 학교 및 학생의 자율권을 충분하게 고려하지 못하고 있는 실정이다. 획일화된 교육과정은 자연스럽게 학생들을 향한 획일화 혹은 표준화된 시험 결과를 통해 교육의 효과성을 담보하게 만든다. 이는 궁극적으로 그 표준화된 평가를 잘 수행하고, 그것에 부합하는 교육활동에만 초점을 맞출 수 밖에 없는 구조적인 상황을 만드는 것이다. 이러한 상황속에서 우리를 더욱더 안타깝게 만드는 것은 학교로부터 제공되는 교육과정과 평가 체제가 학생들이 공교육을 통한 학습활동만으로는 충분히 감당할 수 없는 상황이라는 것이다. 즉, 사교육을 통한 보충학습 혹은 선행학습이 이루어져야만 학생들이 높은 학업성취를 얻을 수 있으며, 사교육을 통해서 추가적인 학습이 이루어지지 못한다면 학생들은 학교에서의 기본적인 학습 사항들을 감당할 수 없는 상황이라는 것이다. 공교육과 사교육의 미묘한 접점 속에서 흥미롭게도 학생의 가정적 배경이 주요한 요인으로 영향력을 행사한다. 사교육 활동 참여와 수행을 하기 위해서는 부모의 경제적 지원과 관심이 절대적으로 필요하기에 가정의 사회경제적인 지위(socioeconomic status: SES)가 크게 영향력을 행사할 수밖에 없으며, 이는 사회경제적인 지위에 따른 교육기회의 차이라는 이중고를 겪게 한다. 실제로 많은 국·내외 교육학 및 사회학 연구와 출판물들이 이를 확인시켜주고 있는데, 부모의 사회경제적 지위가 학생들의 학업성취에 결정적 변수라는 사실은 이제 학계에서는 상식적인 수준에서 받아들여지고 있는 현상이요 내용이다.

한편, 공교육은 인성교육에 있어서도 딜레마에 빠져있다. 입시교육을 중심으로 한 주지주의적 교육활동과 성취기준 설정은 학생들을 위한 인성교육 수행과 활동 자체에 대한 집중과 관심을 저해하고 있는 가장 큰 걸림돌 중의 하나이다. 현행 입시제도 안에서는 학생들 간의 경쟁과 그로 인한 비인격화가 가속화될 수 밖에 없다. 나아가 학생들 간의 경쟁 뿐 아니라 학교 간의 경쟁도 촉발되어 교과 성적 향상과 특정 대학 입학의 성과로 대변되는 학교의 우수성이라는 측면이 인성교육에 대한 논의를 현실을 제대로 파악하지 못하는 '이상적 내용'으로 비치게 하고 있다. 학생들에 대한 인성과 생활지도보다는 입시 성공이 우선인 상황 속에서 교육주체들이 내몰려있는 것이다. 더욱이 인성교육의 부재와 관련된 모습은 학교폭력, 집단 따돌림 등과 같은 이슈들과도 맞닿아 있어 공교육에 대한 우려의 시각을 한층 더 고조시키고 있다.

2. 교육적 가치의 왜곡

교육의 가치와 관련하여 지금 우리는 '교육의 도구화'를 목도(目睹)하고 있다. 교육이 개인을 위한 지위획득의 정당한 수단이 되며, 교육적 성취가 개인에게 유·무형의 실제적인 이득을 줄 수 있다는 사실을 인식하고 있다. 상급학교·일류학교의 학력증명서가 개인의 능력과 삶의 수준을 공인하여 준다는 전제가 강하게 대변되고 있는데(김경식·이현철, 2008), 전술한 모든 것은 지극히 개인적인 '사적 가치'로만 교육적 기능이 치환되는 것을 의미한다. 교육이 지향하는 사적 가치가 문제되는 것이 아니라 교육이 지향하는 '공적 가치'는 온데간데없이 사라진 것이 문제다. 오로지 사적 가치만을 바라보고, 그것을 달성하기 위해 도구화된 교육으로서 왜곡된 모습을 경험케 하고 있기에 안타까운 상황인 것이다.

교육의 도구화 문제뿐 아니라 지금의 교육은 본질적으로 기독교 인간관과 성경적 세계관의 부재로 더욱 교육적 가치의 왜곡을 낳고 있다. 바빙크(Bavinck)는 "인간의 교육은 하나님이 인간에게 위탁하신 무겁고도 영광스러운 활동 중 하나"라고 표현하였는데(Bavinck, 1904, 조성국, 2015 재인용), 하나님이 위탁하신 그 귀한 활동이 하나님께서 안내해주신 성경에 근거하여 이루어지지 못하고 있다. 진정한 교육은 하나님의 말씀에 기초를 두고 이루어져야 한다. 우리는 그 말씀을 통해서 교육의 이론, 활동, 현상의 실재를 바라보아야 하고, 그 말씀으로 교정되어야 한다. 그리고 그것에 준하는 인간에 대한 이해를 통하여 교육적 활동을 수행해야 한다. '어찌 인간에 대한 성경적 바른 이해가 없이 인간을 교육할 수 있는가?'와 같은 도전적인 질문을 던져 봐야 한다. '하나님의 형상으로서의 인간, 종교적 존재로서의 인간, 전인적 존재로서의 인간, 다차원적 존재로서의 인간' 등 성경에서 배울 수 있는 가장 기본적인 인간관을 바탕으로 교육적 활동을 수행해야 한다. 이러한 이해와 접근의 부재가 지금과 같은 교육적 가치의 왜곡을 낳는 본질적인 원인이 된다. 더불어 교육이 절대로 중립적일 수 없음을 유념하고 하나님의 교육이 수행될 수 있도록 노력해야 한다.

3. 탈기독교 사회와 문화의 영향

한국사회는 포스트모더니즘의 거대한 흐름 속에서 반기독교적인 요소들을 분별하기가 쉽지 않은 상황에 처해 있다. 그 흐름은 영상, 음악, 문화, 예술, 법과 제도, 그리고 교육에 이르기까지 전방위적으로 영향을 미치고 있다. 최근 우리가 직면하고 있는 동성애 및 퀴어 축제 그리고 차별금지법안과 관련된 논쟁은 한국사회의 반기독교 가치와 문화가 얼마나 뿌리깊게 박혀있으며, 그로 인한 문제가 외국이 아니라 우리의 일상 속에서 일어나고 있음을 분명하게 알려준다. 우리가 성경에 근거하여 죄를 죄라고 이야기하지 못하거나, 가르치지 못한다고 상상해보라! 이제는 우리의 일상적인 사역 현장에서 그런 일이 일어날 수 있는 시대와 사회가 가까이 왔다. 특별히 교육 영역에서의 반기독교적 가치는 어린 다음 세대와 아이들의 가치관에 직접적으로 영향을 주고 있다. 우리의 아이들이 학교에서 공적으로 학습하는 교과서, 수업 자료들 그리고 교사들의 세계관은 안타깝게도 기독교적이지 않다. 오히려 어떤 부분은 반기독교적인 내용들로 가득하다. 정규 과정을 통해 반기독교적인 가치들을 정상적인 모습으로 가르치고 있는 참담한 상황이다. 문제는 이러한 내용들이 사회의 주류 문화와 맥을 같이하고 있으며, 교양있는 모습으로 포장되어 전방위적으로 영향력을 미치고 있다는 점이다. 오히려 기독교적인 가치와 내용을 부르짖는 것이 상대적으로 문화적이지 않으며, 비교양적인 형국이 되어버리는 풍토가 만들어지고 있다. 탈기독교 사회와 문화의 영향력 아래에서 치열하게 몸부림을 치고, 우리가 힘과 지혜를 모아 적극적으로 교육적 사역을 수행해야 하는 이유가 여기에 있다. 우리가 지금 당장 움직이지 않으면 다음 기회가 없을 수도 있는 심각한 상황에 처해 있다.

4. 백척간두(百尺竿頭): 참된 교육과 진정한 대안으로서 기독교 대안학교

백척간두(百尺竿頭)는 '백자나 되는 높은 장대 위에 올라서 있다'는 뜻으로 몹시나 어렵고 위태로운 지경을 이르는 말이다. 이 시대의 교육 현장과 교육 사역자들의 상황을 이보다 더 정확하게 표현할 수 있을까라는 생각이 든다. 주위를 둘러볼 때 어느 곳 하나 기대와 소망이 있기보다 공교육의 한계로,

교육적 가치의 왜곡으로, 탈기독교 사회와 문화의 영향으로 힘쓸 수 없는 답답함이 엄습(掩襲)해 온다.

하지만 우리가 믿음과 신앙의 눈으로 바라볼 때, 기독교 신앙과 그 역사 속에서 어느 한순간 평안하거나 평탄한 적이 있었던가! 그렇지 않다. 항상 위기와 고난은 끊임없이 일어났으며, 우리의 사역은 늘 포기하고 싶은 어려움의 연속이었다. 한 가지 변치않고 분명한 것은 '하나님의 선한 손'(느헤미야 2:8)의 도우심과 인도하심도 언제나 우리들과 함께하였다는 것이다. 참된 교육과 진정한 대안의 필요성으로 기독교 대안학교의 역할과 사역은 하나님의 선한 손이 함께하는 사역일 것이다. 철저한 기독교 인간관과 성경적 세계관에 근거한 교육을 통해 하나님 나라를 확장하고, 다음 세대를 세우는 그 사명은 기독교 대안학교에서만 구현될 수 있다. 기독교 대안학교의 놀라운 사역을 우리가 멈추지 말고 이어가야 할 이유이기도 하다.

Q. 나눔을 위한 질문

- 현재의 교육적 상황 속에서 기독교 대안학교의 필요성과 역할은 무엇인가?
- 현재 공교육의 한계점을 무엇이라 생각하는가?
- 한국사회의 탈기독교적 모습과 맥락에 대하여 어떻게 생각하는가?
- 교육이 중립적일 수 없다는 것에 대하여 어떻게 생각하는가?

제2장

대안교육의 개념과 범주

홍성수

제2장 대안교육의 개념과 범주

홍성수

들어가며

대안학교가 우리나라의 교육 기관으로 일반인들에게 폭넓게 인식된 것은 지난 세기 말인 1990년대 이후이다. 2007년에는 대통령령 제20116호로 '대안학교의 설립·운영에 관한 규정'을 제시하였다. 이 규정은 목적, 설립과 운영자, 설립기준, 설립인가, 설립운영위원회, 학력인정, 학기운영 및 학년제, 수업연한 및 수업일수, 교육과정, 교과용 도서, 학교생활기록 및 건강검사기록 유지 등 11개 조항과 3개의 부칙 조항으로 구성되어 있다(2008년 개정판 교육법전). 그러나 이 간결한 대안학교 관련 조항들에서 대안교육의 구체적인 정의를 규명하지는 않고 있다.

'대안'(代案, alternative)이라는 용어는 정해진 목적이나 목표 달성을 위해 여러 가지 다양한 해결책들 가운데 문제의 성격이나 정황에 가장 합리적이고 효과적인 것을 하나로 선정할 때 일컫는 말이다(교육학용어사전, 204). 그렇다면 대안교육이란 직면하는 문제들을 해결할 목적으로 현실적으로 실현 가능한 방안들을 창출하고 그 가운데 적합한 하나의 대안을 선정하여 적용하는 교육이다. 우리나라 대안교육 또는 대안학교 교육법은 이 점에 시사점을 제공한다(개정 초중등교육법, 제8절 3항).

① 학업을 중단하거나 개인적 특성에 맞는 교육을 받으려는 학생을 대상으로 현장 실습 등 체험 위주의 교육, 인성 위주의 교육 또는 개인의 소질·적성 개발 위주의 교육 등 다양한 교육을 하는 학교로서 각종학교에 해당하는 학교(이하 "대안학교"라 한다)에 대하여는 제21조 제1항, 제23조 제2항·제3항, 제24조부터 제26조까지, 제29조 및 제30조의 4부터 제30조의 7까지를 적용하지 아니한다.
② 대안학교는 초등학교·중학교·고등학교의 과정을 통합하여 운영할 수 있다.
③ 대안학교의 설립기준, 교육과정, 수업연한, 학력인정, 그 밖에 설립·운영에 필요한 사항은 대통령령으로 정한다.

그런데 이와 같이 법으로 명시화한 규정으로는 대안교육에 대해 만족할 만한 정의를 얻지는 못한다. 이것은 대안교육에 있어서 소극적인 설명으로 마치 공적인 학교교육에 적응하지 못하는 부적응 학생들을 받아서 교육하는 것이라는 의미이다. 이렇게 되면 대안교육과 대안학교는 전통적인 학교교육의 테두리를 벗어나는 이들에 대한 임시적인 처방적 또는 대안적 교육의 기능을 한다는 인상을 갖게 만든다.

이처럼 대안교육에 대해 명확한 정의를 내리기 어려운 일차적 이유는 정의를 먼저 제시하고 그로부터 여러 가지 다양한 상황들을 대입하는 방식이 아니라 그 반대의 방식으로 뜻을 추적해야 하기 때문이다. 본 장에서는 대안교육의 정의를 내리기 어려운 상황을 서술하고, 대안교육의 의미를 논의한 후 대안교육의 범주를 정리하려고 한다. 한편 본 논의에서 대안교육과 대안학교를 명확하게 구분 짓지 않고 대안학교를 대안적인 교육을 실시하는 기관이란 뜻으로 사용한다.

1. '대안교육' 용어 혼란의 배경

'대안교육'이라는 단어를 들여다 보면 '대안'(alternative)과 '교육'(education)이 복합되어 있다. 대안교육은 '대안적'인 교육을 의미한다. 대안적인 교육이란 의미 안에는 그러한 교육을 실행하는 대안학교, 방과 후 학교, 홈스쿨링, 또는 전통적인 학교 교육과정 내의 어떤 대안적인 성격의 프로그램 등 여러 가지가 포함된다. 또한 대안적 교육이란 말은 교육적인 대안과 상호 혼용 가능하다. 그렇다면 교육적 대안으로 교육 모형을 갖고 교육을 실행하는 것은 대안교육이라고 할 수 있고, 그것이 구체적인 체계로 드러나서 하나의 기관을 통해 실행할 때 대안학교(교육)라고 부를 수 있다(이병환·김영순, 2008, 133).

대안교육에는 정도의 차이가 있을 수 있다. 어떤 대안교육은 전통과는 확연히 다른 새로운 교육을 지향할 수 있다. 또 어떤 대안교육은 전통적인 교육의 몇몇 문제점을 지적하고 그것을 보완 극복하려는 수준에서 개선 보완하는 방식의 교육을 지향할 수 있다. 그렇다면 대안교육이 완전히 다른 혹은 상당히 새로운 정도의 교육을 추구하는지, 아니면 기존의 것을 고수하면서 점진적인 보완과 개선을 지향하는지 문제가 대두된다. 이러한 두 가지 방향은 어떤 쪽이든 한 가지 공통점이 있다. 그것은 기존의 교육에 대해 문제의식을 갖고 있다는 것 그래서 그와 같은 전통 교육 안에서는 한계가 있을 수밖에 없다는 강한 공감을 갖고서 무엇인가 변화를 주기로 작정하고 그에 대한 대안을 찾고자 한다는 점이다(이종태, 2001, 29).

쿠퍼(B.S. Cooper, 1994)는 대안학교에 대해 "특별한 교육, 프로그램, 활동 그리고 여러 환경을 제공하기 위해 계획된 학교들로, 이 학교들은 공립이라든지 정부 통제의 학교들이 제공하는 전통적인 것들과는 다른 경험을 추구하는 어린이들과 그들의 가족들을 위한 학교들"이라고 정의한다. 이 정의 안에는 학생들과 학부모들이 전통적인 것과는 다른 경험을 추구한다는 것이 무엇인지 구체화되어 나타나지 않는다. 또 그러한 추구를 북돋기 위한 특별한 교수법과 프로그램 및 활동을 제공한다는 것이 과연 전통적인 학교 안에서는 전혀 불가능한 것인지, 그래서 부득이하게 대안학교를 시작하여 교육을 실행해야 하는 것인지도 짐작하기 어렵다. 따라서 이러한 정의는 대안학교 및 대안교육에 대한 정의라기 보다는 전통적인 교육을 벗어나서 무엇인가 변화를 도모할 필요를 충족하기 위한 학교라는 피상적인 의미를 나타낼 뿐이다. 그런 까닭에 이와 같은 정의를 토대로 대안교육 내지 대안학교에 대한 구체적인 지침을 얻기는 어렵다.

전통적인 교육을 대신하는 것을 대안교육이라고 할 때 전통적 교육에 대한 단 하나의 대안은 있을 수 없다. 거기에는 무수히 많은 대안이 존재할 수 있고, 또한 대안들을 만들어 낼 수 있다. 그렇다면 대안교육은 영문으로 표기할 때에는 'alternative education'이 아니라 'alternatives in education'이 된다. 이는 대안이라는 말을 한 가지 정의로는 설명할 수 없고 그 단어 자체가 다양한 의미 곧 복수의 개념을 갖고 있음을 뜻한다. 최석민(2006)은 이러한 대안이란 단어가 갖는 다의성에 대해 두 가지를 지적한다. 첫째는 대안의 다양성은 반대(anti)할 만한 대상이 다양하다는 것이고, 둘째는 반대할 만한 다양한 대상에 대하여 그 대책 또한 다양하다는 것이다.

대안교육의 개념 정립에 대한 어려움에 관하여 최석민(2006)은 대안학교들로부터 나오는 교육들이 이념지향적이지 못한 점, 학교 개념 자체에 대한 불분명함, 새로 발생하는 학교와 명확한 관계 맺는 것이 어려운 것 등이 그 원인이라고 분석한다.

외국의 경우와는 다르게 한국의 대안학교들은 대안학교의 설립과 운영에 대한 분명한 목적성을 갖고 거기서부터 교육과정을 구체화하고 운영하는 방식으로 진행되었다기보다는 현실의 필요에 맞추어 그 요구들을 채워가는 의도에서 설립되어 교육을 실행해 왔다. 이처럼 이념과 정신의 구현보다는 현실 필요 충족에 초점을 맞춘 교육은 대안교육의 의미를 명확하게 만드는 데 걸림돌로 작동한다.

대안교육 개념 정립의 또 하나의 어려움은 대안교육을 대안학교에서 실행하는 교육이라고 할 때 학교를 무엇으로 볼 것인지에 대한 것이다. 이념지향적으로 본다면 대안의 의미와 정신을 추구하는 학교를 모두 대안학교라고 할 수 있을 것이다. 그런데 통상적으로 학교라고 하면 거기에 부합하는 여러 가지 대내외적인 조건들을 충족해야 한다고 인식한다. 그런데 대안교육을 실시하는 기관들은 대부분 처음부터 학교로 시작하여 교육을 실시한 것이 아니었다. 이들은 여러 해를 거치면서 점진적으로 학교의 유형을 갖추었고 그렇게 검증 절차를 거쳐서 대안교육을 실시하는 기관으로 인식되었다. 그런데 방과 후 학교, 토요학교, 계절학교 등에서 학교라는 명칭을 사용하기도 하지만, 이들은 보편적인 의미에서 학교로 보지는 않는다. 이런 문제로 대안교육을 곧 바로 단순하게 학교에서 실행하는 교육으로 대입하는 것이 쉽지 않다.

한편 새로운 학교들이 대안학교들 내 어떤 유형에 해당하는지 명확하게 판단하기는 어렵다는 점 또한 대안교육 개념 정립의 난점이 될 수 있다. 일례로 특성화고등학교, 자율학교, 자립형사립고등학교, 특수목적고등학교 등과 같이 여러 형태의 학교들을 대안학교들과 매끄럽게 관계 짓기가 쉽지 않다. 대안학교로 여겨지는 풀무학교는 대안교육 분야의 특성화고등학교가 아닌 까닭으로 법적인 의미에서는 대안학교가 아니고 학력이 인정되지 않는 각종학교이다. 간디학교는 특성화고등학교이면서 자율학교이다. 그러나 거창고등학교는 대안교육 내의 특성화고등학교는 아니면서도 자율학교이다. 민족사관고등학교는 자립형사립고등학교인데, 재적응과 중도탈락자를 교육대상자로 삼는 성지고등학교는 대안교육 안에 위치하는 특성화고등학교이다. 앞으로 생겨나는 대안학교들 역시도 그들 학교들이 어떤 유형의 학교로 분류되는지, 그리고 그들 학교들을 대안학교 분류에 넣을 수 있는지에 대한 어려움이 있다.

2. 대안교육의 의미

가. 열린교육과 대안교육

대안교육의 개념화 작업에 있어서 이병환(2017)은 이상적 언어(ideal language)를 구성하려고 하기보다는 현실적인 존재의 형태(form of life)를 반영하여 사회적 의미를 고려하는 방식으로 그 의미를 풀어가고자 하였다. 이에 더하여 그는 교육계에서 광범위하게 사용되곤 했던 열린교육과 대안교육을 대비하면서 그 개념을 정의하고자 하였다. 열린교육(open education)은 우리나라에서는 1980년대 후반 이슈로 대두하였다가 1995년 대통령자문 교육위원회의 5·31교육개혁안에서 공식 제기된 바 있다.

이것의 파급효과는 컸고, 그리하여 정부 주도하에 정책적, 재정적 지원을 제공받으면서 종래의 교육에서의 고정관념들을 내려놓고, 전면적인 수업의 변화를 일으켜서 열린교육의 확산을 이룩하였다(이병환, 2017). 이러한 노력은 기존의 학교교육에 대한 실망감의 반작용에 따른 것으로 21세기를 열어가기 위해서는 전통적인 교육으로는 불가능하다는 판단에 따라 그에 대항하는 열린교육을 통해 초중등 교육에 있어서 창의성을 신장시켜 주어야 한다는 절박한 시대적 필요성에 의한 것이었다.

모이어(Moyer, 1972)는 열린 교육의 근본 원리를 개별성과 융통성이라는 두 가지 요소에서 찾았다. 전통적인 교육은 이른바 프로크루스테스의 침대(procrustean bed)와 같은 것이다. 이것은 개별화와는 정반대 위치에 놓이는 교육인데, 모든 학습자들이 자신들의 개별성을 포기하고 오직 하나의 기준에 따라 자신들을 평가받고 거기에 끼워 맞추는 방식이다. 하지만 열린 교육은 정형화된 틀을 벗어나서 학습자 개개인의 적성, 관심, 능력 및 필요를 반영하여 융통성 있게 교육과정을 구성하고 운영한다는 점에서 개별성과 융통성이 보장된다고 하였다(이병환, 2017).

열린교육과 대안교육은 모두 학생 중심의 접근을 하고 있다는 공통점을 가진다. 학생 중심의 교육을 활성화하기 위해서는 전통적인 학교교육에 한계가 있다는 것이고 그것을 개선해야 한다는 필요를 갖고 있다. 그런데 이병환(2017)에 따르면, 양자는 많은 공통점에도 불구하고 다음과 같은 몇 가지 대비되는 요소들 역시 갖고 있다.

① 양자는 기존의 학교교육이 한계가 있으며 이를 개선해야 한다는 필요에 크게 공감한다. 그러나 열린교육은 기존의 틀을 유지하면서 그 안에서 교수학습 방법 개선을 도모하는 반면에 대안교육은 기존 학교와는 다른 방식으로 새로운 학교를 구상한다. ② 양자 모두 학생 중심의 교육관을 가지며 전인교육을 목표로 한다. 그런데 열린교육은 사회변화에 대해 비교적 보수적이고 교수 방법 개선 쪽에 무게를 두는 반면에, 대안교육은 미래지향적인 성향을 다분히 표출한다. 자연친화적이고 생태적이며 공동체 가치를 추구한다는 것 그리고 물질문명을 극복하고 미래를 개척하고자 한다. ③ 양자 모두 학습자의 개별성을 중시한다. 그러나 대안교육은 생태주의를 기반으로 공동체 의식과 노동의 성스러움을 일깨우는 노작교육을 강조한다는 점에서 열린교육과는 차이를 보인다. 열린교육에서도 노작교육이 있기는 하지만 이는 단순히 교과교육의 한 부분에 머무른다. ④ 양자 모두 다양한 교육방법에 열려 있어서 체험학습, 개별화학습, 토론학습 등을 두루 활용한다. 그런데 대안교육은 그 성향상 작은 학교를 추구하기 때문에 이런 다양한 방식들을 통해 공동체 생활을 더욱 진작시키는 쪽으로 나아가는 반면에, 열린교육에서는 교육방식의 다양성을 부각하는 데 그치고 만다. 그래서 상급학교로 갈수록 열린교육은 전통적인 방식의 교육으로 회귀되고 만다.

나. 대안교육의 의미

대안교육에 대한 규범적 정의를 제시하기 어려운 까닭에 차선책으로 여러 대안교육 현장을 근거로 대안교육을 기술하게 된다. 특히 기독교 대안교육은 더욱 그러하다. 우리나라에 기독교 대안학교를 통한 교육이 본격화된 것은 21세기 전후이기에 그 역사는 30년이 채 되지도 않는다. 조성국(2020)은 이런 이유로 '기독교 대안학교'라는 용어는 법적 용어가 아니라 학술 용어라고 하였다. 대안교육은 전통적인 교육이 직면한 한계를 돌파하거나 극복하려 한다는 공통점을 갖고 있다. 이러한 교육은 단순히 문제를 직시하고 그 한계를 넘어서야 한다는 '대안적'인 요소에 대해 머리로만 알고 있는 것이 아니라, 실제 현장에서 '대안적인 삶'을 도출할 수 있는 것이어야 한다. 따라서 대안교육은 대안적인 삶을 가능하게 만드는 앎을 실천하는 교육이어야 하고, 그와 같은 교육을 실시하는 학교가 대안학교라고 볼 수 있다(고병헌 외, 2009, 17-19). 이종태(2007, 131-134)는 이렇게 대안교육을 시작해야만 할 정도로 기존 교육이 갖는 한계에 대해 몇 가지 설명한다.

첫째, 정보화 내지 지식기반사회로의 변화는 종래의 산업사회를 기반으로 오랫동안 발달해 온 기존 학교체제가 더 이상 이런 시대에 적합하지 않게 만들었기 때문이다. 산업사회의 특징인 대량생산을 보장하기 위한 획일적 교육은 더 이상 다양한 개성을 진작시키는 현 사회의 요구를 충족시킬 수 없다는 것이다. 둘째, 물질적 풍요와 편리함을 과도하게 지향하면서 전 지구적 생태위기가 초래했다는 점이다. 이렇게 되면 풍요와 편리가 과연 생태계를 포기하면서까지 추구해야 할 가치 있는 것인가에 대한 심각한 반성이 일어난다. 이성을 극대화하여 과학적 발전을 이룩한 것 자체는 문제가 될 수 없지만, 이로부터 얻게 된 풍요 이면에 생태계 파괴라는 그늘이 자리했던 것이다. 결국 합리성과 보편성의 강조가 진보를 가져온다고 해도 그것은 교육의 생태계 자체를 소멸시킬 수도 있다. 셋째, 진보의 추구는 개인주의와 자본주의를 심화시키면서 근대문명을 이룩하여 왔다는 것인데, 이에 대한 폐해가 누적된다는 점이다. 이것은 과도한 경쟁을 유발하고 이로부터 극심한 빈부 격차를 양산하므로 교육의 중요한 측면인 공동체성을 약화시킨다는 점 또한 대안교육 발생의 주요 원인이 된다.

그러므로 대안교육은 전통적인 교육이 이러한 변화에 대처할 수 없어서 등장하는 것으로 이해할 수 있다. 그렇다고 해도 대안교육이 기존의 교육을 완전히 대체한다고 보기는 어렵다. 사실상 대안교육은 대체의 개념보다는 또 하나의 새로운 교육이란 성향이 강하다. 왜냐하면 전통적인 교육을 대체한다고 하더라도 그 대안교육은 머지 않아 전통교육이 되어 버리고, 그래서 또 다른 교육이 대안교육으로 등장할 수도 있기 때문이다. 게다가 대안교육은 한 가지 뚜렷한 형태로 나타나는 것이 아니어서 그 광범위한 다양함은 어디까지 전통적인 교육이고, 어디서부터 새롭게 등장하는 대안교육인지 구별하는 것도 불가능하다. 이러므로 대안교육은 전통의 것을 대체하는 교육이 아니라 무언가 새로운 형태의 교육에 가깝고, 그런 점에서 대안교육은 여러 가능한 선택지 중 하나라는 뜻의 'alternatives in education'이라고 표현한다(이종태, 2007, 143).

이처럼 다양성을 담고 접근하는 대안교육 개념화에 대해 이종태는 (2007, 144-145) 대안교육이 너무나 다양하여 의미를 가질 수 없다는 뜻이 아니라, 오히려 '대안교육' 용어 자체가 개념적인 표현이 아니라 교육현장에서 드러나는 많은 다양한 변화의 실제를 포괄하는 용어라는 데 있다고 지적한다. 그렇다면 대안교육이란 말은 개념적인 말이 아닌 실제적 변화 현상에 관련된 말로써 기존의 전통 교육에 머무를 수 없다는 비판 정서를 강조하는 용어로 이해할 수 있다.

여기서부터 대안교육은 그 형태의 다양성도 짐작할 수 있다. 왜냐하면 변화의 실제가 다양하다면 대안교육이란 표현을 갖고 드러나는 실제 교육 현장은 매우 다양할 것이기 때문이다. 따라서 대안교육의 스펙트럼은 가까이는 기존 학교 체제를 고수하면서 그 안에서 몇 가지를 개선해 보려는 열린교육으로 나아갈 수 있으며, 좀 더 진행한다면 전혀 새로운 형식과 내용을 구상하고 실행하려는 급진적인 자유로운 학교로 나아갈 수도 있다. 이때 발생하는 문제는 여러 다양한 형태의 대안교육을 실행하는 것에 대해 그러한 것들을 어떠한 대안교육의 범주 안에 놓을 수 있는가 하는 것이다. 여기에 대안교육 범주에 대한 고민이 등장한다.

한편 대안교육에 대한 의미를 본질적으로 생각할 때, 이때의 대안은 오히려 참다운 본래의 교육으로 돌아간다는 뜻으로의 교육 곧 '원안교육'이라고 할 수 있다. 기독교 세계관으로 볼 때 현재의 교육은 타락한 상황에서 진행되고 있으며 이에 대응하여 회복으로 나아가는 교육은 하나님의 뜻에 일치하여 참다운 교육으로 돌아간다는 뜻에서 원안교육이 되는 것이다(임경근, 2007, 276-278). 이점에서 기독교 대안교육은 현재의 문제를 반성하고 이를 극복한다는 차원에서는 일반적인 대안교육과 공통점을 가지면서도 여기서 더 나아가 본래의 신적 창조 질서 아래 참다운 교육을 회복하는 쪽으로 나아간다는 점에서 분명히 세상의 일반적인 대안교육과는 구별성을 가진다.

3. 대안교육의 범주

서울평화교육센터의 고병헌(1996)은 우리나라 대안교육에 대해 정리하며 이러한 대안적 교육을 실천하는 국내 학교들을 네 가지 유형으로 서술하였다. 첫째는 정규 학교형으로 풀무농업고등기술학교, 영산성지고등학교, 부천실업고등학교, 둘째는 계절 프로그램형으로 민들레학교, 숲속마을작은학교, 따로똑같이만드는학교, 부산창조학교, 자유학교, 셋째는 방과 후 프로그램형으로 서울지역공부방연합회, 여럿이함께만드는학교, 넷째는 아동·유아교육 프로그램형으로 꾸러기학교, 공동육아협동조합어린이집, 엄마사랑유치원 등이다. 이러한 범주 구분은 어떤 명확한 기준에 따른 것이 아니라 그저 각 학교(혹은 프로그램)가 그간 진행하여 온 교육의 형태와 성과를 근거로 정리 분류한 것이다. 1990년대 당시로서는 현장 사례를 먼저 살피면서 정리해 갈 수밖에 없었던 시기였으므로 이와 같은 대안교육 분류가 자연스러운 접근이었다.

2000년대에 대안교육 유형의 준거에 대한 조사 연구들이 이루어졌는데, ① 송원영(2002, 81-85)의 경우는 제도안과 밖 그리고 곁; 자유학교, 생태학교, 재적응학교, 교육이념추구학교; 학교형, 탈학교형, 틈학교형; 제도화형, 제도이탈형 등 다양한 유형별 분류, ② 박상진, 조인진, 강영택, 이은실(2012, 30-57, 96)은 기독교 대안학교 분류를 위하여 10가지 준거를 제안하였는데, 인가-비인가; 기독교성-대안성; 국제지향-국내지향; 엘리트교육-긍휼교육; 도시형-전원형; 기숙형-비기숙형; 교회설립-개인설립; 기독교적 교과-일반교과; 장애학생통합-비통합; 고급형-서민형 등이다. 조성국(2020, 134-143)은 이러한 분류의 한계를 지적하면서 기독교 대안학교 교육에 대한 유형을 학교교육목적에 대한 반성과 학교교육에 대한 이론적 반성 등 두 개의 유형으로 설명하였다.

여기서는 일반적으로 쿠퍼(B. S. Cooper, 1994, 260-262)에 의해 정리된 대안학교의 범주들인 진보적인 학교, 근본주의 대안학교, 공립계 대안학교 등 크게 세 가지를 간략하게 열거하려고 한다. 쿠퍼는 세 가지로 분류하면서, 진보적인 학교 하위에 발도르프 학교, 몬테소리 학교, 자유 학교를 위치시켰다. 따라서 그는 진보적 학교들(Progressive Schools) 안에 발도르프 학교들(Waldorf Schools), 몬테소리 학교들(Montessori Schools), 자유 학교들(Free Schools)을 포함시켰고, 근본주의 대안학교들(Fundermentalist Alternative Schools)과 공립 대안학교들(Public Alternatives)을 대안학교 범주로 분류하였다.

가. 진보적 학교들

대안교육에 있어서 가장 오래된 전통을 가진 진보적인 학교들은 루소, 헤르바르트, 페스탈로치 같은 이들의 사상을 기초로 한다. 그리고 20세기의 존 듀이, 몬테소리, 스타이너, 닐, 라이머 등으로 연결된다. 이들의 공통점은 아동관에 있다. 이들에게 아동은 자연적 호기심을 갖고 있고, 선(善)하며, 지적이고 그래서 스스로 배우는 존재들이다. 전통적인 견해는 이것과는 반대편에 있는데, 아동은 천성적으로 게으르고 더디며 훈련을 싫어한다는 것이다. 진보주의 학교의 유명한 사례는 존 듀이에 의해 만들어진 시카고 실험학교(the University of Chicago Laboratory School)이다.

(1) 발도르프 학교

1919년 스타이너(Rudolf Steiner)는 몰트(Emil Molt)의 요청에 따라 고용인들을 위한 학교를 스투트가르츠에서 시작하였다. 이 학교는 독일에서 65,000

명 이상의 학생들을 가졌고, 미국, 동유럽의 헝가리, 폴란드, 루마니아로 확산되었다. 그 당시 국가 정부 주도 학교들은 인지적 성장, 표준 교육과정 그리고 시험에 집중하여 교육하였는데, 이에 반하여 발도르프 학교들은 형식적 읽기와 쓰기 그리고 훈육을 비교적 늦은 시기에 실행하였다는 특징이 있다. 그렇게 한 이유는 아동기에 속한 아동들에게 읽기와 쓰기는 매우 어른적인 것이라 보았기 때문이다. 그래서 추상적 교육을 조기에 하게 된다면 아동을 필요 이상으로 강압적으로 다룰 것이라 보았던 것이다. 발도르프 학교들의 특징 하나는 학생들이 유치원부터 8학년까지 9년 동안 한 명의 담임 교사로부터 교육받는다는 것이다. 한편 이 학교들은 대안적 철학과 실천을 제공한다. 그 당시 극도로 기술적이고 과학적이고 개별적인 성향을 추구하는 학교교육에 대항하여 인격적이고 애정있고 안전한 환경을 학생들에게 제공함으로 전통적인 학교들에 대한 일종의 해독제 역할을 하였던 것으로 평가 받는다.

(2) 몬테소리 학교들

몬테소리 학교는 이탈리아의 여성으로서는 첫 의사(physician)였던 마리아 몬테소리 철학에 기초한다. 발도르프와 동일하게 몬테소리 역시 아동은 천성적으로 호기심 있고 근면하고 스스로 가르친다고 보았기 때문에 이는 기존의 아동관과는 달랐다. 발도르프와 몬테소리는 유사성이 있으나 몇몇 차이들 또한 있다. 첫째는 몬테소리 학교가 견고하고 지적인 방식을 추구하는 반면에 발도르프는 영적인 것에 치중한다. 그러니까 몬테소리에서 아동은 감각적으로 배우며 행함을 통해 학습한다. 반면에 발도르프에서는 아동이 믿음과 계시를 통한 지식과 통찰을 얻는 것을 강조한다. 즉 발도르프의 아동은 초월적 경험들로부터 궁극적 방향성을 찾는 것이다. 둘째는 아동과 교사의 관계이다. 몬테소리에서 교사는 아동을 돕는 존재이다. 즉 아동이 홀로 행하고, 홀로 서기 위해 교사는 이를 돕는 역할을 한다. 반면에 발도르프에서 교사는 아동을 인도하고 깨닫게 하고 영적으로 발전하게 한다. 셋째, 몬테소리에서는 아동 각각의 개별화를 중시한다. 그러나 발도르프에서 아동은 개별화로 대우받지 않고 집단적인 프로그램에 참여하게 된다. 발도르프의 모든 아동은 동일한 시간대에 동일한 과제를 수행한다.

(3) 자유학교들

자유학교들 역시 아동 중심을 표방한다. 이 학교들은 기존의 학교들이 갖는 억압적, 인종차별적 분위기에 대한 반대로 등장하였다. 이를 테면 흑인들이 인종차별로 소외 받을 때 흑인들을 위한 학교들이 등장하는 것이다(마그넷 학교의 예). 이 학교들은 아동과 학부모의 의견이 반영되며 자유롭고 대안적인 형태의 교육을 실시한다. 흑인들의 경우 이외에도 다양한 측면에서 윤리, 종교, 문화, 정체성을 반영하는 등 사회 여러 방면에서 통합을 지향하는 자유학교들이 등장한다.

나. 근본주의 대안학교들 및 공립 대안학교들

(1) 근본주의 대안학교

근본주의 대안학교들은 현대 사회의 상대주의와 경건하지 못한 분위기에 반대하여 보수적 관점에서 등장하였다. 이들 학교들은 절대적이고 엄격한 행동을 강조하기에 종종 이들의 종교적 신앙과 연결된다. 이들은 현대 사회가 갖고 있는 무분별하고 덕스럽지 못한 것들, 이를테면 마약과 방종 그리고 각종 성(性)문제 등이 사회 질서를 어지럽게 만들고 지켜야 할 가치들을 파괴한다고 생각한다. 따라서 엄격한 통제가 다시 주어져야 한다고 본다. 이러한 이들의 의도는 한편으로는 자유학교들의 반대편에 놓이게 됨을 말하는데, 그렇지만 이들 역시 기존의 학교와 사회가 지닌 한계를 깊이 성찰하고 이를 극복하려고 한다는 점에서 중요한 대안적 교육을 감당하고 있다고 볼 수 있다. 이들 학교들의 한 가지 어려움은 이들의 신앙 색깔에 맞는 교재를 포함하여 전반적인 교육과정 구성이 쉽지 않다는 것이다. 따라서 기독교 신앙을 기초로 하여 도덕과 믿음을 전수할 수 있는 총체적인 교육을 하기 위해서는 많은 노력이 필요하다. 그러한 기준에 부합하는 교재 그리고 그에 적합한 자격 있는 교사들을 확보하는 데에는 한계가 크기 때문이다.

(2) 공립대안학교들

공립 대안학교들은 공립이라는 틀 안에서 대안교육을 실행한다. 이런 교육은 전통적인 교육에서 배제되거나 그런 교육으로부터 적합한 교육을 받지 못하는 학생들에게 인격적 돌봄과 교육의 기회를 제공한다. 정부 보조금을 이용하면서 이러한 교육을 실시하기도 한다는 점에서 이런 학교들은 유리한 지점을 차지할 수 있다(차터스쿨의 예). 때때로 기존에 국가가 운영하던 학교를 인수하여 대안적인 학교들로 바꾸어 경영할 수 있다. 또한 지역의 특성에 따라 지역의 시설들을 십분 활용하여 교육과정을 특화하는 학교들을 만들기도 한다.

다. 영국, 독일, 미국의 대안교육의 범주

이병환·김영순(2008, 86-129)은 대안학교 범주와 관련하여 주요 국가들 곧 영국과 독일과 미국의 학교들을 분석 정리하였는데, 영국의 대안교육은 인간중심적 특징을, 독일의 것은 자유주의적 특징을, 그리고 미국의 것은 사회통합적 특징을 지니는 것으로 평가하였다.

(1) 영국의 대안학교 범주

영국의 대안학교들에 관하여 Glatthom(1975, 28-29)에 의하면, 그 스펙트럼에 따라 성격이 보수적인지 혹은 급진적인지를 놓고 다른 성향을 보인다. 이를 테면 재정이란 준거로 볼 때 공공세금, 연방이나 주의 기금, 자선이나 기부 방식이 있는데, 이것으로 해당 학교가 보수적인지 급진적인지 여부를 가늠할 수 있다는 것이다. 또한 교사(校舍)에 있어서도 학교건물을 갖는지, 비학교 시설을 이용하는지 혹은 건물이 없는지에 따라 보수성과 급진성을 생각할 수 있다.

대안학교의 범주를 판단할 때, 영국의 경우는 기존학교에 대한 대안적인 면이 어떠한지와 진보주의 철학을 어느 정도 받아들이는지가 기준이 될 수 있다. 기존학교와 대비할 때 교육과정 전체가 대안적인 경우, 혹은 교육과정 안에서 일부 프로그램이 대안적인 경우가 있다. 진보주의 철학과 관련해서는 근본적으로 진보주의를 따르는 경우, 또는 중도적 입장을 견지하면서 온건하게 진보주의를 받아들이는 경우가 있다. 이러므로 영국의 대안학교 범주는 급진적인지 중도적인지, 그리고 인간중심의 소규모인지 또는 독특한 교육프로그램을 가진 대안학교인지 등으로 차이를 보인다.

<표 II-1> 영국 대안학교의 스펙트럼에 따른 분류

← 보수적 성격의 대안학교		급진적 성격의 대안학교 →	
준거	선택1	선택2	선택3
재정	공공세금	연방이나 주(州) 기금	자선이나 기부
통제주체	공공기관	교회, 대학, 여타 기관	부모, 지역사회
교사(校舍)	학교건물	비학교시설	건물 없음
시간운영	일일 혹은 연간 계획	주로 전일제	모든 것이 대안적
교원자격유무	자격증 있음	주로 자격증 있음	자격증 없음
학생선발	강제적 배치	지원자 중 선발	누구나 허용됨
퇴학	규칙 위반 시	매우 심각한 비행	아무도 하지 않음
학생평가	지필평가	절대평가	무평가
시간표	학교시간표	융통성 있는 시간표	시간표 없음
학년조직	엄격한 분화	한계 내 무학년	모든 연령대 혼합
교육내용	관청이나 전통학교에서 제공	전통적인 것과 자체 개발 혼재	주로 자체 개발
지도성	1인의 리더	민주적 리더	다수 협의로 결정

*자료 출처: Glatthom(1975, 28-29), 이병환·김영순(2008, 85) 재구성

급진적 대안학교는 학교의 교육환경과 학생 생활 전체가 대안적이다. 교사와 학생 관계, 수업 여부, 출결처리, 수업방법 등 모든 것이 학생 자율에 맡겨진다. 이런 학교들은 <표 1>의 선택 3에 해당되는데, 서머힐학교(Summerhill)와 샌드학교(Sands School)가 있다. 중도적인 성향의 학교는 기존학교와 비슷한 방식으로 운영하면서도 기존 학교에 비해서는 대안성을 보인다. 이런 학교는 <표 1>의 중앙에 놓이는데, 겉으로는 기존의 학교와 같은 운영을

하면서도 교육과정의 초점, 수업방법, 교사와 학생의 관계, 학생자치 등에 대해 진보주의 철학을 많이 받아들인다. 이들 학교들로는 킹알프레드학교(King Alfred School, 사립), 스텐턴베리학교(Stantonbury Campus, 공립), 성크리스토퍼학교(St. Christoper's School), 브록우드파크학교(Brochwood Park School) 등이 있다(이병환·김영순, 2008, 95-96).

(2) 독일의 대안학교 범주

독일의 대안학교 범주는 정유성(1999, 13)에 따르면 스펙트럼상 인간관, 발달단계, 교수학습법 등에 있어서 차이를 보인다. 인간관은 영성적인지 혹은 비판적 합리주의인지에 따라 그 범주를 판단할 수 있고, 발달단계에 대해서는 규정적인지 비규정적인지에 따라, 그리고 교수학습방법에 대해서는 교사중심인지 혹은 창의성 중심인지에 따라 범주를 판단할 수 있다.

1970년대 독일에서 새로운 학교운동으로 '자유대안학교'(Freie Alternativschule) 운동이 일어났다. 자유대안학교는 발도르프에 비해 제도 밖에서 실험성향을 가지고 있기 때문에 더욱 '대안적'(alternative) 성격을 지닌다. 사실 이 학교는 발도르프의 고전적인 대안학교와 구별하고자 자유대안학교라고 부르게 되었다. 자유대안학교는 작은 학교를 지향하고 다양한 학습 기회를 제공한다. 이 학교는 생태주의를 기초로 하여 인간관, 세계관, 교육관을 드러낸다. 한편 프레네학교는 프랑스의 진보주의교육가 프레네(C. Frinet)로부터 시작된 학교이다. 프레네는 아동에게 근본적으로 놀이의 욕구보다 일의 욕구가 지배적이라 보았고 그래서 아동의 흥미에 부합하는 노작교육에 기초한 수업을 해야 한다고 하였다(이병환·김영순, 2008, 102-106).

<표 II-2> 독일 대안학교 특징의 스펙트럼에 따른 분류

특성	⇐ 스펙트럼상의 비교 ⇒						
인간관	영성적		발도르프	몬테소리		자유대안	비판적 합리주의
발달단계	규정적	몬테소리 발도르프			프레네	자유대안	비규정적
교수학습법	교사중심		발도르프		자유대안 프레네 몬테소리		창의성 중심
수업참석	참석의무	발도르프	프레네 몬테소리		자유대안		비의무(수업 기회만 제공)
교사권위	인정	발도르프			몬테소리	자유대안 프레네	불인정
개인의 독자적 학습가능성	최소화		발도르프			자유대안 프레네 몬테소리	최대화
교육환경	어른중심	발도르프		몬테소리	자유대안 프레네		아동중심
문화	고급문화 선호		발도르프	몬테소리	자유대안 프레네		청소년의 생활문화 선호
학생들의 학교운영 참여	최소화		발도르프		몬테소리		최대화
학습유형	집단학습			발도르프 프레네	몬테소리 자유대안		개인학습
평가	객관적 평가 및 시험 성적표 존재			프레네	자유대안 발도르프 몬테소리		개인발전에 대한 주관적 서술평가
학습방법	단일성		발도르프		자유대안 프레네 몬테소리		다원성

*자료 출처: 정유성(1999, 13)

(3) 미국의 대안학교 범주

유럽과는 다르게 미국은 비교적 신생국가였고, 그래서 학교교육에서는 각 개인의 자유로운 인간형성을 추구하면서도 공동체의 발전과 통합도 함께 이룩해야 한다는 필요가 강하였다. 그리하여 미국에서는 유럽에 비해 공적인 지원을 받아 공적인 가치를 추구하는 보편적이고 민주적이며 사회통합적인 특성을 갖게 되었다. 이러한 미국 교육의 기본사상은 존 듀이의 프래그머티즘(실용주의, Pragmatism)으로 발전하였는데, 이것이 미국의 진보주의 교육이다. 미국의 진보주의 교육운동은 제2차 세계대전 직전까지 정점을 이루었고, 그 후 교과학습에 대해 소홀히 함으로 미국 교육의 질적 저하를 가져왔다는 비판에 직면하였다. 또한 미국의 진보주의 교육이 자본주의 체제와 결탁하면서 사회의 구조적 불평등을 재생산한다는 부정적인 비판의 대상이 되었다. 그럼에도 미국의 진보주의 교육운동은 1960년대와 1970년대 이후 미국의 열린교실, 자유학교 운동과 같은 대안적 교육 실천으로 이어졌고, 1990년대 교육에 있어서 진보적 혁신을 추구하는 이들에게는 지속적인 원천이 되고 있다(이병환·김영순, 2008, 111-114).

미국 대안학교로는 마그넷스쿨(Magnet School)과 차터스쿨(Charter School)이 있고, 그리고 홈스쿨링도 폭넓게 인정받는 분위기로 가고 있다. 마그넷스쿨은 특성화 공립학교인데, 1960년대 인종통합정책을 목적으로 시작하였다. 정규학교가 학생들의 교육을 독점하는 것에 반하여 마그넷스쿨은 학교가 학부모와 산업체 등과 공동 노력으로 학생들에게 교육을 실시하였다. 이런 까닭에 유치원으로부터 고등학교에 이르는 교육과정은 언어학교, 과학수학학교, 의학학교 등으로 명명되면서 마치 여러 대학들(colleges)처럼 여겨지기도 한다. 이와 같은 마그넷스쿨의 발전 양상을 볼 때, 이 학교는 처음에는 인종통합을 목적으로 가졌으나 차츰 남녀, 이익집단과 불이익집단, 학생과 교사, 비생산연령과 생산연령, 신생국과 선진국 등의 통합으로 확산되면서 총체적인 사회적 통합을 지향하게 되었다(이병환·김영순, 2008, 117-119).

차터스쿨은 '차터'(charter; 협약, 헌장)라는 용어로부터 나온다. 차터스쿨은 학교 설립자와 승인 기관 간 계약에 따라 자율적으로 운영된다. 이 계약에는 학교의 의무, 프로그램, 목표, 수용, 학생, 평가방법 및 성취계획서 등이 포함된다. 차터스쿨은 전통적 학교에 비해서 재정 운영의 자율성이 크다. 또한 학생이나 보호자의 자유의사에 따라 교육내용 선택도 가능하다. 차터스쿨은 유연하고 다양한 교육관, 인간관, 교수법에 따라 프로그램을 제공하고, 학생들의 자유선택을 존중하며 그 결과에 대해 책임을 지게 한다(이병환·김영순, 2008, 120-123).

미국은 개인의 존엄성에 기초하여 민권의식 신장을 특징으로 하는 사회운동 역사를 갖고 있다. 그래서 미국의 교육은 사회의 해방을 위한 투쟁이라니 광범위한 목표를 갖게 되는데, 이것이 미국 대안학교 교육에도 반영되었다. 대안적 사회운동은 평등, 자율, 기회, 개방, 통합 등의 지향목표를 가진다(Weinberg, 1975, 49). 마그넷스쿨은 사회운동의 일환인 인종통합으로부터 시작하였다가 다양한 사회통합을 추구하게 되었다는 점에서 여기 등장하는 평등, 자율, 기회, 개방, 통합을 교육 목표로 삼고 있다고 볼 수 있다.

또한 주정부 재정지원을 받는 공립학교 내에서 개인이나 그룹들이 독자 운영을 도모하는 차터스쿨도 증가하고 있는데, 이 역시도 대안적 사회운동의 가치들을 목표로 하면서 민주주의 교육을 이루어가는 것이라 볼 수 있다.

한편 미국의 홈스쿨링은 학부모들이 가진 공립학교에 대한 불만족을 해소하기 위해 그들의 자녀에 대한 부모의 교육권을 행사하고 자녀의 학습권을 제대로 활용한다는 점에서 대안교육의 주요한 형태라 할 수 있다(이병환·김영순, 2008, 127-128).

대안교육은 전통적인 교육이 당면한 여러 가지 심각한 문제들로 인한 총체적인 한계를 십분 통감하고 이를 극복하기 위해 교육적 대안으로 접근하는 문제 극복의 특성을 갖고 있다. 그런 까닭에 대안교육은 규범적으로 그리고 이상적인 언어들로 규정할 수 있는 개념용어라기보다는 현재의 문제를 풀어가는 새로운 형태의 현장 시도들이다. 이런 점을 고려하면서 본 장에서는 대안교육에 있어서 용어 정의 규명의 한계로부터 이것의 의미 그리고 범주에 관하여 개관하였다.

우리나라에서 대안교육은 규범적인 정의로부터 출발하지 않았고 누적된 현실적 필요로부터 시작한 이후 대안적인 교육 혹은 교육적 대안에 대한 혼란을 해소하려는 의도에서 그 의미 규명이 진행되었다. 교육적인 대안을 실제 현장에서 실시하는 대안(학교)교육에 있어서도 대안교육의 불분명한 의미는 어떤 것을 대안(학교)교육에 분류할 수 있을지 그 범주에 대하여도 뚜렷한 기준을 정하지는 못하고 있다. 따라서 여기서는 주요한 대안(학교)교육을 실행하는 나라들인 영국, 독일, 미국의 경우의 예를 통해 분석해 보았다. 영국의 경우 각 교육기관들의 대안적인 성향의 정도에 따라서 급진적인지, 중도적인지, 혹은 인간중심의 소규모인지를, 독일의 경우 인간관, 발달단계, 교수학습법, 수업참여, 교사권위, 교육환경 등등에 대해서 스펙트럼의 좌와 우를 가늠하였다. 또한 미국의 마그넷스쿨과 차터스쿨을 통해 사회통합적인 성향, 그리고 평등,

자율, 기회, 개방, 통합을 목표로 하는 민주지향적인 모습에 대해 살펴보았다.

본 장의 주제인 대안교육과 범주의 문제는 여전히 진행되고 있고, 앞으로 지속적으로 풀어야 할 과제이다. 이는 우리나라에서 본격적인 대안(학교)교육 운동이 1990년대로부터 일어났으므로 아직 그 역사가 짧아 대안교육의 이념, 철학, 정의, 교육과정 전반 등에 대해 좀 더 정리가 필요하기 때문이다. 또한 향후 대안학교들이 등장할 때에 어떤 점에서 대안교육을 실행하는 대안학교라 부를 수 있는지에 대한 지침이 필요하기 때문이다. 그리고 대안교육과 대안학교의 본질적인 평가와 향방을 가늠하고 발전을 도모할 때도 이것의 정의와 범주에 대한 해명은 필수적이다. 한편 대안교육의 의미와 범주에 대해 참다운 교육으로의 회복을 지향하는 원안교육이라는 본질적인 접근 또한 필요하다. 이는 단지 대안교육의 현상을 통해 의미를 찾는 것을 넘어 성경적이고 기독교 세계관적 기초 위에 진정한 교육으로 나아가게 하는 단초가 될 수 있다.

Q. 나눔을 위한 질문
- 대안교육의 정의를 내리기 어려운 이유에 대해 생각해 보시오.
- 영국과 독일과 미국의 대안교육의 범주에 대해 정리해 보면서 우리나라 대안교육의 현실과 연결 지어 보시오.
- 대안교육의 정의와 범주에 대한 연구가 향후 대안교육의 전개에 어떠한 의의가 있는지 생각해 보시오. 또한 대안교육에서 한 걸음 더 나아가서 참다운 교육으로의 회복을 지향하는 원안교육으로서의 기독교 교육은 어떤 것인지 생각해 보시오.

제3장

기독교 대안교육의 역사:
네덜란드, 북미, 남아공화국과 오세아니아

조성국

제3장 기독교 대안교육의 역사: 네덜란드, 북미, 남아공화국과 오세아니아

조성국

들어가며

밖에서 관찰되는 하나님의 형상인 인간은 전체적으로 생물-심리적인 몸의 존재이면서도, 내면에서 자신을 드러내는 존재 중심은 영혼이다. 인간 영혼은 영원하고 초월적인 하나님의 영과는 본질적으로 다르다. 영혼은 하나님이 세계 내에서 창조하신 영적 실체로서, 자신의 창조주인 하나님을 섬기고 소명을 수행하는, 종교적 특성을 가진 주체적 의식이다. 세계 내에서 창조된 인간 영혼은, 본성적인 종교적 특성을 가진 주체이면서도, 그 주체적 의식은 전인적이고 관계적인 조건, 곧 몸의 전체적 성장과 기능들의 발달, 환경에 부응한 경험 과정을 통해 성숙으로 나아간다.

인간의 신체 기능들의 발달 기간은 동물들에 비해 상대적으로 길다. 주체적 의식의 기초인 영혼의 지적 기능 발달 기간은 상당히 길다. 사회의 문화가 발전하여 축적된 내용이 많고 그 수준이 높다면, 지적 학습 기간은 더 길고, 결과적으로 주체적 의식 기능의 분화 정도와 발휘 수준도 높다. 인간 영혼의 주체적 의식 기능이 도달할 수 있는 높은 수준과, 사회 안에서 자립적 생활과 성취를 위해 요구받는 능력과 성숙 수준이 교육의 배경이 된다. 하나님의 형상인 인간은, 교육을 통해 공동체 안에서 성인이 된다.

교육 대상이 많고 교육 효율성을 추구하면서, 교육만을 위한 전문기관인 학교가 만들어져 발전하였다. 근대 이후 교육의 일반화와 표준화를 지향한 국가의 공적 통제는, 대안(학교)교육의 직접적인 등장 배경이 되었다. 교육을 통해 학생의 영혼에 특정 세계관을 형성하려는 시도는 필연적으로 종교적 함의를 갖는다. 근대국가의 공교육 세계관은 탈기독교적 혹은 반기독교적 특성을 가진 근대주의여서, 기독교 대안(학교)교육은 기독교공동체의 필연적 과제가 되었다. 이 글에서는 서구 학교교육의 역사를 간략하게 개관한 후, 근대 이후 기독교공동체가 실행해 온 대안(학교)교육과, 특히 칼빈주의 개혁교회 공동체의, 기독교 세계관을 형성하는 기독교 대안(학교)교육의 역사를 간략하게 서술하려 한다.

1. 근대 이전의 서구 기독교(학교) 교육

기독교공동체를 형성하는 기초는 기독교 신앙이다. 기독교 신앙에서 하나님은, 창조주이면서 구원자로서, 언약을 기초로 하나님의 백성을 형성하고, 구원사를 통해 하나님의 나라를 형성하여 통치하는 신이다. 하나님의 존재와 사역, 그리고 구원사는 하나님의 말씀으로 계시되었고, 하나님의 백성은 그 계시된 말씀에 대한 신앙과 순종으로 언약이 약속한 구원과 축복을 누렸다. 자녀와 후손들이 하나님과 구원사를 알고, 언약 관계 안에서 자신들의 종교적 정체성을 수용하여 언약에 부응하는 삶을 살아 구원과 축복을 누리는 것과, 공동체 전체가 미래에도 하나님의 백성이라는 정체성을 자발적으로 견지해 가는 것은, 하나님의 말씀에 대한 교육에 달려 있었다.

하나님은 직접 말씀하시는 분으로서 신앙공동체를 교육하였고, 공동체 안에 있는 부모, 제사장, 선지자, 통치자(왕)들에게 언약교육과, 언약의 목적을 위한 리더십 발휘의 책임을 부여하셨다. 부모는 언약교육의 헌장(신 6:4-9)으로부터, 자녀와 후손의 신앙교육을 다른 모든 일에 앞선 과제로 알고, 성실하게 실행해야 할, 거의 절대적인 책임을 부여받았다. 제사장들이 주도한 종교적 의식과 절기는 언약교육의 기회였고, 선지자들의 경고와 약속은 언약교육의 훈계와 격려였으며, 통치자들의 권력 정당성은 공동체로 하여금 언약에의 긍정적 응답으로 나아가게 하는 일에 달려 있었다. 이에 비추어 구약의 신앙공동체는 언약교육 공동체였다고 말할 수 있다(조성국, 2000).

구약성경에 명시적으로 언급된 학교로는 선지자학교(왕하 2장)와, 비교적 상세하게 기술된 바벨론 궁정학교(단 1장) 정도이다. 고대문명 사회에서 일반적으로 관찰할 수 있는, 귀족계급 자녀와 관리를 위한 궁정학교와, 제사장과 선지자 등 종교 직무자를 위한 학교가 구약시대에도 있었다. 구약의 언약공동체는 교육공동체여서, 가정과 성전은 사실상 학교와 같았다. 주전 6세기 바벨론 포로 이후 등장했던 회당은, 성경 낭독과 해설을 중심한 예배를 실행하였다는 점에서, 성전의 교육적 기능을 대체한 기관이었다. 성경에 명시적으로 기록되어 있지는 않지만, 역사적으로 회당 곁에 학교가 세워져 운영되었다.

주후 1세기에는 예루살렘과 가이사랴에 그리스-로마 학교가 있었다. 해외에서 성공한 디아스포라는 자신들이 정착한 도시에서 자녀들을 그리스-로마 학교에 보냈다. 예루살렘에는 랍비를 양성하는, 유명한 선생들을 둔 율법학교도 있었다.

　　신약성경은 회당을 중심한 성경교육이 팔레스타인의 많은 마을에서 일반적으로 이루어졌음을 보여 준다. 예수님과 제자들은 안식일에 회당에서 가르쳤다. 예수님은 상시적으로, 그리고 다양한 장소에서 사람들에게 복음(하나님의 나라)을 가르쳤으므로 주로 '선생님'이라는 호칭을 들었다. 예수님은 새언약공동체(교회)를 교육공동체로 세워가기 위해 제자들의 교사교육에 특별한 노력을 기울였다. 교회는 새언약의 학교와 같은 교육공동체였으므로, 12제자만 아니라 신자들도 제자로 칭해졌다.

　　교회는 신자들이 하나님을 예배하는 일로 모였고, 학교에서처럼 성경의 해설을 통한 가르침이 교회의 중심 활동이었다. 하나님의 말씀의 선포와 교육이 교회를 세우고 성장하게 만든다고 생각했으므로, 말씀을 가르치는 직분(사도, 선지자, 복음 전하는 자, 목사와 교사)이 중심에 있었다(엡 4:11-14; 고전 12:28)(조성국, 1990). 교회는 예루살렘, 유대, 사마리아, 그리고 지중해 연안 전체 지역으로 빠르게 확산되었고, 교회들은 선포와 교육을 통해 급성장하였다.

　　박해가 상존하던 주후 1-4세기에 로마제국의 유력한 사람들은 자녀들을 그리스-로마 학교에 보내어, 인문학의 기초인 자유교양교과(문법, 수사학, 변증학, 수학, 기하, 천문학, 음악)와, 특히 수사학을 배우게 했다. 기독교공동체 내에서는 학교의 교과교육이 담고 있는 그리스-로마의 이교적 세계관을 우려하여 그리스-로마 학교 교육을 비판하는 지도자들도 있었으나, 지적 교육을 위한 자유교양교과의 도구적 가치를 인정하는 지도자들도 많이 있었다. 아우구스티누스(354-430)는 자유교양교과의 기독교적 교육과 교리교육을 논의하는 주요한 책들을 저술하였다.

고대교회는 새로운 세대와 개종자들의 세례 준비를 위해 교회 내에 2-3년 과정의 초신자 교리문답학교을 세워 운영하였다. 그리고 교회교육을 담당할 지도자를 양성하려는 목적으로 예루살렘, 안디옥, 알렉산드리아 등에 교리문답교사학교를 세워 신학교육을 실행하였다. 신학교육은 자유교양교과를 비평적으로 가르치고, 또 성경을 가르치는 전문 지도자과정이었다.

기독교가 로마제국의 공인된 종교가 되어(313) 박해가 종식되었고, 서로마제국이 멸망하고(476) 게르만족이 주도하였던 중세 시대에, 기독교는 공인된 세계관으로 확립되었다. 기독교공동체의 지도자들은 교회의 선생이면서 학교의 선생, 그리고 국가의 선생이 되었다. 궁정학교에서는 수도사들이 교사가 되어 그리스-로마 문화, 자유교양교과, 법과 성경을 가르쳤다. 교회는 신학교육을 위한 성당학교와, 예배음악의 성가학교를 운영하였다.

6세기에 등장한 수도원은 수도자들의 공동체로서 노동과 기도 외에도, 학문 연구의 요람이었으므로, 수도원 부설의 학교를 운영하였다. 수도원학교는 교회와 국가의 인재를 양성하는 교육기관이 되어, 자유교양교과와 그리스-로마의 고전, 성경, 교부들의 글을 가르쳤다. 13세기에는 대학이 설립되었다. 대학은 교황의 승인하에 교회와 국가의 인재와 교사를 양성하면서도 독립적 지위를 보장받아 상당한 자치의 자유를 누렸다.

초기의 주요 대학은 파리대학과 볼로냐대학이었고, 대학은 점차 유럽 전역으로 확산되었다. 대학에서는 자유교양교육의 기초 위에서, 교회의 학문인 신학과 국가의 학문인 법학, 그리고 심화된 인문학으로서의 철학이 중심 자리를 차지하고 있었고, 의학도 주목받았다. 학위는 교사자격증과 같았다. 아리스토텔레스의 철학과 신학의 종합인 기독교종교철학(스콜라철학)이 대세였으며, 토마스 아퀴나스(1225-1274)는 대표적인 학자였다.

16세기는 교육을 통한 교회 및 사회개혁의 시기였다. 종교개혁자 루터(1483-1546), 칼빈(1509-1564), 낙스(1514-1572), 츠빙글리(1484-1531)는, 교황의 교권과 전통이 아니라 성경의 가르침에 따른 신앙을 강조하였고, 개신교 교회의 성경교육과 교리교육을 재확립하였다. 신앙교육의 효율성을 위해 교리문답서를 작성하여 교리교육을 정례화하였고, 모국어로 성경을 번역하고 문자교육을 실행함으로써 일반 신자들이 성경을 읽을 수 있게 하였으며, 성경 해설을 중심한 설교를 통해 성경교육을 강화하였다.

종교개혁자들은 학교의 사람들로서, 미사 중심의 제사의식 예배를 성경과 설교 중심의 교육 예배로 개혁하였고, 제사의식 집행과 교권을 상징하는 사제로서의 지도자상을, 가르치고 돌보는 교사로서의 목사상으로 대체함으로써 교육교회를 지향하였다. 루터는 독일 초등학교 의무교육 사상의 선구자였고, 칼빈은 제네바아카데미를 설립하여 기독교 학교와 기독교대학의 모델을 보였으며, 낙스도 교구학교의 기초를 놓았다. 종교개혁은 교육을 통한 교회개혁, 기독교 학교의 보편의무교육, 근대국가의 교육적 책임과 사회개혁을 촉발했다.

종교개혁이후 18세기 중엽까지, 비록 종교개혁자들의 희망처럼 보편의무교육이 실제로 실현되지는 못했지만, 서구의 학교들은 성격상 기독교 학교였다. 국가가 교육시설을 지원하고 교사의 임금을 지급하였으나, 교육의 내용선정, 교수활동, 장학활동은 목사와 교사들의 일이었다. 인문학의 자유교양교과 교육과 성경교육은 중등교육과 고등교육에서 공통이었고, 이후 신학과 인문학으로 나뉘어져 목사와 교사가 되었으므로, 목사의 학교교육 참여는 자연스러운 일이었다.

그러나 18세기 후반부터 근대주의(Modernism, 계몽주의)의 영향이 대세가 되면서 전통적인 기독교 세계관은 점차 퇴조하기 시작했다. 프랑스혁명 이후 국민주권의 근대국가가 확립되면서 국가 일에 대한 교회의 개입은 밀려났고, 국가가 세속화(교회 지배의 거부)된 법적 제도화 과정을 통해 사회 전반을 지배하게 되었다.

국민교육이 국가의 책무가 됨으로써 보편의무교육으로서 초등학교 교육이 실행되었다. 국가가 초등교육을 통하여 형성하는 세계관은 근대적 세계관인 민족주의와 자연주의였으므로, 국민통합의 유대 형성을 위해, 성경과 교리교육은 민족교육과 도덕교육으로 대체되었다. 교사는 교회 대신 국가의 통제를 받게 됨으로써 교사직은 교회의 직분이 아니라 국가의 직분이 되었다.

국가가 법으로 교육과정과 인사와 재정지원을 독점하여 학교와 교육의 세속화를 진행하면서 대부분의 학교는 공립학교로 편입되었다. 기독교공동체는 기존 학교를 사립학교로 운영하거나, 아니면 기독교적 학교교육을 제공하기 위해 새로운 형태의 기독교(사립)학교를 설립하여 운영해야 했다. 국가가 세속화됨으로써 기독교 학교는, 근대 이전 사회의 주류에서 근대 이후에는 부류로 지위가 달라졌고, 기독교공동체는 기독교 학교 운영을 위해 새로 무거운 짐을 지게 되었다.

2. 네덜란드의 기독교(대안) 학교

근대 독립국가로서의 네덜란드는 16세기 후반, 스페인으로부터의 독립전쟁을 수행했던 연합네덜란드공화국(1588-1795)에 기원을 둔다. 연합네덜란드공화국은 개신교 칼빈주의자들이 주도권을 잡고 있었고, 오란여(Willem van Oranje) 왕가는 개혁교회에 속했다. 네덜란드는 17세기 초에 도르트레흐트 총회에서 네덜란드신앙고백, 하이델베르크교리문답, 도르트신경의 개혁교회교리를 확립하였고, 16세기 루터와 칼빈의 종교개혁에 이은 '두 번째 종교개혁'으로 교회와 사회에 경건운동과 도덕적 개혁의 부흥운동을 시도하여 유럽에서는 국가적 단위에서 칼빈신학과 개혁교회의 큰 발전을 이루었다.

17세기에서 18세기 초반까지 네덜란드 개혁교회는 언약교리의 기초에서, 가정에서 부모들이 자녀를 위해 실행해야 할 경건활동과 도덕교육을 강조하였고, 학교교육을 지원하고 감독하였다. 이 시기에 보수적 교육가인 더스바어프(1594-1653)는 가정교육지침서에서, 그리고 쿨만(1632-1695)은 그의 책 『부모의 의무』에서, 인간본성의 타락성을 염두에 두고 일찍부터 자녀에게 경건교육과 엄격한 도덕성 교육을 실행할 것을 요구했다(조성국, 2019, 45).

18세기 후반부터 네덜란드에도 근대주의(계몽주의)가 점차 대세가 되었다. 대학의 신학자들과 국가개혁교회 목사들에게서 근대주의에 부응한 자유주의신학이 수용되면서, 정통 개혁교회 교리를 벗어난 주장들, 곧 계시보다 자연법칙, 회심보다 도덕성 교육, 인간의 타락한 본성보다 선한 본성, 교회보다 사회에 대한 관심을 강조하는 경향이 생겼다. 진보적 교육가 마르티네트(1729-1795)는 그의 책 『자연의 교리문답』에서, 전통적인 교리문답에 빗대어 자연의 원리를 신뢰해야 한다고 주장하였고, 자연에 대한 교육, 그리고 자연의 교육을 강조했다. 그는 아동의 자연적 본성은 선하므로 아동교육은 자연의 법칙에 맞게 합리적으로 실행되어야 한다고 주장했다(조성국, 2019, 47).

근대주의는 사회 내에서 지식인들, 곧 목사, 교사, 작가, 의사의 사회 계몽운동을 촉발하였다. 계몽운동가들은 사회적 악이란 가난과 무지에서 초래된다고 보았으므로 사회교육을 통하여 국민정신에 근대성을 형성함으로써 국민정신을 개조하고, 사회의 구원과 발전을 도모해야 한다고 확신했다. 뉴웬하위젠 목사는 사회 계몽운동을 지식인의 사명으로 간주하여 효율적인 활동을 위해 사회 계몽운동 단체인 '공동체의유익을위한학회'(1784)를 조직하였다.

사회 계몽운동에 나선 지식인들은 일반 대중을 위한 강의와 글을 통하여 애국심교육, 도덕교육, 부모교육, 보건교육을 시도하였다. 계몽운동에 참여한 교육가 비헤리 목사는, 가정의 문제는 곧 사회의 문제가 되므로, 가정의 회복이 사회의 회복으로 이어진다고 보았고, 부모들이 자녀에게 양심의 형성, 수치심의 개발, 자기통제력 형성 등 도덕적 성품교육을 성실하게 실행하도록 요청하였다.

18세기 말부터 20년간 지속된 프랑스 나폴레옹의 네덜란드 점령과 지배(1795-1815)는 네덜란드 국가의 세속화(교회로부터의 탈피)에 큰 영향을 미쳤다. 사회 전반을 통제하는 근대적 법 제도를 확립함으로써 왕권은 약화되었고, 법을 제정하는 의회가 실제적으로 통치하는 근대국가로 확립되었다. 국가와 교회는 분리됨으로써(1795) 정부에 대한 교회의 직접적인 개입은 배제되었다.

근대주의 정신에 따라 의회는 국민교육을 위한 학교법(1801, 1803, 1806)을 제정하여 보편의무교육을 위해 초등학교 제도를 확립하였다. 학교법은 공립초등학교를 교회(종교)로부터 독립시켜 국가의 통제 아래에 둠으로써 학교교육을 세속화시켰다. 학교법은 학교의 정책, 교육과정, 장학 등을 국가에 귀속시켰다. 학교법은 학교인정, 학력인정, 재정지원이 공립학교에서만 보장받는다는 것을 의미하였다. 국가는 국민교육을 위해 공립학교 수를 크게 늘렸다. 교육과 장학 활동에 대한 목사의 참여는 점차 배제되었고, 그 대신 국가의 통제 하에서 독립적 지위를 가진 교사가 학교 교육을 주도하게 되었다.

공립학교는 더 이상 이전처럼 교회의 지도 하에서 성경과 교리, 그리고 기독교 세계관을 형성하는 교육기관이 아니라, 국어와 도덕과 애국심, 그리고 근대주의 세계관을 형성하는 새로운 교육기관이 되었다. 국가는 국가이념 교육으로 국가 발전을 위한 국민통합과 국민 동원을 추구하였다. 성경과 교리의 종교교육은 분파적 갈등을 유발한다고 보고 공립학교 교육에서 배제하였고, 그 대신 애국심과 도덕성, 그리고 종교적 관용의 근대주의 세계관을 적극적으로 형성하고자 했다.

프랑스의 지배, 세속적 근대국가 확립, 학교교육의 세속화, 그리고 이러한 사회적 흐름에서 주요한 역할을 담당했던 국가개혁교회 내의 자유주의신학 추종 목사들에 대항한, 보수적 정통 칼빈주의자들의 강력한 반동이 일어났다. 정통 칼빈주의자들에게 이러한 세속적 변화는, 독립 국가로서의 네덜란드 왕가와 교회가 건국 초부터 칼빈신학을 수용하고 17세기 초에 확립했던 개혁교회 정통교리와 '두 번째의 종교개혁' 정신 상실을 뜻했다.

신학적으로 보수적이면서 경건과 부흥을 지향하였던 교회지도자들인 더콕과 스콜터 목사는 국가개혁교회로부터 분리(De Afscheiding, 1834)를 선언하였고, 함께 나온 목사들과 새로운 교단인 기독개혁교회를 결성하였다. 기독개혁교회는 근대국가주의와 자유주의신학이 지지한 계몽주의 근대정신에 반대하면서, 도르트레히트 총회(1618-1619)에서 확정했던 정통 개혁교회교리를 견지하고 경건을 회복하는 부흥운동을 시도하였다.

경건과 부흥 운동 지도자들은 이전처럼 마음의 회복, 예배생활의 회복, 경건생활의 회복, 가정에서의 엄격한 신앙교육 실천, 사회개혁 등을 강조하였다. 그들은 도덕적 개선이 아니라 먼저 회개가 있어야 한다고 역설하였다. 그들은 근대정신을 형성하려는 의도에서 성경교육과 교리교육을 회피하는 공립학교를 불신하였다. 따라서 공립학교 교육이 하나님의 말씀에 대치된다고 주장하며 부모들에게 자녀를 공립학교에 보내지 말아야 한다고 역설하였고, 그 대신 기독교(사립초등)학교 설립과 운영을 독려하였다.

기독교사립학교 설립운동에 기여한 칼빈주의자들이 많았다. 판프린스터러(1801-1876)는 기독교 세계관교육과 기독교 학교운동의 대부였다. 그는 의회 활동을 통하여 기독교사립학교 설립의 자유와 교육의 자유를 위해 노력하였고, '기독교국립학교진흥연합'을 결성하여 성경과 교리를 가르치고 기독교 세계관을 형성하는 기독교 학교이면서도 국립일 수 있는 방안을 찾으려 했다. 그는 기독교 세계관 교육의 고전이 된 그의 책 『불신앙과 혁명』으로 칼빈주의 신앙을 가진 엘리트들에게 세계관 교육을 시도하였고(조성국, 2019, 81-87), 기독교 학교를 위한 시민운동을 통해 기독교사립학교의 법적 지위 확립을 위해 노력하였다.

헬드링(1804-1976)은 '기독교친구단'을 결성하여 시골에서 아동과 여성을 위해 작은 학교들을 설립하여 가르쳤다. 더리프더는 종교적 중립성을 추구하던 공립학교 교육을 비판하면서 종교교육의 중요성을 역설하였고, 아동교육 잡지를 발간하여 부모의 언약교육 책임을 강조하였으며, '국민구원을위한연합'을 결성하여 네덜란드의 재기독교화와 사회구원을 위한 교육운동을 시도하였다. 칼빈주의자들은 학교, 교회, 도서관에서 정기적인 모임을 만들어 집회를 이어가고, 소년단체, 소녀단체, 여성단체 등을 결성하여 효율적으로 기독교 교육운동을 사회에 확산시켰으며, 잡지와 신문 등 문서활동으로 기독교(학교)교육운동을 독려하였으므로 기독교사립학교의 수는 꾸준하게 증가하였다.

19세기 네덜란드에서 운동으로 발전하였던 기독교 학교운동은 '학교투쟁'이라 칭해졌다. 학교투쟁은 성격상 3단계로 나누어진다. 제1단계는 기독교 학교의 권리를 위한 투쟁(1806-1848)이었고, 제2단계는 기독교 학교의 차별 문제 해결을 위한 투쟁(1848-1857)이었으며, 제3단계는 교육의 자유와 재정지원, 법적 정당성 확립을 위한 투쟁(1857-1920)이었다(조성국, 2019, 54).

19세기 후반에 기독교 학교운동은 판프린스터러의 리더십을 이은, 신학자 카이퍼(1837-1920)와 바빙크(1854-1921)에 의해 결실을 얻었다. 카이퍼는 기독교 주간신문(De Heraut, 1869)을 발간하여 기독교 사회운동과 교육운동을 위한 여론을 형성하였고, 의회 활동을 통해 기독교 학교의 과제를 해결하려고 기독교정당(반혁명당, 프랑스혁명의 근대 세속주의를 반대한다는 의미, 1878)을 결성하였다.

카이퍼는 기독교 세계관(신칼빈주의)에 따른 교육, 학문, 문화, 국가의 정치와 경제 등을 연구하고, 다양한 영역에서 기독교적 문화운동을 주도할 인재들을 양성하기 위해 암스테르담에 프리어대학교(자유대학교, 1880)를 설립하였다. 그는 자유주의신학 입장의 국가개혁교회로부터 정통 칼빈주의 신학을 따르는 목사들과 함께 애통의 마음으로 분리하여 나와(Doleantie, 1886), '네덜란드 개혁교회'라는 새로운 교단을 결성하였고, 앞서 1834년에 동일한 명분으로 분리해 나왔던(Afscheiding) '기독개혁교회' 교단과의 통합을 시도하였다.

카이퍼가 주도했던 기독교정당은 1889년 가톨릭정당과 연정 내각을 구성할 수 있었고, 카이퍼는 내각의 수반인 네덜란드 수상(1901-1905)이 되어 일하면서 학교법의 개정 작업을 통해 공립학교와 사립학교의 법적 평등과 사립학교를 위한 정부 보조금 지원의 발판을 마련하였다.

카이퍼가 정치인이 되어 대학을 떠남으로써 카이퍼의 요구로 캄펀신학대학교에서 프리어대학교로 교수직을 옮겼던 바빙크는, 연구의 관심을 신학에서 교육학으로 확장하였다. 바빙크는 카이퍼의 기독교정당 의원으로, 그리고 국가교육자문위원회 교육위원장(1919)으로 일했다. 바빙크와 기독교정당은 1920년, 기독교 학교운동의 오랜 과제였던, 국가가 사립학교도 공립학교와 동일한 법적 지위를 인정하고 동등한 재정을 지원하도록 법제화하는 일을 완결하였다.

마침내 기독교 학교를 위한 개혁교회공동체의 투쟁은 최종승리로 귀결되었다. 기독교인 학부모들은 헌법이 규정하는 종교의 자유와 양심의 자유처럼, '교육의 자유'도 쟁취하였다. 칼빈주의자들은 16세기에 연합네덜란드공화국이 스페인과의 긴 전쟁으로 마침내 국가의 독립을 쟁취한 것에 빗대어, 기독교 학교의 독립을 위한 투쟁을 "우리의 두 번째 80년전쟁(1840-1920)"이라 칭했다(조성국, 2019, 57).

1925년에는 프리어대학교에 교육학과가 신설되었다. 바터링크(1890-1966)는 개혁교회 공동체의 첫 번째 개혁교육학자로서 1925년부터 1965년까지 약 40년 동안 기독교 교육학의 확립과 기독교 학교운동의 대표적 학자로 활동하였다. 그는 기독교 세계관과 문화의 기독교 교육철학, 근대학문으로서의 교육학의 기독교적 연구방법, 아동과 청소년 심리학, 교육잡지를 통한 부모교육 등을 위해 많은 저서와 글을 남겼다. 바터링크(1980, 41)는 기독교 교육의 목적을, "인간을, 하나님이 허락하신 삶의 모든 영역에서, 하나님의 말씀에 따라, 하나님이 자신에게 주신 모든 재능을 하나님의 영광과 동료 피조물들의 복지를 위해, 유능하게 그리고 자원하는 마음으로 사용하여 하나님을 섬기는 독립적인 퍼스널리티로 형성하는 것"이라 보았다.

개혁교회 공동체에서 자녀교육은 기독교적 가정과 학교와 교회에서 일관성 있게 실행되어야 하고, 성경과 교리를 기초로 경건과 기독교 세계관을 적극적으로 형성해야 하는 것으로 간주되었다. 가정과 학교와 교회 세 기관은 고유한 특성과 기능에 따라 가르치되, 가정에서는 경건한 삶과 인성과 도덕성에, 학교에서는 세계관과 문화와 지적 역량에, 교회에서는 성경과 교리 확신에 초점을 두었다. 기독교 학교운동은 프리어대학교 외에도 이후에 하우다와 즈볼러에 기독교 학교 교사를 양성하는 교육(사범)대학을 설립하여 운영하였다.

1960년대 이후 개혁교회 공동체의 기독교 학교운동은 네덜란드 사회의 급격한 세속화로 점차 동력을 잃기 시작했다. 유럽 사회를 휩쓴 무신론적 실존주의와 신마르크스주의 영향으로 네덜란드에서도 전통적 규범, 종교, 권위에 저항하는 정서가 대세를 이루었고, 기독교계 안에서도 탈교회와 종교적 다원주의 의식이 확산되었다. 프리어대학교의 기독교적 정체성은 개혁신학과 개혁철학에서 1970년대에 초교파주의로, 그리고 2005년부터 다원주의로 확장되었다. 개혁교회학교연맹도 기독교 학교학회, 기독교대중교육단체와 병합하면서 독립기구 역할이 약화되었다. 1970년대 이후 기독교 교육학자들도 개혁신학과 기독교철학이 아니라 현상학, 종교학으로부터 가져온, 생의 확신과 결단, 종교성, 도덕성 등의 주제에 더 깊은 관심을 보였고, 연구방법에서도 역사적 연구 외에는, 일반교육학의 경우처럼, 실험-분석적, 사회비판적 방법에 몰두하면서 기독교적 연구방법에 따른 연구는 퇴조하였다.

간헐적으로 기독교 학교 유산에 대한 재발견과 재무장 운동이 시도되고 있으나 이전처럼 대세를 이루기 어려운 조건들이 많아지고 있다. 대도시 인구의 증가와 이민자에 의한 종교 다원화 현실, 기독교인 자녀들의 수적 감소 현상은 기독교 학교가 기독교적 정체성을 견지해 나가기 어렵게 만들고 있다. 기독교 학교는 기독교인 자녀들을 위한 학교라는 점에서, 기독교공동체 내의 경건과 부흥의 산물이라고 볼 수 있다. 21세기 네덜란드 기독교 학교는 대세가 되어가는 (쉬운) 다원주의 접근보다는, 전통적인 기독교 학교 과제수행에, 미션스쿨의 학교선교 과제를 부가해야 할 것으로 보인다.

3. 북미, 남아공화국과 오세아니아의 기독교(대안) 학교

가. 미국과 캐나다의 기독교(대안) 학교

미국은 유럽 여러 나라의 식민지 확장과 이주민 정착으로 형성된 근대 국가여서 처음부터 민족과 종교의 다양성을 근간으로 형성되어 발전하였다. 1620년에 집단으로 미국에 정착했던 청교도들은 종교적 목적으로 이주한 사람들이었고, 그 이후에도 유럽에서 집단으로 이주하여 정착하는 경우가 많았으므로, 교회는 사회생활의 중심에 있었고, 학교설립과 운영의 주체였다.

1635년에 청교도들이 설립한 최초의 학교인 보스턴 라틴문법학교는 교회와 학교의 인재를 양성하는 학교였다. 18-19세기에 많이 설립된 아카데미도 기독교신앙과 밀착되어 있었다. 1837년 공립학교 제도가 시작되기 이전에는, 유럽의 경우처럼 대부분의 학교가 기독교 학교들이었다(강영택, 2013, 34;

2014, 173-174).

1840년대에 호레이스 만의 보통학교 운동으로 공립학교가 급속하게 확산되면서 사립학교의 수가 현저하게 감소하였으나, 여전히 도덕교육은 종교와 밀착되어 있다고 보았으므로 공립학교에서 성경읽기와 기도 등 기독교적 가르침은 지속되었다. 그리고 주일학교와 부흥운동의 시기였으므로 기독교공동체는 기독교 신앙과 세계관의 교육을 위한 별도의 사립학교 설립 필요를 절감하지 않았다.

그러나 1900년 이후에는 근대주의의 영향과 진보주의 교육, 시민권운동, 도덕교육과 종교의 분리 등으로 공립학교 교육과정이 빠르게 세속화(탈종교화) 되어 기독교지도자들과 부모들은 위기감을 느끼기 시작했고, 공립학교에서의 종교문제 갈등도 잦았다. 1962년과 1963년, 대법원이 공립학교에서 성경읽기와 기도도 금지하는 판결을 하기에 이르자, 복음주의 교회들은 새로운 기독교 사립학교 설립운동을 전개하였다. 사립학교 교육에서 미국은 유럽의 경우보다 더 관용적이고, 사립학교의 교육성과는 공립학교를 상회하는 경우가 많았으므로, 이후 기독교 사립학교의 수와 학생 수는 지속적으로 크게 증가하였다.

기독교 사립학교를 많이 운영하는 교회는 대부분 가톨릭, 루터교, 개혁교회, 그리고 침례교 등의 복음주의 교회들이다. 기독교 학교들은 여러 기독교 학교 연합단체들을 통해 교육검정과 학교인준, 교과서 등 전문적 교육자료지원 등의 문제를 해결하였다. 잘 알려진 기독교 학교연합단체는 기독교 교육촉진(ACE), 미국기독교 학교연맹(AACS), 국제기독교 학교연맹(ACSI)이다.

개신교 이민자 공동체들 중에서 이민 초기부터 기독교 사립학교를 주요한 과제로 삼고 지속적으로 유지해 온 교회공동체는 독일 루터교회와 네덜란드 개혁교회였다. 기독교 세계관을 형성하는 기독교 학교에 주목하기 위해 네덜란드 개혁교회 공동체의 기독교 학교를 조금 더 살펴보자.

네덜란드인이 미국에 이주하여 뉴욕에 첫 개혁교회를 설립한 사람은 1628년 미카엘리우스 목사였다. 18세기에는 프렐링하위젠 목사가 주도한 영적 각성운동으로 개혁교회들이 많이 성장하였다. 19세기에는 네덜란드에서의 교단분리(Afscheiding, 1834) 이후, 종교적 자유와 기독교 교육의 자유, 그리고 경제적 문제 해결을 꿈꾸며 판랄터 목사와 함께 많은 사람이 미시간에, 그리고 스콜터 목사와 함께 아이오와에 정착하였다. 1856년에는 첫 번째 기독교 학교를, 그리고 1857년에는 독립적으로 미국 기독개혁교회 교단을 결성하였다.

네덜란드 국가개혁교회에서의 두 번째 분리(Doleantie, 1886) 이후에도 네덜란드 개혁교회 신자들이 미국으로 이주하면서 미국 개혁교회와 신자 수는 증가하였다. 이 시기의 이민자들은 카이퍼의 기독교 학교운동에 따라 미국에서도 적극적으로 기독교 학교 설립을 시도하였으므로 개혁교회 공동체의 기독교 학교 수는 급증하여 1920년에 80개에 이르렀고, 이민자들의 자녀 절반 이상이 기독교 학교를 다녔다(강영택, 2013, 40). 기독교 학교를 지원하기 위해 1892년에 기독교 교육협회가 결성되었고, 1920년에는 전국기독교 학교연합이 조직되었다.

제2차 세계대전 이후에도 네덜란드 사람들이 대거 미국과 캐나다로 이주하면서 북미지역 네덜란드계 개혁교회는 증가했고, 이에 부응하여 기독교 학교의 수도 늘어났다. 전국기독교 학교연합은 1979년, 캐나다 개혁교회의 기독교 학교를 병합하여 국제기독교 학교연맹(CSI)으로 확장되었다(조성국, 2007,

125). 미국에서는 칼빈대학교와 돌트대학교가, 캐나다에서는 리디머대학교와, 온타리오와 알버타의 기독교교양대학교가 기독교 학교교사 양성을 위한 교육(사범)대학을 운영하였다.

기독교 교육학 연구에서는 1930년대 이후 칼빈대학교의 야르스마가 네덜란드의 바빙크 교육학과 바터링크의 교육학 및 심리학을 토대로 개혁교육학과 기독교 교육심리학 연구에서 주목받았다. 네덜란드에서 수학했던 미국의 개혁신학자들과 철학자들은 기독교 학교의 교육철학 논의와 강의에 적극적이었다. 1970년대 이후에는 돌트대학교의 판다이크가 기독교 교육방법 연구에서, 그리고 캐나다의 판브루멜런이 기독교 교육과정 연구에서, 그리고 특히 기독교 세계관과 교육철학에서는 월터스톨프의 연구가 주목받았다.

미국 네덜란드계 이민자들에게서 기독교 학교운동은, 역사적으로 네덜란드 기독교 학교운동과 기독교 교육학 연구의 확장이면서도, 1960년대 이후 네덜란드에서의 동력이 약화된 현실을 고려할 때, 오히려 북미에서 새로운 동력을 얻어 발전하였다. 21세기 들어 북미의 기독교 학교들도 세속화와 반기독교적 세계관들, 탈교회 현상과 다원주의 현실, 그리고 학교운영을 위한 재정 부족 문제 등으로 어려움을 겪고 있다. 그럼에도 불구하고 언약의 자녀 교육을 위해 기독교 학교를 지원해야 한다는 의지는 여전하다. 2005년 이후부터 기독교 학교들은 개혁교회 자녀가 아닌 학생의 입학도 받아들여 교육선교의 과제를 수행하는, 성격상 새로운 과제를 수용하였다.

나. 남아공화국의 기독교(대안) 학교

유럽인들의 남아공화국 이주는, 네덜란드가 1652년, 선박에 조달할 식

료품과 물을 공급하기 위해 케이프에 동인도회사를 설립함으로써 본격적으로 이루어졌다. 정착민들의 교회는 네덜란드의 경우처럼 칼빈주의 개혁교회였다. 1824년 개혁교회의 수가 늘어나면서 독립적인 교단을 형성하였고, 지속적으로 본국인 네덜란드 개혁교회와의 유대를 유지하였다. 이후 유럽에서 개혁 신앙의 자유와 경제적 삶의 향상을 위해 특히 농업에 종사하는 사람들이 많이 이주하였다. 1834년 네덜란드에서의 경건주의 부흥운동과 교단 분립(Afscheiding)은 남아공화국의 개혁교회에도 깊은 영향을 주었다. 1886년 네덜란드 국가개혁교회의 두 번째 교단분리(Doleantie)도 남아공화국 개혁교회에 직접적인 영향을 미쳤고, 특히 카이퍼의 신칼빈주의는 개혁교회 공동체 국가론의 기초가 되었다.

한편, 국가로서의 남아공화국은 19세기 초부터 20세기 초반까지 유럽의 정치적 역동에 따라 큰 혼란을 겪었다. 나폴레옹의 네덜란드 정복으로 네덜란드가 약화 된 상황에서 헤게모니를 장악한 영국은 1814년 남아공화국의 케이프지역을 정복하였다. 네덜란드계 이민자들은 케이프 지역에서 밀려, 동북부 지방을 향한 집단적인 고난의 대이동을 감행함으로써 오렌지자유주와 트란스발주를 개척하였다. 케이프를 정복한 영국은 남부와 서부로 진출하였고, 서부에 나탈주를 개척하여 네덜란드 이민자들과 병존하였다.

그러나 네덜란드인들의 지역에서 다이아몬드와 금광이 발견되면서 영국군이 다시 오렌지자유주와 트란스발주를 침탈(보어전쟁, 1899-1902)하였다. 영국군은 격렬하게 저항하던 네덜란드계 이주자들(Boer 농부, 주로 농장을 운영하였으므로 붙여진 이름)을 굴복시켜 강제수용소에 격리하였고 농장도 초토화함으로써 남아공화국 전체를 식민지로 삼았다. 이후 남아공화국 전체는 영연방 자치국으로 존재하다가 1961년에 독립국가가 되었다.

이처럼 19세기 초부터 영국에 밀려 한 세기 이상 고난과 전쟁으로 엄청난 희생을 치러야 했던 네덜란드인 후예에게, 생존을 위한 대이동과 전쟁과 차별은 구원과 자유를 향한 구원역사로 해석되었으므로, 기독교민족주의는 고유하고도 강력한 정치이념이 되었다. 그래서 그들은 남아공화국에서의 자신들의 민족역사 정체성을 강조하여 스스로를 아프리카너로 지칭하였고, 자신들의 모국어인 변화된 네덜란드어를 아프리칸스어라 칭했다. 1909년 남아공화국이 영연방 자치국이 되고, 이후 1961년 독립국가가 되자, 영국계보다 다수였던 네덜란드계가 점차 남아공화국의 정치를 주도하였다. 두트로아, 크루거 등 정치지도자들은 카이퍼의 기독교국가론 신봉자들로서 남아공화국에 카이퍼의 이상을 실현하려 했다(조성국, 2003, 13).

사회의 강력한 기독교민족주의와 개혁교회들의 경건운동으로 남아공화국 공립학교는 공립이면서도 종교교육을 배제하거나 중립적인 입장을 취하지 않고, 지속적으로 유지할 수 있었다. 영어를 상용한 공립학교는 주로 영국계와 흑인과 인도계 자녀들이, 그리고 아프리칸스어를 상용한 공립학교는 네덜란드계 후예들이 주로 입학하였다. 학교 행사에서 예배와 기도는 당연하였고, 성경과 기독교신앙은 정식 교과였으며, 기숙사는 교회 활동과 연계되어 있었다.

네덜란드계 공립학교에서는 기독교 세계관에 따른 교육과정 운영도 가능했다. 개혁주의 세계관과 기독교민족주의 정서에 더하여, 네덜란드계 (교육)대학교의 교사양성 과정에, 특히 교육철학에서 기독교 교육철학을 견지하는 학자들이 많았기 때문이다. 네덜란드에서 학교투쟁으로 실현된 기독교사립학교가, 남아공화국의 네덜란드계 학교에게는 공립학교제도 안에서 실현되었으므로, 기독교사립학교운동은 별로 의미가 없었다. 결과적으로 네덜란드에서 기독교 학교운동이 약화되기 시작한 1960년대이후부터 20세기말까지, 남아공화국에서는 공교육 안의 기독교 학교교육이 상당히 발전하였다.

남아공화국에서는 네덜란드에서처럼 개혁신학과 기독교철학과 기독교학문이 발전하였다. 스토커 등 기독교학문 철학자 외에도, 1940년대부터 1960년대에 포첼스트룸대학교 꾸치어는 개혁교육학 정립에 주요한 역할을 했다. 1970-1980년대에는 판베이크와 스쿠만(오렌지자유주대학교)이, 그리고 1980년대 이후에는 판델발트가 기독교 세계관에 기초한 교육철학과 연구방법의 이론적 연구, 일반교육이론에 대한 기독교적 비평적 연구에서 큰 성과를 보였다.

그러나 20세기말 더클레르크와 만델라의 흑백 화해를 계기로 1994년 대통령이 된 만델라와 흑인 주도 정부는, 종교와 국가를 명확하게 분리하는 현대 세속국가, 흑인이 주도하는 다원주의 국가를 지향하였다. 공립학교에서는 인도계 무슬림 부모와 학생들의 기도소 요구, 백인과 백인문화에 반감을 가진 흑인 종족주의자들의 요구 등으로 학교의 기독교종교교육은 갈등 문제가 되었고, 결국 쉬운 해결책인 종교 중립 정책을 요구받게 되었다.

네덜란드계 대학들도 주립대학으로 병합되어 정체성(과 이름조차도)이 바뀌거나, 정부 재정지원의 국가통제에 따라 급속하게 세속화로 기울었고, 이러한 세속화는 교사 양성 교육에서도 마찬가지였다. 우려했던 것처럼 21세기에 남아공화국 공립학교에서는 탈기독교 교육이 가속되었다.

이러한 배경에서 20세기 말부터, 교회와 기독교공동체는 소규모 기독교 사립학교들을 설립하여 운영하고 있고, 기독교사립학교의 수도 지속적으로 증가하였다. 그러나 기독교 사립학교들은 국가의 재정지원을 기대할 수 없어 대부분 영세한 형편이고, 정치사회-경제적 구조변화로 백인들의 경제(활동) 지위도 약화되어 가정과 개혁교회의 재정지원 여력이 약해져 있어 기독교 사립학교의 미래가 밝지 않다.

다. 오스트레일리아와 뉴질랜드의 기독교(대안) 학교

오스트레일리아는 1788년 영국이 정착지를 세워 식민지로 관리하다가 1901년 영연방의 오스트레일리아 연방이 되었다. 뉴질랜드는 1840년에 영국이 식민지로 삼아 관리하다가 1907년 영국 연방이 되었다.

오스트레일리아와 뉴질랜드는 영연방 국가들이어서 영국국교회(성공회)와 장로교회가 이주자 사회의 생활 중심이었고, 영국에서와 마찬가지로 초기의 학교교육에 큰 영향을 미쳤다. 복음주의 성공회와 스코틀랜드 장로교회는 칼빈신학의 영향을 받은 교회들이었다. 교회들은 낙스의 교구학교처럼 각 교구에 학교를 설립하는 일을 주도하였다. 교구학교는 성경교육과 예배를 통한 경건교육과 인문교육을 실행하였다.

그러나 근대주의의 배경에서, 세속정부가 학교 공립학교 제도를 확립하여 관리하기 시작하면서, 성경과 종교활동은 공립학교의 공식적 교육과정에서 점차 배제되었다. 기독교 교육이 가능한 기독교사립학교는 정부의 지원에서 제한을 받았다. 대학에서도 근대주의가 대세를 이루면서 전통적인 신학교육도 변화되었다. 신학은 근대신학 곧 자유주의 종교 신학을 지향했다. 1856년 설립되어 복음주의 신학교육을 실행했던 무어대학은 기독교 사립학교 교육을 독려하는 중심 역할을 했다(조성국, 2013, 19).

　　제2차 세계대전 이후 네덜란드계 이민자들이 대거 이주하면서 오스트레일리아와 뉴질랜드에도 개혁교회와 함께 개혁교회 공동체의 기독교 사립학교가 설립되었다. 네덜란드 개혁교회 이민자들은 언약신학에 따른 신앙과, 네덜란드에서의 기독교 사립학교운동에 따라, 기독교 사립학교설립을 가정과 교회공동체의 주요한 과제로 보았기 때문에 기독교 사립학교 설립에 적극적이었다. 비록 오스트레일리아와 뉴질랜드의 개혁교회 공동체가 지향한, 기독교 세계관을 형성하는 부모연대의 기독교(사립) 학교는 수가 많지 않아 파급력이 크지는 않았지만, 오세아니아 기독교(대안) 학교 교육의 역사에서 볼 때 발전된 결실이라고 할 수 있다.

　　고등교육 분야에서는 1954년 칼빈주의기초에근거한고등교육협회(AHECB), 기독교대학협회(ACU)와 기독교학문재단(FCS)도 결성되었다. 뉴질랜드에도 기독교연구재단(FCS)이 설립되어 기독교 세계관과 교육 문제들을 공론화하고, 기독교 학교 교사들과 학생들을 교육하였다(조성국, 2013, 20).

　　기독교 학교교사교육을 위해 1979년 오스트레일리아 기독교 교육원(National Institute for Christian Education)이 설립되었다. 1990년대 이래로 블롬버그, 파울러, 에들린은 NICE가 기독교 학교 교사들을 위한, 기독교 세계관에 따른 기독교 학교교육의 대학원 교육과정을 운영하는 일에 크게 기여하였다.

　　성경을 중심에 두는 기독교공동체는 처음부터 신앙공동체이면서 교육공동체였다. 기독교가 서구의 종교가 된 이후, 기독교는 오랫동안 서구사회의 공적 세계관이었으므로 교회는 학교의 설립과 운영의 주체였다. 비록 그리스-로마문화를 교육내용으로 가르쳤으나 학교는 성경과 경건 교육이 함께 있는 기독교적 교육기관이었다.

19세기 이후 근대주의, 곧 인본주의와 자연주의가 서구사회의 공적 세계관으로 대체되면서, 세속국가는 학교법을 통해 학교를 정부의 감독 하에 관리하였다. 근대국가이념을 적극적으로 형성하기 위해 공립학교는, 교육과정에서 성경과 교리의 종교교육을 배제하였고, 이는 학교교육의 종교적 성격을 바꾸는 계기가 되었다.

국가의 세속성과 학교교육의 세속성이 반기독교적이고, 기독교공동체의 미래세대를 위협하였으므로, 기독교공동체는 대안적인 사립학교설립 운동을 발전시켜 왔다. 기독교공동체의 수와 신자들의 세계관 각성, 그리고 정치적 영향력이 크면 기독교사립학교의 지위와 재정지원문제는 어느 정도 해결될 수 있었으나, 그렇지 못한 경우 가정과 교회는 기독교 사립학교 설립과 지원을 위해 무거운 짐을 져야 했다.

언약신학의 기초에서 부모의 교육권과 신앙교육책임에 민감하고, 근대 세계관이 가진 불신앙적 성격과 학교의 세계관 형성 기능에 민감했던 개혁교회 공동체는 기독교 사립학교 교육운동의 발전에 특별한 기여를 했다. 서구(기독교)교육사는 기독교공동체를 구성하는 가정과 학교와 교회의 연합된 교육적 사명을 각성하고 있다.

Q. 나눔을 위한 질문

- 근대 이전 서구사회의 공적 세계관은 무엇이었고, 학교교육의 주체는 무엇이었는가?
- 근대 기독교(대안) 학교운동의 배경과 이유는 무엇이었는가?
- 서구 기독교 학교교육운동이 해결해야 했던 주요 과제는 무엇이었는가?
- 우리나라 기독교 학교운동을 위해 교회와 가정이 감당해야 할 과제는 무엇인가?

제4장

한국 기독교 대안학교의 역사와 현황

정영찬

제4장 한국 기독교 대안학교의 역사와 현황

정영찬

들어가며 : 한국 기독교 대안학교의 출현 배경

교육은 인생 형성을 목표로 하는 활동이다. 이 말을 조금 더 부연하면, 교육이란 인간이 처음 잉태되고 출산의 과정을 거쳐 태어나 이 땅에서 주어진 생명의 날이 다하기까지 모든 인생의 걸음에 기여함을 뜻한다. 그러면서 보다 발전적이고 긍정적이며 행복한 삶을 안내하는 것을 주요 목적으로 설정한다. 그러니 인생은 교육을 통해서 내적 외적인 영역의 성장을 도모하는데, 각자의 개성과 기질을 다듬고 성숙시키면서 더불어 살아가는 인생들과의 관계와 관련된 도덕성과 사회성을 함양하고, 삶의 환경인 사회를 이해하며 문화유산을 익히고, 삶을 위한 적절한 지식과 기술을 습득하며 축적한다. 이렇게 교육의 관심과 영역은 인생의 제반 범주와 깊이 관련되어 있다. 특히 인간의 발달과 관련된 부분, 한 개인이 속한 사회와 더불어 교육의 대표적 장(場, field)이며 기관인 학교에 관해서는 대단히 중요하게 연구해야 할 과업이자 주된 대상이 아닐 수 없다.

지금 한국에서 대안학교, 기독교 대안학교 등의 명칭은 그리 낯설지 않다. 그럼에도 그동안 경험하지 못했던, 공교육의 틀과 다른 교육목표와 교육과정 및 내용과 교육활동을 지향하는 이런 형태의 학교는 21세기의 시작과 더불어 본격화되었으므로 전혀 새로운 유형의 교육기관으로써 그리 오래되지 않았다. 그렇다면 우리 사회에 기독교 대안학교의 설립이 가속화된 배경은 무엇일까? 다음과 같이 크게 두 가지로 이해할 수 있다(정영찬, 2007, 1-3).

　　첫째는 1990년대 중반부터 한국의 교육 당국에 의해 제기된 대안학교라는 새로운 형태의 학교 출현과 관련 있다. 교육인적자원부가 1995년에 발표한 5·31 교육개혁 방안과 이듬해인 1996년 1월에 발표한 중도 탈락 예방 종합대책은 여러 가지 이유로 학교생활에 부적응하여 중도 탈락하는 학생들의 교육을 위해 정부가 전국을 6개 권역으로 나누어 1개교씩 대안학교를 설립하는 계획이 포함되어 있었다. 또한 1997년에는 그 내용이 다소 수정되어 정부가 설립하는 대신 민간의 설립을 지원하는 방식을 택하기로 하였으며, 부적응 학생만이 아니라 자연 친화적인 인성교육까지 포함하는 방향으로 확장되었다. 그래서 그해 6월에 고교설립준칙주의에 입각하여 학교 설립을 위한 시설 기준을 발표하였다.[1]

　　이러한 과정을 거쳐서 1998년 2월에 확정하고 3월 1일부터 시행되기 시작한 것이 초·중등교육법 시행령 제 91조로써 대안학교를 법적으로 설립 가능하게 된 특성화고등학교에 관한 법령이었고, 그 뒤 대안학교가 공식적인 교육기관으로 우리 사회에 출범하게 되었다.[2]

---

1) '고교설립준칙주의'는 특성화고등학교의 설립을 가능하게 할 목적으로 최소한의 설립 기준만 갖추면 설립을 허용하겠다는 의미이다.
2) 1998년 특성화고등학교로 개교한 학교는 영산성지학교, 간디고등학교, 양업고등학교, 화랑고등학교, 원경고등학교, 한빛고등학교 등의 6개 학교이며, 1999년에 푸른

한국 기독교 대안학교의 등장과 관련된 두 번째 배경은 한국교회 내에서 그동안 진행되어 왔던 기독교 세계관 운동과 잇닿아 있다. 조성국의 연구에 의하면 한국에서의 본격적인 기독교 세계관 운동은 1980년대부터이다(조성국, 2003). 특히 1980년에 소그룹모임을 시작하여 1984년에 공식 결성된 기독교학문연구회(현 기독교학문연구소), 1981년부터 모임이 시작된 기독교대학설립동역회(현 기독교학술교육동역회)등의 단체들이 기독교 세계관과 관련한 활동 및 사역을 시작했으며, 1991년에 부산의 고신대학교는 기독교 세계관 연구라는 과목을 개설하였다. 아울러 한국 IVP는 1980년대 중반부터 기독교 세계관 관련 도서의 번역 출판 사업을 통해 한국 기독교 세계관 운동의 확장에 크게 기여하였다.

한편, 기독교 세계관은 세계와 인간 삶의 총체에 대한 기독교적 관점을 뜻하기에 그 운동의 결과는 한국의 그리스도인들로 하여금 이 땅에서의 삶이 그리스도의 구속적 사역과 회복 사역에 동참하여 완성에 이르기까지 창조세계 전반에서 하나님 나라 건설의 비전을 구체화시키는 제자도(Discipleship)를 실천하도록 요청한다. 이 같은 기독교 세계관 운동이 10년 이상 활발히 전개되면서 자연스럽게 기독교 세계관과 일치하지 않는 인본주의적 세계관으로 운영되는 한국의 공교육 제도와 그곳에서 공부하는 자녀들의 상황을 고민하던 개인, 단체, 교회 등이 한국의 기독교 대안교육 및 학교 운동을 시작하게 된 것이다.

이상과 같은 역사적인 배경에 따라 한국의 기독교 대안학교가 태동

꿈고등학교, 두레자연고등학교, 세인고등학교, 동명고등학교 등의 4개 학교, 2000년에는 국제복음고등학교 등이 잇달아 개교하였다.

하게 되었는데,[3] 박상진은 그 성격에 대하여, 기독교 학교의 범위(scope) 속에서 기독교인 가정의 자녀들에게 제자도를 목적으로 교육하는 기독교 학교(Christian school)로 분류할 수 있고 일반 학교가 지니는 문제점과 한계성을 극복하려는 교육을 추구하기에 기독교 대안학교(Christian alternative school)라는 명칭이 탄생하게 되었다고 설명한다(박상진, 2006, 16-17).

본 글은 1998년 이후 활발하게 세워진 한국의 기독교 대안학교의 역사와 현황을 살펴보기 위해 작성되었다. 물론 한국의 기독교 계통의 학교는 초기 개신교 선교의 역사 때부터 진행되어 온 것이 사실이다. 하지만 앞서 살펴보았듯이 1998년 이후 본격적으로 등장한 한국 기독교 대안학교 운동은 기독교 세계관 운동의 열매가 아닐 수 없다. 그런 까닭에 한국 기독교 대안학교 역사에 기여한 철학적 세계관적 기초와 촉진 요인들을 정리하고, 구체적인 실태 및 현황에 대해서 살펴보고자 한다.

1. 한국의 기독교 대안학교 운동의 주요 요인

기독교 학교교육연구소(소장 박상진)는 2006년 2월에 출범하면서 전국에 소재한 기독교 대안학교의 실태를 처음으로 광범위하게 조사하고 분석하여 그 현황을 2007년에 발표하였다. 그리고 5년 뒤인 2011년에 2차 조사(2012년 발표), 2016년에 3차 조사(2017년 발표), 2021년에 4차 조사(2012년 발표)를 시행

---

[3] 조성국의 다음 연구는 한국 기독교 대안학교 운동의 역사에 관하여 보다 자세하고 풍부하게 기술되었다. '한국 기독교 대안학교 운동사'.『기독교 학교 운동사』(서울: 쉼이있는교육, 2021, pp. 193-250).

하여 한국 기독교 대안학교 운동의 역사적 현황을 제공하였다.

15년간 모두 4차례 걸친 기독교 학교교육연구소의 조사와 발표에서 가장 크게 눈에 띄는 점은 다음의 도표에서 확인되듯이 한국 기독교 대안학교의 수적인 증가이다(박상진·이종철, 2022, 14-21).

<표 IV-1> 한국 기독교 대안학교의 수적 증가

조사 연도	파악된 기독교 대안학교의 수	조사에 응답한 기독교 대안학교의 수
2006	59개	43개
2011	121개	87개
2016	265개	65개
2021	313개	72개

단순히 수치상으로만 보면 1998년 이후 한국의 기독교 대안학교의 수는 대략 20여 년을 지나오면서 봇물 터지듯 증가하였다. 물론 가장 최근인 2016년에서 2021년 사이에는 증가폭이 다소 줄어들었으나 계속 증가하고 있는 것이 사실이다. 아쉬운 점은 파악된 기독교 대안학교의 수에 비해 조사에 성실히 응답한 학교의 수가 현저히 줄어들고 있는 점도 고민해야 할 부분이 아닐 수 없다.

짧은 시간 안에 한국 사회에서 기독교 대안학교 운동이 괄목할 정도로 성장한 배경은 이미 역사적인 배경에서 간략히 살펴보았지만, 기독교 세계관 운동을 제외하고는 설명이 불가능하다. 이에 한국 기독교 대안학교 운동에 영향을 주었던 주요 책들, 촉진자들 및 기여자들을 정리하면 다음과 같다.

가. 한국의 기독교 대안학교 운동에 기초가 된 책들

우선적으로 기억해야 할 점은 기독교 세계관이라는 개념이 19세기 초반 네덜란드의 역사학자 흐룬 판 프린스터러(Groen Van Ptinsterer)가 근대 인본주의 시대정신에 대항하여 칼뱅의 개혁신학에 기초한 사회 및 문화에 관한 세계관 운동을 주창하면서 사용하기 시작하였고, 이후 아브라함 카이퍼(Abraham Kuyper), 헤르만 바빙크(Herman Bavinck), 헤르만 도예베르트(Herman Dooyeweerd) 등으로 이어지는 19세기 후반부터 20세기에 걸쳐 형성된 신칼빈주의운동에 의해 본격화되었다(조성국, 2014, 5).

그러므로 우리나라에는 네덜란드에서 유학하고 돌아온 신학자들에 의해 기독교 교육과 관련된 유익한 책들이 소개되기 시작했다. 그 사례로 네덜란드에서의 유학을 마치고 귀국하여 1960년부터 고려신학교(고신대학교 전신)에서 신학교육에 참여했던 이근삼의 제안에 따라 네덜란드 기독교 학교 교육학자 얀 바터링크(J. Waterink)의 『기독교 교육원론』(김성수.김성린 역, 1978)이 처음 출판되었다. 이후 고신대학교의 김성수와 김용섭은 기독교 세계관에 기초한 기독교 학교 교육의 첫 번째 전도자들이 되었다.

그리고 총신대학교에서도 정성구 등 네덜란드에서 연구한 신학자들이 기독교 학교 운동을 간단히 소개하였고, 정정숙은 네덜란드계 미국 기독교 학교 교육학자인 야르스마(C. Jaarsma)의 『헤르만 바빙크의 기독교 교육철학』(1983)을 번역 출간하였다. 이어서 노르만 더 용(N. de Yong)의 『진리에 기초를 둔 교육』(신청기 역, 1985), 조지 나이트(G. Knight)의 『철학과 기독교 교육』(박영철 역, 1987), 루이스 벌콥(Louis Berkhof)과 코넬리우스 반틸(Cornelius Van Til)의 『개혁주의 교육학』(이경섭 역, 1993) 등이 잇달아 출간되어 기독교 철학과 기독교 세계관에 토대를 둔 교육과 학교에 관한 주제의 책들이 한국에 전해졌다(조성국, 2021, 228-29).

이와 같은 책들은 그동안 한국에서 기독교 교육이라는 영역을 논할 때 교회 안에서 시행되는 주일학교 교육 또는 교회학교 교육이 전부인 것처럼 인식되었던 상황을 깨뜨리고 학교와 인간을 기독교 철학과 세계관에 근거하여 이해할 수 있도록 도와주는 귀중한 자료였다. 하지만 출간 이후 한동안 신학대학의 기독교 교육과 전공교육 안에만 주로 머물러서 기독교 학교 교육운동의 주체자들이어야 할 학교교사, 학부모, 교육선교 헌신자들을 각성하기에는 여전히 일렀다. 그렇지만 기독교 대안학교 운동이 본격적으로 활성화되면서 기독교 대안학교를 준비하는 모임, 기독교 대안학교 교사모임 등에서 뒤늦게 그 가치를 인식하여 토론과 논의의 주요 자료로 활용하였다.

한창 기독교 대안학교 운동이 불붙기 시작하면서는 헤로 반 브루멜른(Harro Van Brummelen)의 『교실에서 하나님과 동행하십니까』(안종희 역, 1996)와 『기독교적 교육과정 디딤돌』(이부형 역, 2006), 알버트 E. 그린(Albert E. Green Jr.)『기독교 세계관으로 가르치기』(현은자, 정희영, 황보영란 역, 2000), 존 반 다이크(John Van Dyk)의 『가르침은 예술이다』(김성수 역, 2003), 리차드 J. 에들린(Richard J. Edlin)『기독교 교육의 기초』(기독교학문연구회 교육학분과, 2004) 등의 책들이 차례로 번역 출간되어 기독교사들의 모임, 기독교 대안학교 교사들 및 학부모들의 모임에서 함께 읽고 토론하는 주요 자료가 되었다.

이러한 책들은 기독교 철학과 세계관에 근거하여 교육학적 토대를 다루고 있다. 즉 인간과 지식을 어떻게 이해해야 하는지, 교육과정과 교육내용을 어떻게 구성해야 하는지, 교수활동은 어떻게 진행해야 하는지 등 교육이론 및 교육현장에 관하여 구체적이며 실제적인 영역들을 다루고 있어서 공교육 현장에서 근무하는 기독교사들과 기독교 대안학교 관계자들에게 많은 도움을 주었다.

나. 한국 기독교 대안학교 운동의 주요 촉진자 및 기여자들

그런데 한국에서 일어난 기독교 대안학교 운동은 신학에서 출발하여 기독교 교육학을 연구한 기독교 교육학자들보다 주로 교육학에서 출발하여 기독교 교육학을 연구한 학자들에 의해 촉진되었다. 전자에 해당하는 학자들은 주로 교회교육에 대한 신학적인 의미를 밝히고 강조하는데 적극적인 관심을 보였으나 기독교 학교(대안학교 포함)에 대한 관심은 상대적으로 소극적이었다. 그러나 후자의 학자들은 교육의 전문기관인 학교와 교육현상을 보는 교육학의 패러다임에 따라 교육과정, 교육방법, 교육사회와 행정 영역 등 학교교육 전체의 맥락에서 교육실천을 분석하는 일에 보다 적극적이었고, 기독교사들 및 기독교 대안학교 운동가들과도 쉽게 소통하였다(조성국, 2021, 229-30).

여기서는 한국에서 기독교 (대안)학교의 교육과 연구, 촉진 활동의 시간적 순서에 따라 대표적인 여섯 사람의 기여를 간략하게 정리하고자 한다.

(1) 고신대학교의 김성수(조성국, 2021, 230-33)

김성수는 기독교 세계관에 기초한 기독교 (대안)학교 교육과 연구에 있어 시간적으로 한국에서 가장 앞선 기독교 교육학자였다. 경북대학교에서 교육학과 교육철학을 수학한 뒤 고신대학교 교수로 임용된 직후인 1978년부터 기독교 학교교육론의 기초 논문을 발표하였고 네덜란드 기독교 학교 교육학자인 얀 바터링크의 『기독교 교육원론』(1978년)을 번역 출간하였다. 1981년부터는 남아공화국 네덜란드계 포쳅스트룸(Potchefstroom)대학교에서 기독교 세계관에 기초한 기독교 교육철학을 연구하여 박사학위를 받았으며, 1980년대 중반부터 전공교육에서 기독교 세계관과 기독교 학교교육을 특화하여 가르쳐 온 선구적 촉진자였다.

1989년부터는 미국의 돌트대학교를 왕래하며 북미 기독교 학교교육을 연구하고 기독교 (대안)학교의 교육과정과 교육방법 이론을 가르쳤다. 그가 『통합연구』에 실었던 '학교와 학교교육에 대한 성경적 조망'(1991년)과 번역한 책 『가르침은 예술이다』(John Van Dyk, 2003)는 공교육 현장에서 근무하는 기독교사들과 기독교 대안학교 운동가들에게 생수와 같은 자료들이 분명했다. 그의 지도에 따라 1993년 이래로 고신대학교 대학원에서는 기독교 학교를 주제로 한 석사학위논문들이 나오기 시작하였다. 1998년부터는 포쳅스트룸대학교의 박사 예비과정 프로그램을 열어 기독교 학교교육에 대한 교육과 연구를 국내에서도 시작할 수 있게 하였으며, 2000년에는 교육대학원 기독교 교육(교육과정)전공을 개설하여 기독교사들에게 기독교 학교교육 이해와 연구를 촉진하였고, 2001년부터는 대학원 기독교 교육학과 박사과정을 개설하여 기독교 학교교육 전공자들을 배출하였다.

이상과 같은 고신대학교에서의 활동 외에도 김성수는 2004년 지구촌고등학교 신기영과 함께 부산기독교 대안교육협의회 설립을 주도하였고, 2006년에는 김선요에 이어 한국기독교 대안학교협의회 제 2대 대표간사로도 일했다.

(2) 아세아연합신학대학교의 이숙경(조성국, 2021, 233-35)

아세아연합신학대학교는 1991년에 서울 서대문캠퍼스에서 대학원 기독교 교육학과를 인가받았다. 이숙경은 이화여자대학교와 파리제10대학교에서 교육학을 공부하여 박사학위를 받은 뒤 아세아연합신학대학교의 첫 번째 기독교 교육학 교수로 임용되어 1998년의 학부 기독교 교육학과 설치, 1998년의 교육대학원 설치를 주도하였다. 지리적 특성상 그 교육대학원은 서울경기지역 기독교사들의 기독교 학교교육 연구의 중심이 되었다.

1990년대 초부터 아세아연합신학대학교 교육연구원에서 이숙경의 지도로 기독교 세계관 교육운동의 영향을 받아 공교육을 비판적으로 성찰하던 기독교사들이 기독교 학교연구회를 결성하였고, 기독교 (대안)학교설립에 관한 프로젝트를 토론하였다. 기독교 학교연구회는 기독교적 관점에서 교육과정과 교육방법에 대한 실천적 토론과 연구의 사랑방 같은 모임이었다. 이숙경은 기독교 교육연구에 있어 주로 기독교 학교교육 목적과 의사전달과 평가에서 문화의 문제를 깊이 논의하는 글들을 발표하였다.

이숙경은 교육대학원을 설치한 후 본격적으로 기독교사들의 요구였던 '기독교적으로 가르치는 것'을 학교교육의 교육과정과 교수-학습과정에서 실행할 수 있도록 하는데 초점을 맞추었고, 북미 기독교 학교 교육학자의 저서들을 교재로 삼아 이론의 토론, 모델링과 구체적인 적용 방안 개발을 지도하였다.

(3) 서울여자대학교의 김선요(조성국, 2021, 235-37)

서울여자대학교의 교육사회학자 김선요는 서울대학교와 캐나다 앨버

타대학교에서 교육사회학을 전공한 후 1981년부터 서울여자대학교 교육심리학과 교수로 재직하였다. 그는 교육사회학자로서 한국의 공교육에 대한 비판이론을 연구해 왔으므로, 홈스쿨링과 대안교육은 그의 주요한 학문적 관심 영역이었으며, 서울여자대학교 내에 대안교육아카데미를 열어 기독교 대안교육을 가르쳤다.

그는 기독교 세계관 교육운동에 참여하면서 기독교 대안교육 연구를 위해 1999년 미국 칼빈대학교에서 연구년을 보내며 북미 기독교 학교들이 발전시켜 온 기독교 세계관과 기독교 학교교육의 철학적, 교육학적 토대에 대하여 집중적으로 연구하였다. 이후로 그는 연구와 교육을 통해서 교육과 교육학의 가치 중립성에 의문을 던지며 세계관의 기능을 강조하였고, 기독교 학교에 대한 성경적 조망, 기독교 학교의 성적평가, 기독교 홈스쿨링운동 등을 주제로 기독교 대안학교의 교육과정 전반에서 성경적 방향을 제안하였다.

김선요는 2000년에 기독교 대안교육협의회를 설립하여 대표간사로 활동하며 기독교 세계관에 기초한 기독교 대안학교 운동의 주요한 활동가이면서 촉진자로 사역했다. 기독교 대안교육협의회는 2005년에 한국기독교 대안학교연맹으로 통합되었다가 2016년에는 다시 분리 독립하여 샬롬대안교육센터가 되었다.

(4) 장로회신학대학교의 박상진(조성국, 2021, 237-39)

장로회신학대학교의 박상진은 2000년 이후 한국의 기독교 대안학교 운동에서 교육과 연구, 실제 촉진활동으로 주목할 만한 성과를 내고 있는 기독교 교육학자이다. 그는 성균관대학교에서 교육학을, 서울대학교 대학원에서 교육사회학을 공부했고 장로회신학대학원, 미국 유니온신학대학원(UTS)과 장로교기독교 교육학대학원(P.S.C.E.)에서 연구한 후 박사학위를 받았다. 그의 이력에서 주목할 만한 것은 한국정신문화원과 한국교육개발원 교육연구원 경험이며 특히 1983년 한국기독교사회(TCF) 대표간사로 일하며 기독교 세계관 교육과 기독교사운동에 참여한 점이다.

그는 2000년 중반부터 기독교 사립학교의 종교교육, 기독교 학교의 자율성과 정체성, 기독교 대안학교 유형, 기독교 학교의 교육과정, 기독교 학교교육의 공공성, 대안교육기관에 대한 법률 등 우리나라 기독교 사립학교와 기독교 대안학교교육의 당면한 문제들을 입체적으로 다루는 글들을 발표해 왔다. 또한 그는 자신이 속한 통합교단 및 수도권 기독교 사립 혹은 대안학교 교사 및 목회자들의 기독교 학교교육연구를 촉진함으로써 장로회신학대학교 교육대학원을 기독교 학교교육의 주요한 교원교육기관이 되게 했다.

박상진은 2006년 2월에 한국의 기독교 학교와 기독교 대안학교를 지원하는 연구와 각종 세미나 개회, 한국 교육에 대한 기독교적 대안을 제시하는 학술 및 정책 연구와 출판 등을 위해 기독교 학교교육연구소를 설립하여 5년마다 모두 4차례 한국 기독교 대안학교의 현황을 조사하여 그 결과를 발표하였다(1차- 2006년 조사/2007년 발표, 2차- 2011년 조사/2012년 발표, 3차- 2016년 조사/2017년 발표, 4차- 2021년 조사/2022년 발표). 그 결과물은 한국의 기독교 대안학교에 관한 가장 종합적인 자료이다.

(5) 고신대학교의 조성국

조성국은 1989년 3월부터 고신대학교 기독교 교육학과에서 33년간 교수로 후학들을 가르쳤으며, 한국의 교육상황과 기독교 (대안)학교에 대한 애정과 관심을 방대한 연구와 저작물로 드러내었다. 그는 기독교 교육 전반에 관해 연구하고 그 결과물들을 여러 저널과 논문집, 학회지 등에 꾸준히 기고한 결과 그의 이름이 언급된 저서(공동저자 포함)는 44권이며, 전문 학술지에 실린 논문은 54편에 이른다. 그는 자기의 생애를 개혁주의 기독교 교육학의 교육과 연구를 위한 소명으로 해석하였는데(조성국, 2022, 11-54), 개혁주의 기독교 교육학이라는 개념은 그의 학문적 배경과 밀접한 연관이 있다. 그는 고신대학교와 남아공화국 네덜란드계 기독교대학교인 포첩스트룸(Potchefstroom)대학교에서 기독교 교육학, 신학, 교육철학을 차례로 수학하여 철학박사학위를 취득했다.

그의 글 중에서 한국 사회와 교육문제를 다룬 주제들은 한국 교육의 사교육문제, 한국 교육의 경쟁 지향적 분위기, 조기 유학교육 상황 분석, 한국 교육의 국가독점주의와 대안학교 탄생, 한국 교육의 체벌문화와 교사의 권위, 한국 사회의 민족주의와 학교교육 등으로 분류할 수 있다. 또한 기독교 (대안)학교와 관련된 주제들은 20세기 후반의 기독교 학교 운동 상황과 한국의 기독교 대안학교 운동사, 한국 기독교 학교의 교육적 인간상, 기독교 학교의 평등성과 수월성 문제, 기독교 학교의 통합지향적 교육과정, 기독교 대학교의 유형과 상황 분석, 기독교 학교의 성과와 미래과제 등으로 정리할 수 있다(정영찬, 2022, 168-204). 이처럼 그는 기독교 철학 및 세계관에 입각하여 한국의 교육 상황 전반에 대하여, 그리고 기독교 학교에 대하여 다각도의 연구를 진행했다. 특히 최근에 출간된 그의 책『기독교 학교교육의 역사와 철학』(2019)은 네덜란드의 기독교 학교에 영향을 주었던 사상가들을 살피며 기독교 학교가 지향해야 할 과제를 제시했고, 이현민과 공저한『기독교 세계관과 교육이론』(2021)은 현대 교육이론을 기독교 세계관으로 비평하고 재구성했는데, 공립학교의 기독교사들과 기독교 대안학교의 교사들이 필독해야 할 탁월한 책이다.

물론 그의 강의를 들었던 고신대학교 기독교교육학과, 고신대학교 교육대학원, 고신대학교 대학원의 많은 제자들이 공립학교와 기독교 (대안)학교에서 기독교 세계관에 기초한 교육활동을 진행하고 있다. 아울러 그의 연구와 교수는 개혁주의 철학에 기초한 교육학을 전공하여 박사학위를 받고 영남권에서 활동하는 교육자들에게 큰 영향을 주어서 개혁교육연구회가 창립되는 데 디딤돌이 되었다. 개혁교육연구회는 교육현장에서 일하는 교사들과 목회자들에게 개혁주의 철학 및 기독교 세계관에 기초한 교육활동을 지원하기 위해 2010년에 창립되어 10여 년간 활동하였다. 그 회원들 역시 기독교 (대안)학교에서 활동하거나 기독교 (대안)학교를 지원하는 일들을 꾸준히 감당하고 있다.

(6) 웨슬리 웬트워스(Wesley Wentworth)

웨슬리 웬트워스(Wesley Wentworth)의 이름 뒤에 붙는 호칭 중에서 가장 많이 거론되는 것이 문서선교사와 엔지니어이다. 그는 1935년에 미국 매사추세츠 주 노샘프턴에서 태어났고 버지니아 공대에 재학하며 IVF에 속하여(1953.9~1958,6) 문서와 선교에 관하여 관심을 갖기 시작하였다. 이후 컬럼비아 성경대학에서 1년간 수학했고(1961.9~1962.6), 버지니아 공대에서 석사학위를 취득한 뒤(1964.6) 한국 원조 프로젝트에 지원하여 엔지니어로 한국 땅을 처음 밟았다(1965.4). 그의 이력에서 가장 최근인 2005년 12월까지 한국 내 미군 기지의 상하수도 시스템을 설계했으니 무려 40년간 엔지니어로써 일하였다.

그렇지만 그가 한국에서 살았던 50년간의 연보에는(2015.9까지) 한국창조과학회 설립을 돕다(1980~1981), 기독교학문연구회 설립을 돕다(1984), 고신대학교로부터 한국 기독교 교육 발전에 기여한 공로를 인정받아 명예 교육학박사 학위를 받다(2004.2.19.), 한국 기독교 대안교육연맹과 한국 기독교홈스쿨협회와 기독교 대안교육센터의 설립을 돕다(2005~2006), 기독교학문연구회가 설립 25주년을 기념하여 감사장을 수여하다(2009.5.16.), 한국 IVP의 설립부터 현재까지 IVP의 출판 자문으로 섬기다(1978~2015.9) 등의 기록은 그가 한국에서 기독교 세계관 운동, 기독교 교육 운동 또는 기독교 학교 운동에서 빼놓을 수 없는 인물 중의 한 사람임을 확실히 증명한다(손봉호 외 15인, 2015, 287-89).

그의 자전적인 글을 보면, 네덜란드의 개혁주의자 아브라함 카이퍼의 영향을 많이 받아서 한국 기독교 교육의 활성화를 위해 기독교사들을 만나는 일, 장차 기독학자가 될 대학원생들을 만나는 일에 집중하였으며, 한국 기독교 학교의 문제점으로 하나님의 진리를 가르치기보다 대학 진학을 준비하는 장소로 전락한 상황을 핵심으로 지적한다(웨슬리 웬트워스, 2015, 34-35).

그가 한국 기독교 (대안)학교 운동과 관련해서 기여한 일을 정리하면, 우리나라에 소개되지 않았던 기독교 학교(교육)와 관련된 책들을 소개하였고, 한국의 기독교 교육학자들과 기독교 학교 관련자들을 외국의 기독교 학교와 연결시켜 주었다. 이 같은 그의 헌신적인 활동은 1998년 이후 한국의 기독교 대안학교 운동의 큰 자극이 되었음이 분명하다. 그래서 그의 한국 거주 40년과 50년을 기념하여 세계관적, 학문적 빚을 진 사람들의 회고록을 담은 책이 두 권이나 저술되었는데[4], 앞선 촉진자 중에서 고신대학교 김성수와 장신대학

---

4) 웨슬리 웬트워스. 손봉호 외.『사랑해요 웨슬리 선교사님』(서울: 예영, 2004), 손봉호 외 15인.『문서선교사 웨슬리 웬트워스』(서울: IVP, 2015).

교 박상진의 글이 포함되어 있다.

2. 1998년 이후 한국 기독교 대안학교의 현황 분석

기독교 학교교육연구소가 2006년 이후 5년마다 4차례에 걸쳐 한국 기독교 대안학교의 실태를 조사하고 발표했던 자료를 중심으로 개교 연도별 수, 주요 지역별 분포, 법적 지위별 수, 학교급별 및 설립 주체의 분석 등의 주요 현황을 살펴보자.

가. 한국 기독교 대안학교의 개교 연도별 수

기독교 학교교육연구소가 최근 2021년에 전국에 분포한 313개 기독교 대안학교의 개교 연도를 분석한 자료는 다음과 같다(박상진·이종철, 2022, 25).

<표 IV-2> 한국의 기독교 대안학교 개교 연도별 수

개교 연도	1990년 이전	1991~1995	1996~2000	2001~2005	2006~2010	2011~2015	2016~2020	2021년 이후	확인 불가
2021년	1	0	7	34	81	90	41	7	52
(313개)	0.3%	0	2.2%	10.9%	25.9%	28.8%	13.1%	2.2%	16.6%

이 조사에 따르면 5년 전(2016년) 조사에서 파악된 한국의 기독교 대안학교의 수는 265개여서 48개(18.1%)가 증가했지만 단순히 수치상으로 판단할 수 없는 뜻밖의 양상이 발견되었다. 그것은 2016년 이후 5년 동안 새로 생긴 학교의 수는 99개이며 그 사이에 폐교된 학교가 52개나 되어 증가폭이 큰

폭으로 줄어들었다. 안타까운 것은 그 99개교 중에서 5개가 폐교되어 학교의 수명이 길지 않는 현상도 나타났다. 연구를 진행했던 기독교 학교교육연구소는 2016년 이후 5년간 100개 정도의 학교가 새로 생기고 50개 정도가 사라져서 연간 20개 정도 개교했으나 10개 정도가 폐교되었다고 발표했다. 더욱 안타까운 사실은 2016년 조사에서 확인되었던 265개교 중에서 47개교가 사라졌기에 비율로 보면 17.7%로 1/6에 가깝다. 만약 이 추세가 그대로 적용된다면 한국의 기독교 대안학교의 미래는 어두울 수밖에 없다(박상진, 이종철, 2022, 26).

한편, 개교 연도별 수 표에서 확연히 드러나듯이 확인 불가인 경우를 제외할 때 2001년 이후 시작된 학교는 262개 중 253개로 무려 약 97%에 해당될 만큼 압도적이다. 흥미로운 점은 한국 갤럽이 2021년에 조사한 자료에 의하면(https://www.gallup.co.kr, 2021), 한국의 종교 인구와 개신교 인구는 각각 2004년의 54%와 21%, 2014년의 50%와 21%, 2021년의 40%와 17%로써 2004년을 최고 정점으로 점차 하락세가 뚜렷하게 나타나고 있다. 이는 한국 사회 전반이 종교에 관한 관심이 약해지기 시작했고, 기독교인의 수가 줄어들면서 기독교 대안학교에도 영향을 끼쳤을 것이다.

나. 한국 기독교 대안학교의 지역별 분포

기독교 학교교육연구소가 2006년, 2011년, 2016년 그리고 2021년에 한국의 기독교 대안학교를 조사했을 때 파악된 지역별 분포도를 정리하면 다음과 같다(박상진.이종철, 2019, 17/ 2022, 26-27).

<표 IV-3> 한국의 기독교 대안학교 지역별 분포

지역	2006년	2011년	2016년	2021년
서울	3(7%)	13(10.7%)	38(14.3%)	51(16.3%)
경기	21(49%)	53(43.8%)	133(50.2%)	161(51.4%)
강원	0(0%)	5(4.1%)	9(3.4%)	7(2.2%)
충청	9(21%)	17(14.0%)	31(11.7%)	32(10.2%)
경상	3(7%)	11(9.1%)	26(9.8%)	32(10.2%)
전라	7(16%)	18(14.9%)	24(9.1%)	26(8.3%)
제주	0(0%)	4(3.3%)	4(1.5%)	4(1.3%)
합계	43(100%)	121(100%)	265(100%)	313(100%)

전체적으로 보면 한국 인구의 절반에 가까운 수가 살고 있는 서울과 경기도에 기독교 대안학교도 많이 분포되어 있음을 알 수 있다. 특이한 점은 시간이 흐를수록 서울과 경기도에 속한 학교의 비율이 상승하고 있다는 점이다. 그리고 조사가 처음 이루어졌던 2006년에는 강원권과 제주권에 기독교 대안학교가 하나도 파악되지 않았지만 이후에 생겨나서 전국에 걸쳐 분포하게 되었다.

이처럼 한국의 기독교 대안학교 운동은 비율의 차이는 있지만 전국적으로 진행되고 있는 현상이다. 그럼에도 1차 조사와 4차 조사를 비교했을 때 15년의 간격 동안 서울의 학교 수가 큰 폭으로 늘어났고 충청권과 전라권의 비율은 계속 줄어들고 있으며, 경기권과 경상권은 작은 폭이지만 꾸준히 증가하는 추세로써 지역별 편차가 발생하였다.

다만 지역을 너무 크게 범주화해서 자료가 세밀하지 못한 아쉬움이 있다. 가령, 경상권은 경상남도와 경상북도, 대구, 울산, 부산이 모두 하나로 합쳐졌기에 인구수로 보거나 행정 구역상으로 볼 때 너무 광범위한 통계가 되고 말았다. 이는 전라권과 충청권도 마찬가지다.

다. 한국 기독교 대안학교의 법적 지위별 수

가장 많은 학교가 파악되었던 4차 조사의 결과를 중심으로 보면 313개 학교 중에서 특성화 중·고등학교는 10개교, 인가 대안학교는 14개교만 법적인 지위를 획득했으며, 나머지 288개교는 모두 미인가 대안학교로 무려 92%에 해당한다. 다음은 1차부터 4차 조사까지 법적 지위를 분석한 자료이다(박상진.이종철, 2022, 28-30).

<표 IV-4> 한국 기독교 대안학교의 법적 지위 현황

구분	미인가 대안학교	대안교육 특성화학교	인가 대안학교	각종학교 (고등농업기술)	위탁형 대안학교	전체
2006년	30(69.8%)	11(25.6%)	0(0%)		2(4.7%)	43(100%)
2011년	101(83.5%)	11(9.1%)	5(4.1%)		4(3.3%)	121(100%)
2016년	230(86.8%)	12(4.5%)	11(4.2%)		12(4.5%)	265(100%)
2021년	288(92.0%)	10(3.2%)	14(4.5%)	1(0.3%)		313(100%)

법적 지위를 획득하지 못한 경우 검정고시를 통해 학력을 인정받고 상급학교로 진학해야 하는 부담이 있기 마련이다. 그러면 대안학교의 교육과정 외에 검정고시를 통과하기 위한 별도의 교육이 더 첨가되거나 안내해야 한다.

위 도표를 살펴보면, 시간이 흐를수록 기독교 대안학교의 수가 증가하면서도 미인가 대안학교의 비율이 커져서 법적 지위를 요청하거나 갈망하는 목소리도 커졌을 것으로 짐작된다. 실제로 기독교 대안학교 관련자들(교사, 학부모, 관련 기관들)은 지속적으로 법적 지위를 획득하기 위해 노력했고, 그 결과 2022년 1월부터 대안교육기관 등록제가 도입되는 쾌거를 이루었다. 그러면 다음 5차 조사가 진행된다면 미인가 대안학교의 비율이 현저히 줄어들지 않을까 기대한다.

그럼에도 대안학교의 법적 기준에 따른 부담이 완전히 제거되는 것은 아니다. 우선, 대안학교의 법적 분류에 따른 형태를 살펴볼 필요가 있다. 미인가 대안학교는 합법적인 기관이 아니며 학력 인정을 받지 못하고 정부로부터 어떠한 재정지원도 받지 못한다. 다음으로 등록 대안교육 기관은 합법적인 기관이지만 학력 인정과 재정지원을 받지 못한다. 각종 학교로서 대안학교는 합법적 기관이며 학력 인정을 받지만 재정지원이 없는 곳이며, 대안교육 특성화학교는 합법적 기관으로 학력 인정과 재정지원까지 모두 받는다. 그러니까 2020년 12월에 대안교육기관에 관한 법률이 통과되었고 2022년 1월에 시행령까지 통과되어 2022년부터 본격적으로 등록이 시작되었던 등록 대안교육기관은 불법의 낙인에서는 자유롭게 되었지만 여전히 학력 인정면에서 불안정한 지위를 가지는 한계가 있다.

라. 한국 기독교 대안학교의 학제별 현황

먼저, 학제라는 개념은 초등학교, 중학교, 고등학교를 가리키는 용어이다. 4차 조사에서는 313개 모든 학교의 학교급을 확인하는 일이 쉽지 않아 응답학교 72개교를 중심으로 파악이 되었는데, 그 현황은 다음과 같다(박상진·이종철, 2022, 34).

<표 Ⅳ-5> 한국 기독교 대안학교의 학교급별 현황

구분	초	중	고	초.중	중.고	초.중.고	무학년	전체
2006년	7 (16.3%)	3 (7.0%)	11 (25.6%)	1 (2.3%)	14 (32.6%)	7 (16.3%)	0 (0%)	43 (100%)
2011년	9 (7.4%)	10 (8.3%)	12 (9.9%)	16 (13.2%)	38 (31.4%)	32 (26.4%)	4 (3.3%)	121 (100%)
2016년	24 (9.1%)	11 (4.2%)	26 (9.8%)	22 (8.3%)	71 (26.8%)	98 (37.0%)	13 (4.9%)	265 (100%)
2021년	9 (12.5%)	1 (1.4%)	2 (2.8%)	14 (19.4%)	14 (19.4%)	32 (44.4%)		72 (100%)

이상의 통계를 보면, 중·고등학교 과정 6년제 통합학교의 비율은 계속 떨어지고 초·중·고등학교 과정 12년제 통합학교의 비율이 계속 증가하고 있다. 이런 양상은 기독교 세계관에 기초한 전인적 성장을 지향하는 경향이 강해서 초등과정부터 12년간 통합교육을 시행하려는 의도로 판단할 수 있다. 아울러 중학교나 고등학교 과정 하나만 개설하기보다 중·고등학교 과정 6년제 통합형의 비율이 상대적으로 높은데 청소년기를 지나는 학생들에게 세계관과 신앙의 성숙을 도모하기 위한 목적이면서 교사 수급의 형편도 고려되었을 것이다. 한국의 공적인 교육과정은 중학교와 고등학교가 과목에서 크게 차이나지 않고 교사들도 같은 그룹으로 분류되어 있다.

눈에 띄는 점은 무학년제를 선호하는 학교가 생겨났다가 실험의 과정을 거친 뒤 사라진 것으로 보인다. 그리고 도표에는 빠져 있으나 4차 조사에서 처음으로 4~7세가 다니는 유아학교의 유무를 조사했다. 그 결과는 72개 응답학교 중 무려 14개교(19.4%)에서 유아학교가 존재하는 것으로 파악되었다. 그렇다면 한국의 기독교 대안학교는 거의 모든 연령대를 아우르는 수준까지 발전했음을 알 수 있다.

마. 교회가 설립한 한국 기독교 대안학교 현황

교회는 기독교를 대표하는 기관이 틀림없다. 그런 점에서 기독교 대안학교의 설립 주체 중에서 교회와 관련성을 파악하는 것은 여러모로 의미 있는 분석이다. 1차 조사(2006년)에서는 43개교 중에서 교회가 설립한 수가 17개였고(32.6%), 2차 조사(2011년)에서는 파악된 121개 중에서 설립 주체 항목에 응답했던 84개교의 35개가 교회 설립이었고(41.79%), 3차 조사(2016년)에서는 265개교 중 설립 주체 응답 학교 65개의 29개(응답 학교 대비 44.6%), 그리고 마지막 4차 조사(2021년)의 313개 중 설립 주체 응답 학교 72개교의 41개(응답 학교 대비 56.9%)가 교회가 설립한 것으로 파악되었다.

이러한 수치는 초기보다 시간이 지날 수록 기독교 대안학교의 수가 증가할 때 교회가 설립하는 경우가 개인이나 교회가 아닌 법인, 단체 보다 비율이 높아졌다는 결론이다. 그러나 질문에 응답하지 않은 학교의 수가 무시할 수 없는 규모이기에 섣불리 판단할 수 없다. 3~4차의 경우는 전체 파악된 기독교 대안학교의 수보다 응답에 참여했던 규모가(265개의 65개, 313개의 72개) 너무 적어서 교회 설립 비율의 신빙성은 더욱 낮다.

다음은 한국 기독교 대안학교의 설립과 관련된 교회(교단)의 현황이다 (박상진·이종철, 2022, 35-37).

<표 IV-6> 한국 기독교 대안학교 설립 교단별 현황

구분(년도)	장로교단						감리교단	성결교단	독립교단	침례교단	기타	전체
	통합	합동	고신	개혁	기장	정통						
2006	6 (35.3%)	3 (17.6%)	1 (5.9%)	0 (0%)	0 (0%)	0 (0%)	2 (11.8%)	1 (5.9%)	0 (0%)	0 (0%)	4 (23.5%)	17 (100%)
	10(58.8%)											
2011	10 (28.6%)	7 (20.0%)	4 (11.4%)	2 (5.7%)	2 (5.7%)	1 (2.9%)	3 (8.6%)	2 (5.7%)	2 (5.7%)	1 (2.9%)	1 (2.9%)	35 (100%)
	26(74.3%)											
2016	5 (17.2%)	8 (27.6%)	3 (10.3%)	1 (3.4%)	2 (6.9%)	1 (3.4%)	1 (3.4%)	2 (6.9%)	2 (6.9%)	2 (6.9%)	2 (6.9%)	29 (100%)
	20(68.8%)											
2021	7 (17.1%)	12 (29.3%)	5 (12.2%)	0 (0%)	1 (2.9%)	1 (2.9%)	3 (7.3%)	1 (2.4%)	5 (12.2%)	3 (7.3%)	3 (7.3%)	41 (100%)
	26(63.4%)											

위의 도표는 한국교회 중에서 장로교단의 비중이 높은 만큼 기독교 대안학교 설립과 관련된 교회의 비중에서도 2/3정도의 비율을 차지하고 있음을 보여준다. 또한 장로교단 내에서는 역시 교회의 수가 가장 많은 합동과 통합의 비중이 높지만, 교회 수에 비해 고신의 비중이 상대적으로 높은 것도 주목할 만한 사실이다. 이는 고신대학교를 중심으로 기독교 세계관과 기독교 학교에 관련된 관심이 교단에 크게 영향을 미쳤다고 볼 수 있다.

더불어 독립교단에 속한 교회가 설립한 대안학교의 수가 1차에서는 파악되지 않았다가 2~3차에서는 2개, 4차에서는 5개로 증가한 것은 한국의 교회 중에서 특정 교단에 속하지 않는 독립교단의 교회들이 증가하고 있는 양상과도 무관하지 않을 것이다. 그리고 장로교 중에서 합동의 비율이 계속 상승하고 있는데, 2015년 9월 합동 제100회 총회에서 1노회 1기독 대안학교

설립운동과 트로이카(교회-학교-가정) 선교 운동을 결의한 효과로 짐작된다(박상진.이종철, 2011, 40). 확실한 것은 교단과 교회가 기독교 교육과 학교에 대하여 관심과 열정을 기울이는 만큼 열매로 나타난다.

3. 나오면서: 한국 기독교 대안학교의 성과와 과제

지금까지 정리한 내용을 통해서 한국 사회에 대안학교가 시행될 수 있는 법적 기준이 마련되었던 1998년 이후 불과 30년이 채 되지 않은 시점이지만 기독교 대안학교 운동은 놀라운 수준으로 확산되었음을 확인했다. 그 배경에는 기독교 세계관 운동이 핵심적으로 자리하였는데, 지금까지 진행되어 온 한국 기독교 대안학교의 교육적 성과를 살펴보면 크게 두 가지로 정리할 수 있다. 하나는 공교육에 대한 대안학교로서 성격이며 또 하나는 기독교 학교로서 본질을 추구하려는 운동이었다(박상진.조인진.강영택.이은실, 2012, 159).

공교육의 출현은 근대 국가제도와 함께 국가의 경쟁력을 높이기 위한 목표로 시행되었다. 그러나 20세기 중반 이후부터 지나친 경쟁 대신 새로운 교육 이념, 곧 아동 존중과 아동 중심의 교육, 공동체 가치를 중시하는 교육, 아동 주도적인 교육, 생명 존중 사상 또는 생태주의적 이념을 중시하는 교육, 노동을 중시하는 교육, 인간관계를 강화하기 위해 소규모 학교를 지향하는 교육, 지역사회와의 밀착을 강조하는 교육 등을 표방하는 대안학교가 등장하기 시작하였다(이종태, 2007, 159-62). 한국 사회에서는 1990년대에 들어서면서 학교붕괴, 교실붕괴 등의 용어로 표현될 만큼 공교육에 관한 심각한 위기 현상이 대두되었고, 대안교육이 합법화되는 길이 마련되었다(1998년). 그러므로 한국의 기독교 대안학교는 공교육 제도가 갖고 있는 상당한 문제점들을 해소하는, 교육기관으로 사회적 역할을 긍정적으로 수행하였다.

동시에 인간의 전 인생에 걸쳐 진행되는 교육의 목표가 무엇인지 세계관적인 질문을 던질 때 1980년대 이후 한국의 기독교 사회에서 다져지고 있던 기독교 세계관 운동이 대중화되고 열매를 맺기 시작하면서 학교의 참된 목적은 하나님 나라를 지향하는 인생과 일상에서 선한 삶을 살아가는 그리스도의 제자를 양성해야 한다는 기대를 품기 시작하였다. 그런 기대와 소망이 기독교 대안학교를 설립하고 운영하는 운동으로 표출되어 학교교육의 본질에 하나의 이정표를 제시한 것이다. 이전에 존재하던 기독교계 학교인 미션스쿨과 기독교 재단이 설립한 사립학교와는 철학적 세계관적 개념이 다른 기독교 학교로서 정체성을 띠며 한국 교육사에서 새로운 걸음을 걷고 있다.

그럼에도 몇 가지 분명한 과제가 있다. 2022년부터 한국의 대안학교들이 등록 절차를 거치면 합법적인 교육기관으로 인정받지만 학력은 인정받지 못하고 재정적인 지원도 받지 못하는 한계를 어떻게 극복할 수 있을까? 국민의 주권을 헌법에서 명백히 강조하는 민주주의 사회에서 한국의 기독교 공동체는 자기의 신념에 따라 자녀를 교육할 권리를 인정받을 수 있는 과제를 안고 있다. 자연스럽게 기독교 학교를 설립하고 선택할 수 있는 자유, 기독교적 교육이념을 추구하면서도 학력을 인정받을 수 있는 자유, 국민으로서 똑같이 세금을 내면서 자녀의 교육을 위해 공평한 혜택을 받을 수 있는 권리 등을 위해 계속해서 여론과 제도적 보완을 수행해야 할 것이다.

또한 한국 기독교 공동체와 기독교 대안학교의 세계관적 성찰과 교육학적 연구가 지속되어야 할 과제가 있다. 1980년대 이후 기독교 세계관 운동이 대중화되었지만 세상의 가치와 시대의 정신에 굴복하는 한국교회와 그리스도인들의 경향은 여전하다. 성숙하지 못한 신앙의 모습으로 교회 안팎에서 갈등이 심화되고 손가락질받는 일들이 끊이지 않고 발생하자 한국 사회는 교회를 향해 비판의 목소리를 키워왔다. 그 결과 점차 교인의 수가 줄어들고 있다. 이러한 한국교회의 모습은 기독교 세계관 운동의 과제이기도 하다. 동시에 기독교 대안학교를 세우고 운영하면서도 입시교육에 편승하여 지나친 엘리트 교육을 지향하거나 반대로 극단적 경건 심화 교육만을 도모하는 양극화 현상도 나타났다. 그러므로 기독교 대안학교는 전인적인 성장과 발달을 도모하려는 교육학적 토대를 견고하게 갖추어야 한다.

특별히 한국 사회 전체가 고민하는 인구감소, 저출산의 상황은 기독교 대안학교 운동에도 심각한 타격을 줄 수 있다. 성경은 하나님께서 창조된 인간에게 주신 첫 번째 복의 내용으로 생육하고 번성하는 것을 교훈하지만(창 1:28) 사회경제적인 맥락에 따라 정부가 산아제한정책을 주도했을 때(1960~80년대) 신앙과 기독교 세계관으로 대응하기보다 그저 순응했던 한국교회는 한국 사회의 인구 문제에서 결코 자유롭지 못하다. 이런 사회적 분위기가 지금까지 이어오고 있어서 기독교 대안학교 운동의 미래에 관한 전망도 어두울 수밖에 없다 그렇기에 더욱더. 교회 안에서 아이들의 소리가 끊이지 않도록 결혼과 가정과 교육의 의미를 지속적으로 강조해야 한다. 그리고 언약의 자녀들에게 기독교 교육을 더욱 철저하게 실행해야 한다.

Q. 나눔을 위한 질문

- 한국 기독교 대안학교에 기여한 기독교 세계관의 영향력은 어떠한가?
- 한국 기독교 대안학교의 어려움은 무엇일까?
- 한국 기독교 대안학교의 발전을 위해서 기독교 공동체가 해야 할 일들은 무엇일까?

제5장

기독교 대안교육의 기초:
기독교 세계관과 교육

소진희

제5장 기독교 대안교육의 기초:
기독교 세계관과 교육

소진희

들어가며

기독교 세계관과 교육은 어떤 관계인가? 교육을 논함에 있어 세계관을 고려해야 하는 이유는 무엇인가? 이 질문에 답하기 위해서는 기독교 교육이란 어떤 교육이며 공교육(혹은 인본주의 교육, 혹은 일반교육)과의 차이를 아는 것이 우선되어야 한다,

기독교 교육이란 무엇인가? 기독교 교육은 기독교인을 대상으로 기독교 장소에서 행해지는 교육인가? 기독교 교육은 자연과학이나 사회과학, 그리고 인문과학에서 정리한 이론-중력, 심리학, 다양한 철학 등-보다 성경을 중심으로 하나님의 통치하심과 섭리만을 언급하는 것인가? 기독교 교육이 교육의 대상이나 장소에 따른 교육이 아니라면, 그리고 기독교 교육이 가르치는 내용에 따른 교육이 아니라면 기독교 교육은 공교육과 어떤 차별성을 지니는가, 혹은 지녀야 하는가?

교육의 목적과 방향은 가르치는 자가 견지한 교육관에 의해 결정되는데, 가르치는 자가 교육을 해석하는 방식이 교육활동을 인도한다. 따라서 가

르치는 자는 모두 교육에 대한 관점을 가지고 있다. 간혹 자신이 견지한 교육관을 객관적으로 인식하지 못하고 있을 수는 있으나 교육관이 없을 수는 없다. 때로는 교육관이 있음에도 시대나 사회가 요구하는 교육관을 수동적으로 따르기도 한다. 교육관에 따라 교육활동이 실시된다는 것은 기독교 교육과 공교육의 차이는 대상이나 장소의 차이, 혹은 교육내용의 차이가 아닌 교육관의 차이로 정리할 수 있다. 교육을 어떤 관점으로 해석하는가의 문제로, 기독교 교육은 교육을 기독교적 관점으로, 공교육은 합리성 혹은 과학중심으로 해석하는 것이다.

그렇다면 교육관이란 무엇인가? 교육이란, '인간에게 무엇인가를 가르쳐 알게 하는 것'이라고 정의할 때, 교육은 인간에 대한 관점, 실재에 대한 관점, 그리고 지식에 대한 관점이 작동한다고 할 수 있다. 인간은 왜 존재하며 왜 교육받아야 하는가, 존재하는 모든 것은 왜, 어떻게 존재하며 왜 배워야 하는가, 지식은 무엇인가, 그 지식을 알았다는 것은 어떤 상태인가에 대한 관점이다. 즉 인간관, 실재관, 지식관을 포함한 것을 교육관이라 할 수 있다. 인간, 실재, 지식을 기독교적으로 해석하는가 혹은 합리적으로 과학적으로 해석하는가에 따라 교육관이 결정된다.

교육의 목적과 방향을 인도하는 것은 교육관, 좀 더 구체적으로 표현하면, 교육이라는 정신세계를 해석하는 세계관에 의해 결정된다. 따라서 기독교 교육의 목적과 방향을 설정하고 이에 기초한 기독교 교육의 실천을 위해서는 교육을 기독교 세계관으로 해석할 수 있어야 한다. 본 장에서는 기독교 세계관으로 교육을 해석하는 것이 무엇인지 알기 위해 세계관, 기독교 세계관, 그리고 교육으로 세분화하여 살펴보고 마지막으로 기독교 세계관에 기초한 교육을 정리하려고 한다.

1. 세계관

세계관은, 세계관이 무엇인가, 그리고 세계관의 기원과 발전에 대한 설명이 무색할 만큼, 많은 연구와 도서들로 인해 익숙한 용어가 되었다. 이 글에서는 이미 익숙한 세계관의 개념과 발전을 설명하는 것보다 교육에 대한 세계관의 역할에 초점을 두려고 한다. 독일의 근대철학자들로부터 19세기 중반 네덜란드를 거쳐 북미, 그리고 우리나라에까지 통용되고 있는 세계관은 신학자, 철학자, 교육학자마다 표현상 조금씩 차이는 있지만 포괄적으로 '세계를 인식하고 해석하는 개인적이며 사회적인 토대'로 정의할 수 있다.

여기서 말하는 세계란, 인간이 만들 수 없는 자연과 우주만물을 포함하여 인간이 살아가는 세계이며 인간이 만들어 낸 산물인 문화 즉, 학문, 사상, 철학, 민족성 등 정신문화, 의식주를 포함한 물질문화, 그리고 대중문화까지를 의미한다. 사람들은 이 모든 세계를 인식하고 해석하는 토대가 되는 세계관이 있는데 세계를 해석한 방식에 의해 구체적인 행동이 드러난다. 옷을 해석하는 단순한 것에서부터 인생의 궁극적 목적과 죽음 이후를 해석하는 복잡한 것에까지 그것을 해석하는 관점이 있고, 해석된 것을 기초로 인간 행동이 드러난다.

가. 세계관과 공동체

세계관은 공동체성을 지닌다. 사람이 세계를 해석하는 기준은 체계적인 교육 이전에, 자신의 의도적인 결정 이전에 자신이 속한 시대와 공동체의 신념, 사고체계, 가치에 대한 기준을 수동적으로 수납하게 된다. 그 세계의 본질을 탐구하여 어떤 관점으로 해석할 것인지 결정하기 전에 자신이 속한 시대와 공동체의 관점에 무의식적으로 동조하는 셈이다. 세계관은 공동체적이고 삶을 통해 무의식적으로 스며드는 속성 때문에 자신의 세계관에 의문을 품거나 객관적인 평가를 할 기회가 거의 없다. 자신과 다른 세계관에 직면할 때, '나는 왜 이렇게 생각하는가?'라고 자신의 관점을 의심하기보다 '저 사람은 왜 저렇게 생각하는가?'라고 타인의 관점에 의문을 던지는 이유도 자신의 관점을 객관적으로 평가하지 않고 당연한 것으로 여기기 때문이다. 인간 행동을 인도하는 핵심이 세계관이지만 많은 경우 자신의 세계관을 객관적으로 인식하지 못하는 이유가 무의식적인 동조 때문이다.

교육이란 무엇인가? 왜 교육을 받아야 하는가? 이 질문에 대한 답, 즉 교육을 바라보는 세계관도 자신이 속한 시대와 공동체가 견지한 신념에 의해 결정된다 해도 과언이 아니다. 고대 사람들과 현대인의 답이 다르고, 현대의 유럽인과 한국인의 답이 다른 이유이다. 우리나라의 경우 위의 질문이 무색할 만큼 암묵적 답이 있다. 대학진학을 위해, 대학은 취직을 위해, 취직은 경제적 수익을 위해서라는 지극히 경제관점으로 교육을 해석한다. 한국 사회에서 교육에 대한 경제중심의 관점에 의문을 품는 경우는 극히 드물다. 교육정책은 더 나은 교육을 추구하려 하지만 경제중심은 배제되지 않는다. 경제중심의 교육이 과연 교육의 원래 목적인가에 대한 질문도 흔치 않다. 수동적으로 받아들인 현대 한국 사회의 주도적인 신념, 가치를 기준으로 교육을 해석하고 그러한 관점을 당연하게 생각하기 때문이다. 환언하면 교육은 경제활동을 위한 수단이라는 관점은 교육의 본질적 관점이 아닌 현대 한국 사회의 주된 신념에 의한 형성된 관점일 수 있다는 것이다.

나. 세계관과 문화

사람들은 세계를 보는 관점으로 문화를 형성한다. 문화를, '삶을 풍요롭고 편하고 아름답게 만들기 위해 세계와 자연을 변화시켜 온 것의 산물'이라고 정의한다면, 세계와 자연을 어떤 관점으로 해석하는가, 풍요로운 삶은 어떤 삶인가, 아름다운 상태는 어떤 것인가에 따라 풍요로운 삶과 아름다운 상태를 반영한 문화가 등장한다. 시대마다, 사회마다 다른 문화가 형성된 것은 이처럼 세계관의 차이 때문이다. 개인과 사회가 견지한 세계관은 외적으로 확인할 수 없지만 개인과 그 사회가 어떤 문화를 만들어 내고 있는가, 어떤 문화를 선호하는가, 어떤 개념의 언어를 사용하는가를 보면 개인과 그 사회의 세계관을 가늠할 수 있는 이유가 세계관이 문화형성에 영향을 주기 때문이다.

문화의 차이 뒤에는 세계관의 차이가 존재하지만 동시에 어떤 문화에 노출되어 있는가에 따라 세계관이 형성되기도 한다. 이것은 앞서 언급한 세계관은 공동체적이라는 것과 동일한 맥락이다. 사람은 출생부터 이미 형성된 특정 문화에 노출되기 때문에 어떤 문화에 노출되었는가에 따라 세계관 형성에 지대한 영향을 받게 된다.

정신문화의 한 영역인 교육도 이 시대와 우리 사회의 세계관을 반영한 문화이다. 교육이 이 시대와 사회의 세계관을 반영한 문화라는 것은 교육의 구체적인 측면인 인간관, 실재관, 지식관이 이 시대와 사회의 세계관에 의해 형성되어 있다는 것이다. 인간은 왜 존재하는가, 인간에게 왜 교육이 필요한가, 다양한 과목과 다양한 전공, 다양한 직업은 왜 존재하는가, 무엇인가를 알았다는 것은 어떤 상태인가에 대한 관점이 이 시대와 사회의 세계관에 의해 규정되어 그에 기초한 교육문화가 형성되어 있다.

2. 기독교 세계관

기독교 세계관은 성경적 관점으로 세계를 해석하는 것이다. 성경을 기초로 한 세계관은 가톨릭을 비롯하여 루터주의, 복음주의, 개혁주의 등 다양하다(조성국, 2009: 53) 성경을 기초로 한 세계관임에도 다양한 기독교적 관점이 있는 것은 기독교와 세계의 관계에 대한 해석 차이, 성과 속의 구분 여부, 성경 말씀 중 독특하게 강조하는 부분으로 인한 것으로 요약할 수 있다. 이 글에서 세계는 하나님이 통치하시는 하나님의 나라이며 성과 속은 구분될 수 없다는 개혁주의 세계관(칼빈주의 세계관)을 중심으로 살펴볼 것이다. 그 이유는 개혁주의 세계관은 이원론적으로 기독교와 세계를 분리하지 않고 성과 속의 구분을 인정하지 않으며 예수님의 구속의 은혜를 죽음 이후 인간 영혼의 구원에만 초점을 두지 않기 때문이다. 특히 기독교와 세계를 구분하거나 성과 속의 구분, 그리고 인간영혼 구원에만 초점을 둔 기독교적 관점은 교육을 포함한 문화영역을 소홀히 여기거나 논의의 대상에서 제외하기 때문이다. 기독교철학이나 기독교문화, 그리고 기독교 교육에서 언급되는 기독교 세계관은 대부분의 경우 개혁주의 세계관이다. 개혁주의 세계관은 인간을 비롯하여 하나님의 창조세계와 그 세계를 경작하여 드러난 문화까지, 하나님은 존재하는 모든 것의 통치자이시며 예수 그리스도의 구속 또한 인간을 포함한 전 우주적이고 전적인 구속을 강조하기 때문이다. 따라서 이 글에서 언급되는 기독교 세계관은 개혁주의 세계관임을 밝혀둔다.

가. 창조

성경은 존재하는 모든 것의 시작과 완성을 보여준다. 세상의 시작과 지금의 비참한 상태의 원인, 그리고 구속 이후 완성된 세상까지 기록되어 있다. 하나님의 완벽한 창조, 인간의 의지적인 반역으로 인한 전적 타락, 예수 그리스도로 완전케 될 구속의 약속이 이 세상을 이끄는 거대한 이야기이며 존재하는 모든 것은 창조, 타락, 구속의 카테고리로 해석된다.

세상의 처음이 기록된 창세기는 이렇게 시작된다.

'태초에 하나님이 천지를 창조하시니라'(창세기1:1)

창세기에 기록된 창조에 관한 진리, 하나님께서 언제 무엇을 어떻게 만드셨다에 내포된 의미는 그것을 만든 존재, 즉 그것의 주인이 하나님이시라는 선포이다. 이 땅과 이 땅에 있는 모든 것이 주의 것인 이유는 그것을 만드신 분이 창조주 하나님이시기 때문이다. 그리스도인이 고백하는 사도신경도 이를 반영한다.

'전능하사 천지를 만드신 하나님 아버지를 내가 믿사오며'

우리가 믿는 하나님은 창조주이시다. 이로 인해 기독교 세계관의 출발은 창조주와 피조물의 구분이며, 이것이 시대와 사회에 영향을 받는 여타 다른 세계관과 확연한 차이이다.

　　창조주와 피조물의 구분은 피조물의 존재방식을 결정한다. 스스로 존재하지 않는다는 것은 존재하는 모든 것은 하나님께 의존적인 존재이며, 모든 것의 기준이 하나님이시라는 사실이다. 법과 규범에 의해 질서 있게 창조하신 창조물에 하나님은 자신이 어떤 존재인지 드러내시고 그 모든 것은 완벽하게 보시기에 좋았다. 하나님의 창조 구조는 완벽하게 선한 것이다.

나. 타락

　　하나님께서 창조하신 완벽한 세상은 인간의 의지적인 반역으로 타락하였다. 타락의 핵심은 기준이 하나님에게서 인간으로 옮겨진 것이며, 이것은 '우상숭배'이다. 하나님 아닌 다른 것을 중심에 두는 우상숭배를 '죄'라고 한다. 인간이 하나님이 아닌 다른 것을 중심에 둔 것은 명백한 '교만'이다. 따라서 타락, 우상숭배, 죄, 교만은 동일한 의미로 볼 수 있다. 타락한 인간은 지독히도 타인을 미워하며 지독히도 자신만을 사랑하고 자신의 이익만을 추구하는 인생이 된 것이다.

　　타락은 창조 구조를 바꾸는 것이 아니라 잘못된 방향을 향하게 하는 것으로 창조 구조는 선하나 방향의 왜곡이 타락이다. 방향의 왜곡은 원래의 기능을 상실하게 한다. 예컨대 한국인의 교육열은 그 자체가 잘못된 것이 아니다. 사람을 교육시켜 더 나은 사람으로 양육하기 위해서는 교육열이 반드시 필요하다. 그러나 이것이 문제가 되는 이유는 그 교육열을 왜곡된 방향으로 사용하고 있기 때문이다. 존재하는 모든 것의 원래 기능이 상실되어 잘못된 방향을 향하고 있는 것, 이것이 타락이다.

다. 구속

하나님은 인간의 타락을 내버려 두지 않으시고 예수 그리스도로 말미암아 구속하셨다. 만물의 창조주이시며 스스로 완전하신 분이시며 친히 법을 정하실 수 있는 하나님께서 타락한 세상을 구속하기 위해 자신의 목숨을 버리기로 작정하신 것은 인간의 이성으로 이해하기 힘들다. 완전히 쓸어버리고 더 완벽하게 다시 만드실 수 있는 전능하신 분 아닌가! 왜 고치기로 하셨을까? 그것도 가장 큰 희생을 스스로 정하시면서까지. 성경은 그것을 '사랑' 때문이라고 말씀하신다.

'하나님이 세상을 이처럼 사랑하사 독생자를 주셨으니'(요한복음 3:16)
'우리가 아직 죄인 되었을 때에 그리스도께서 우리를 위하여 죽으심으로 하나님께서 우리에게 대한 자기의 사랑을 확증하셨느니라'(로마서 5:8)

마치 자녀가 사람이 저지를 수 있는 모든 악한 일을 할 때 그런 자녀를 결코 포기하지 않고 할 수 있는 한, 가진 모든 것을 희생해서라도 그 자녀를 바른길로 인도하려는 것은 자녀를 사랑하기 때문인 것처럼 말이다. 하나님이 나를 사랑하시는 증거는 바로 예수 그리스도이시다.

구속의 은혜를 누린다는 것은 기준이 나에게서 하나님께로 옮겨지는 것이며 기준의 회복은 방향의 전환을 의미한다. 이것은 원래의 기능을 회복하는 것이다. 기준의 회복과 방향의 전환은 하나님이 사랑이시듯 하나님과 세상에 존재하는 모든 것을 사랑하는 것이다. 기독교 세계관은 예수 그리스도의 구속이 죽음 이후에 인간 영혼에만 국한되지 않고 인간의 삶과 죽음을 포함한 세계와 문화 전체에 영향을 미친다고 강조한다. 인간을 포함하여 세계와 문화 등 존재하는 모든 것은 예수 그리스도로 말미암아 회복되어야 한다.

3. 교육

모든 교육학자들은 교육에 대해 정의를 내린다. 그 정의가 다소간 차이가 있지만 정의를 내릴 때 기준이 되는 것은 인간관, 실재관, 지식관이다. 교육은, '인간에게 존재하는 것을 알게 하는 것'이기 때문에 인간관, 실재관, 지식관이 배제된 교육에 대한 정의는 교육에 대한 바른 정의라고 보기 힘들다. 인간은 왜 존재하며 왜 배워야 하는가, 보이는 것과 보이지 않는 모든 것은 어떻게 존재하게 되었는가, 지식이란 무엇이며 안다는 것은 어떤 상태인가에 대한 관점으로 교육을 정의한다. 따라서 인간, 실재, 지식에 대한 관점이 어디에 기초해 있는가에 따라 교육활동의 목적과 방향이 결정된다.

교육에 대한 인본주의적 관점과 기독교적 관점을 단순 비교하여 질문해 보면 다음과 같다.

'인간은 우연에 의해 등장한 존재인가, 하나님의 형상대로 목적을 가지고 창조된 존재인가! 존재하는 것은 더 나은 삶을 위해 사람들의 끈임없는 노력의 산물인가, 세상을 다스리는 소명을 받은 인간의 활동으로 인해 드러난 것인가? 안다는 것은 과학적 탐구에 의한 이론을 저장하고 필요할 때 꺼내어 유용하게

사용하면 되는 것인가, 행동으로 드러나야 하는 전인적인 것인가?'

인간, 실재, 지식에 대한 인본주의적 관점은 다음과 같은 본질적인 질문에 답하지 못한다.

'우연히 존재한 인간인데 무엇을 해야 하는 목적이 있다고 할 수 있는가, 우연히 존재하는 인간이 배워야 하는 이유는 무엇인가, 목적 없이 우연히 존재하는데 인간다움이 무엇인지 규정할 수 있는가. 사람들은 왜 더 나은 삶을 원하는가, 더 나은 삶이란 어떤 상태이며 그것이 더 나은 삶이라고 말할 수 있는 근거는 무엇인가, 발전 이면에는 삶을 파괴하는 부작용이 있음에도 왜 발전은 멈추지 않는가, 과학적 탐구에 의해 참이라고 했던 이론이 수정되거나 폐기되는 이유는 무엇인가, 더 많은 지식이 생겨나고 학력은 더 높아지는데 인간성은 왜 더 악해지는가, 각 분야의 전문가들은 그 분야에 필요한 지식을 알고 있음에도 그 분야를 혼란케 하는 이유는 무엇인가?'

인본주의 관점은 이런 질문에 자신이 속한 시대사조를 반영한 답만 할 수 있을 뿐이다.

기독교 세계관에 근거한 교육은 여러 관점이 만들어 낸 다수의 교육 중 한 종류의 교육이 아니다. 교육의 궁극적인 목적이 반영된 '바로 그 교육'이다. 그것은 기독교 세계관이 여러 세계관 중의 하나가 아닌 세상을 해석하는 바른 관점이기 때문이다. 하나님께서 세상을 창조하셨다는 것은 성경적 관점이 세상을 해석하는 유일한 기준임을 말하는 것이며, 과학 중심, 합리성, 경제

중심 등으로 대변되는 인본주의적 관점은 세상을 환원주의적으로 혹은 왜곡된 방향으로 해석하고 있다. 따라서 교육의 핵심인 인간, 실재, 지식은 기독교 세계관으로 해석되어야 한다.

가. 인간관

기독교 세계관, 즉 창조 타락 구속의 관점으로 인간을 해석하면 다음과 같이 간단하게 설명할 수 있다.

'하나님의 형상대로 목적을 가지고 창조된 인간은 타락으로 말미암아 인간으로서 기능이 상실되고 잘못된 방향을 향하고 있다. 그러나 예수 그리스도의 구속의 은혜로 인간의 원래 기능과 방향을 회복한다.'

성경은 인간의 시작과 목적을 명료하게 밝히고 있다.

'하나님이 가라사대 우리의 형상을 따라 우리의 모양대로 우리가 사람을 만들고 … 모든 것을 다스리게 하자 하시고' (창세기 1:26)
'하나님이 그들에게 복을 주시며 그들에게 이르시되 생육하고 번성하여 땅에 충만하라, 땅을 정복하라, … 모든 생물을 다스리라 하시니라' (창세기 1:28)

인간은 하나님의 창조 세계를 하나님 대신 다스리는 자로 지음을 받았다. 인간의 궁극적 삶의 목적은 하나님의 세계를 대신 '다리스는 것'이다. 생육하고 번성하여 땅에 충만한 것은 출산에 국한된 것이 아니다. 하나님은 세상이 번성하여 충만하도록 인간에게 다스리라 명령하셨고 창조 세계의 다스림의 결과는 문화의 등장이다.

하나님의 창조 사역은 마침이 아니라 완성을 예견하는 시작(신국원, 2005: 60)이었다. 하나님은 이것을 인간에게 맡기셨다. 에덴동산에서 쉼이 아니라 에덴동산에서 일을 통해 에덴동산은 발전되고 문화가 등장하여 인간의 역사가 끝나고 영원한 나라에서는 더 이상 동산이 아닌 성이 되어 있는 이유이다. 요한계시록에 기록된, 요한이 환상 중에 본 '새 예루살렘 성'은 현대의 기준에서는 과거의 모습이라 생각할 수 있지만 현대의 문화가 없는 과거로 회귀한 상태를 묘사한 것이 아니다. 요한은 지금보다 더 발전된 먼 미래의 도시(Romanowski, 정혁현 역, 2004 참고)를 환상 중에 보고 있으나 그 시대에 현대 혹은 미래의 언어를 사용할 수 없기 때문에 자신의 시대에 가장 발전되고 큰 건물을 일컫는 '성'으로 표현했을 것이다. 요한의 시대에 빌딩, 우주선, 고속열차 등의 단어가 있을리 만무하지 않은가. 이것은 새 예루살렘 성이 현대문명이 없는 과거의 모습을 묘사한 것이 아니라 현대보다 훨씬 발전되어 있는 것을 묘사한 것으로 해석되어야 한다. 성경의 저자들은 동산에서의 삶이 아니라 도시에서의 삶을 우리의 궁극적 운명으로 그리고 있다(Wolterstorff, 홍병룡 역, 2007: 270).

인간은 일을 하는 존재로 지음을 받았다는 사실은 그리 달갑지 않은 말이다. 왜냐하면 고대로부터 현대까지 사람들은 일을 하지 않고 편안하게 삶을 영위하는 것이 인간이 누릴 수 있는 최고의 삶이라는 관점을 가지고 있기 때문이다. 고대사회에서 일은 노예의 몫이고 귀족이 일을 하지 않은 것은 현대인이 추구하는 삶의 형태와 다르지 않다. 일해야 하는 존재가 일하지 않는 삶을 추구하는 것은 타락 때문이다. 타락은 기준을 하나님에게서 다른 것으로 옮겨 원래의 기능을 상실하고 다른 방향을 향하게 하는 것인데, 인간의 기능을 상실하니 인간존재의 핵심인 일이 가장 가치없는 것이 되었다. 일하는 존재가 일하지 않는 삶이 최고의 삶이라는 잘못된 방향을 향하고 있는 것이다.

예수 그리스도의 구속의 은혜를 누리는 인간은, 인간의 기능을 회복하고 방향을 전환해야 한다. 일하는 것이 소명임을, 나아가 일을 하되 자신의 유익이나 경제적 이익을 추구하는 것이 일이 아니라 하나님의 창조세계를 다스리는 것이 일임을 알고 실천하는 것이다.

하나님의 창조세계는 완성을 예견한 시작이라는 관점, 인간은 창조 세계를 다스리는 책임 있는 존재라는 관점, 이 세상은 다스림으로 더 다양하고 복잡한 문화를 만들어간다는 관점은 교육에 시사하는 바가 크다.

나. 실재관

기독교 세계관, 즉 창조 타락 구속의 관점으로 존재하는 것을 해석하면 다음과 같이 간단하게 설명할 수 있다.

'존재하는 모든 것, 즉 문화는 인간이 하나님의 창조세계를 경작한 결과이나 인간의 타락은 인간이 하는 일에도 영향을 주어 모든 세계와 문화는 기능을 상실하여 잘못된 방향으로 경작(발전)되고 있다. 그러나 구속된 자들을 통해 존재하는 모든 것은 원래의 기능을 회복하고 바른 방향을 향해야 한다.'

세계는 발전을 거듭하며 더 다양하고 복잡해졌다. 왜 이 세상은, 사람들은 발전을 멈추지 않는가? 더 나은 삶을 위한 과정이라고 하지만 왜 더 나은 삶을 원하는지, 궁극적인 더 나은 삶은 어떤 삶인지 답하지는 못한다. 나아가 더 나은 삶을 위한 발전임에도 인간이 겪는 실제적인 고통이나 죽음은 해결하지 못한다. 과학이 유토피아를 이루어줄 것이라 확신했던 근대성도 한계가 드러났다.

성경은 이 세상이 사람들에 의해 발전하는 이유를 명확하게 알려준다. 인간론에서 살펴보았듯이 하나님께서 인간에게 명령한 것으로, 인간이 존재하는 이유이다. 존재하는 것, 보이는 것이나 보이지 않는 모든 문화는 하나님의 창조 세계를 경작한 결과이다. 고등학교 때까지 배우는 모든 교과목, 대학의 전공, 모든 이론, 다양한 직업 모두 하나님의 창조세계를 다스려 체계화해 놓은 것이다.

성경은 존재하는 모든 것은 하나님의 창조세계를 다스린 결과이며, 이 모든 것은 하나님을 드러내고 하나님을 찬양하기 위함이라는 사실을 잘 드러낸다. 생육하고 번성하라는 명령으로 인해 더 다양한 분야가 생기고 각 분야는 더 정교화되는 것이다. 예컨대, 한 음계를 가진 음악에 많은 장르가 있고 각 장르마다 셀 수 없는 음악이 있는 것, 그러나 멈추지 않고 또 다른 장르를 만들며 또한 그 장르에 해당하는 음악이 생기는 것, 이것이 음악을 다스려 풍성케 한 결과이다.

하나님의 영원하신 능력과 신성이 그 만드신 만물에 분명히 보여 알게 되는 것처럼(로마서 1:20), 그 만물을 경작하여 드러난 문화에도 하나님의 영원하신 능력과 신성이 드러나야 한다. 하나님께서 세상을 창조하시며 거듭 말씀하신 '보시기에 좋았더라'는 인간이 경작한 문화에도 적용되어야 한다.

그러나 우리가 경험하는 문화는 그렇지 않다. 정신문화 물질문화 대중문화 중 하나님께서 보시기에 좋다 하실만한 것이 있는가? 정치, 경제, 교육, 문화, 예술, 인간관계 등 모든 문화는 아름다움보다는 깨어짐과 상처투성이다. 이러한 문화는 인간의 타락이 인간이 하는 일에도 영향을 주어 일을 하기 싫어할 뿐 아니라 일하는 기능이 상실되어 잘못된 방향으로 세계를 경작한 결과이다. 기능을 상실하여 다른 방향을 향하는 문화는 정상이 아니다. 방향을 돌려 세계와 모든 문화가 하나님의 영광과 신성을 드러내도록 해야 한다.

다. 지식관

기독교 세계관, 즉 창조 타락 구속의 관점으로 지식을 해석하면 다음과 같이 간단하게 설명할 수 있다.

'존재하는 모든 것은 하나님으로 말미암는다. 따라서 지식은 하나님을 아는 것에서 시작해야 하고 아는 것은 곧 행동으로 실천되는 것이다. 그러나 타락한 세상은 합리성에 근거하여 경험되는 것만 지식이며 경험되지 않는 하나님은 지식의 영역에서 제외시켰다. 나아가 지식은 합리적 사고에 머문다. 그러나 지식의 근원은 하나님이시며 합리성은 하나님의 진리를 이론화하고 법칙화하는 것에 사용되는 것으로 회복되어야 한다. 또한 지식의 원래 기능인 행동으로 드러나도록 해야 한다.'

가르치고 배우는 교육을 통해 사람들은 존재하는 것을 알게 되고 이것을 지식이라 한다. 배움이란 지식을 쌓아가는 과정이라 할 수 있다. 교육평가를 실시하는 것도 교육을 통해 지식이 잘 전수되었는지를 확인하는 과정이다. 따라서 지식에 대한 관점 또한 교육활동의 방향을 인도한다.

성경은 존재하는 모든 것은 하나님으로 말미암았음을 선언한다. 하나님께서 만물의 창조자라는 사실은 하나님을 아는 것이 만물을 알 수 있는 유일한 방법이며 지식의 시작이라는 뜻이다. 하나님의 창조 계획과 목적을 알고, 창조 세계를 향한 하나님의 뜻을 아는 것, 창조 세계에 담긴 원리를 체계화하고 이론화하여 아는 것이 지식이다.

어떤 것을 '안다'라고 말하려면, 다시 말해 그것에 대한 지식을 쌓으려면 먼저 그것의 존재 목적을 알아야 한다. 인본주의 교육은 과학적 탐구로 알 수 있다고 하지만, 합리적인 방법, 혹은 과학적 탐구로 알 수 있는 것은 존재의 목적이 아닌 존재하는 것의 상태 정도이다. 예컨대, 심리학으로 사람의 상태나 발달에 '관해서' 어느 정도 알 수 있으나 사람의 시작과 목적은 알 수 없다. 사람이 왜 존재하는지 알지 못하는데 어떠한 삶을 살아야 한다는 기준이 있을 수 없다. 더군다나 과학적 지식은 폐기되기도 하고 수정되기도 하는 것 아닌가! 지식은 (과학적 탐구로 증명된) 객관적 세계에 대한 수동적 수납이 아니라 그 의미에 대한 전제를 따라 실재를 능동적으로 형성하고 해석해 가는 것이다 (Blomberg, 1980: 5-11).

성경에서 말하는 지식은 행함으로 인도하는 지식이다. 합리적 사고에 머무는 것이 아니라 그것이 삶 속에 작동되는 것이고, 이러한 상태를 아는 상태라고 한다. '하나님은 사랑이다'를 안다는 것은 하나님의 사랑이 삶에 실천되는 상태를 말한다. 하나님의 말씀을 묵상하는 것이 정적인 활동이 아닌 아주 적극적이며 동적인 활동인 것도 지식은 실천이기 때문이다(Peterson, 양혜원

역, 2006 참고). 지식을 쌓는 것이 교육이라면, 지식이란 합리적 사고에 머무는 것인가, 혹은 지식이란 삶의 적극적 반영인가에 대한 관점에 따라 교육의 결과가 달라진다.

  인본주의 교육은 지식은 가치중립적이라는 입장을 견지한다. 가치중립적이라고 주장하는 이면에는 합리성, 과학적 사고가 있다. 합리적이며 과학적인 것은 가치중립이라 생각하지만 합리적, 과학적이라는 가치에 치우쳐있는 것이다. 사과가 떨어지는 현상을 '중력'이라고 하는 것은 과학적 가치에 입각한 해석이며, '때가 되어 떨어진다'라고 하는 것은 동양적 가치에 입각한 해석이다. 지식은 가치중립적일 수가 없고 어느 한쪽에 치우칠 수밖에 없다(Edlin, 기독교학문연구회교육학분과 역, 2009 참고).

  모든 지식의 근원은 하나님이시며 합리적이고 과학적 지식은 하나님의 세상을 체계화한, 오류 가능성을 지닌 이론이다. 구속된 자들은 하나님 아는 것을 대적하여 높아진 것을 다 파하고 모든 생각을 사로잡아 그리스도에게 복종케(고린도후서 10:5) 해야 한다.

5. 나가며: 기독교 세계관과 교육

  교육은 기독교적이어야 한다. 하나님이 이 세상의 창조주이시며 교육은 하나님의 세계를 인간이 경작한 결과로 등장한 정신문화이므로 교육은 기독교와 무관할 수 없다. 인본주의 교육, 합리적인 교육, 경제중심의 교육은 타락의 영향 아래 있는 교육이다. '교육이 기독교적이다'라는 의미는 교육의 대상인 인간, 교육의 내용인 실재, 교육의 결과인 지식에 대한 관점이 기독교적

이어야 한다는 것이다.

인간은 스스로 자유로운 존재가 아니며 하나님께 의존적 존재이다. 인간은 자신을 주장하는 존재가 아닌 자신을 부인하는 존재이다. 인간은 행복을 위해 사는 자가 아니라 거룩함을 이루어야 하는 존재이다. 인간은 더 나은 삶을 추구하기 위해 세상을 발전시키는 존재가 아닌 하나님의 창조 세계를 다스리는 존재이다. 사람에게 교육이 필요한 것은 자아성취나 경제적 수단을 위한 것이 아니라 세상을 다스리라는 하나님의 명령에 순종하기 위해서이다.

모든 과목과 전공과 직업은 더 나은 삶을 위해 인간이 만들어 낸 것이 아니라 하나님의 창조 세계를 경작한 결과이다. 과목과 전공을 공부하는 이유는 자아성취나 경제적 이익을 위한 수단이 아니라 하나님의 세계를 다스리기 위함이다. 더 많은 지식 더 고차원적 학문을 연구해야 하는 이유는 개인의 더 나은 삶을 위한 것이 아니라 하나님의 명령에 순종하여 이 세상을 다스려 더 풍성케 해야 하기 때문이다.

이 세상을, 문화의 한 분야를 다스리고 풍성케 하기 위해서는 그 분야에 대해 알아야 한다. 그 분야의 존재 목적과 그 분야를 향한 하나님의 뜻과 계획을 알아야 바른 방향으로 다스리고 번성케 할 수 있다. 그러나 모든 기존의 교과목과 전공과 이론은 타락의 영향으로 잘못된 방향을 향하고 있는 부분이 있는데, 그러한 타락한 상태를 분별할 수 있어야 한다. 이미 정리된 이론이나 사상을 수동적으로 흡수하는 것이 아니라 진리에 기초하여 잘못된 방향을 분별하여 바른 방향으로 돌릴 수 있게 하는 것이 교육이다. 따라서 교육은 두 가지 차원의 과업이 있다고 할 수 있는데 그것은 모든 학문은 계속 발전해야 하며 동시에 잘못된 방향으로 가는 학문을 바른 방향으로 돌려야 하는 것이다.

Wolterstorff는 이것을 '발전과 치유의 과업'(Wolterstorff, 2002: 264)이라 표현한다. 발전과 치유의 과업을 위해 필요한 것, 더욱 풍성케하고 잘못된 것을 바로 잡기 위해서 '하나님이 보시기에 좋은 상태'에 대한 상상력이 필요하다. Opitz와 Melleby는, '하나님이 당신의 가족과 학교, 교회, 직장을 어떻게 바꾸고 싶어 하실지 상상할 수 있겠는가? 성령께서 우리를 불러 "더 깊이 들어가라"고, 고정관념을 깨라고, 하나님의 세상을 회복하는 일에 창조적으로 협력하라고 하시는 모습을 상상할 수 있겠는가?'(이지혜 역, Opitz & Melleby, 2014: 114)라고 질문한다. 이 질문을 모든 교과목과 전공, 이론을 비롯하여 모든 문화에 적용해 볼 수 있다.

사람은 타락한 세상에 태어나 타락하기 이전의 상태를 경험할 수 없기 때문에 '하나님이 보시기에 좋은 상태'가 어떤 상태인지 상상하기 힘들다. 하나님이 보시기에 좋은 상태, 즉 타락 이전의 완전한 상태는 최고의 스승이신 성령님께서 부어주시는 지혜로 성경 말씀을 통해 상상할 수 있을 것이다.

약한 자가 돌봄 받는 정치, 많은 자도 남지 않고 적은 자도 부족하지 않는 경제, 전인적 쉼이 있는 대중문화, 사랑과 협동을 경험할 수 있는 온라인 게임, 예수 그리스도와 교회의 관계를 온전히 드러내는 가정, 바른 소비를 가능케 하는 광고, 협력과 격려가 있는 교실, 앎이 삶이 되는 교육, 상생하는 사회, 자연이 숨 쉬는 도시 등 모든 문화에 이러한 상상력이 필요하다.

지식은 하나님을 아는 것에서 출발한다. 지식은 이성적 이해가 아닌 삶을 인도하는 것이다. 지식은 이론과 법칙의 수동적 수납이 아닌 그것의 실재 의미를 하나님 안에서 능동적으로 찾는 것이다. 지식은 개인 삶을 위한 도구가 아니라 하나님의 명령에 순종하기 위한 것이다. 지식은 합리성에 기인하는 것이 아니라 사랑에 기인해야 한다.

계몽주의로 인해 인간의 가장 독특한 특징을 이성으로 규정하지만, 다른 피조물과 인간의 다른 점, 인간의 독특한 특징은 이성만이 아니다. 논리적이며 역사의식이 있고 경제활동을 하며 사회를 만들며 언어를 사용하고 아름다움을 추구할 수 있으며 질서를 위해 법을 만들고 윤리적 삶을 추구하며 절대자를 신앙한다(Kalsbeek, 황영철 역, 1995 참고). 인간에게 가장 독특한 특징은 이성보다 오히려 절대자를 알고 그분을 경배할 수 있는 특징일 수도 있다.

그러나 현대 사회는 인간의 가장 독특한 특징을 이성에만 두고 지식 또한 이성적 이해에만 국한시킨다. 이성적 앎은 지식의 출발이지 마침이 아니다. 그 지식이 하나님과 이웃과 자신을 위해 삶으로 드러나는 것이 지식이다. 따라서 지식에 대한 기독교적 관점은 교육의 목적과 방향뿐 아니라 교육평가의 목적과 방향에도 영향을 주어야 하고 줄 수밖에 없다.

그리스도인들이 세상을 다스리고 회복시킬 때 그 출발점은 사랑이어야 한다. 하나님이 세상을 사랑하는 그 사랑이 동기가 되어야 한다. 교육의 영역을 다스리고 회복하도록 부르심을 받은 교육자들 또한 교육을 사랑해야 한다. 사랑하는 만큼 타락한 교육에 아파하고, 교육이 하나님의 영광을 온전히 드러내도록, 할 수 있는 한 자신의 모든 것을 희생할 수 있을 것이다.

Q. 나눔을 위한 질문

- 기독교 교육과 일반교육의 차이를 토의해 봅시다.
- 기독교 세계관으로 교육을 해석해 봅시다.
- 자신의 전공분야가 '하나님이 보시기에 좋은 상태'는 어떤 상태인지 상상해 봅시다.

제6장

기독교 대안교육의 교육목적과 교육과정

이현민

제6장 기독교 대안교육의 교육목적과 교육과정

이현민

들어가며

교육은 의도적이고 계획적인 인간 형성 활동이다. 교육 활동의 '의도성'은 '교육목적'으로 표현되고, 교육 활동의 '계획성'은 체계적으로 조직된 교육 프로그램, 즉 '교육과정'(curriculum)을 통해 드러난다. 학교는 교육 활동을 전문적으로 수행하는 사회 기관이다. 창조세계에 존재하는 모든 것은 하나님의 말씀으로 창조되었다. 그러므로 학교도 하나님이 만드신 창조세계의 일부로써 하나님의 주권 아래에 있다. 학교는 하나님께서 결혼이나 가족제도처럼 직접 만드신 제도가 아니다. 하지만 오늘날 우리가 학교제도를 가지게 된 것은 하나님께서 '학교의 존재를 위한 원리', 혹은 학교의 '존재론적 법칙'을 제정하셨고, 인류가 역사의 발전 과정 속에서 그것을 실체화(positivization) 시켰기 때문이다. 학교의 구체적인 모습은 각 사회가 처한 독특한 상황에 따라 다르지만 그 본질은 하나님께서 주신 창조의 법칙에 의존하고 있다. 그리스도인들은 학교를 향한 하나님의 뜻, 하나님께서 창조의 법칙으로 제정하신 '학교의 규범'을 발견하고 이를 당대의 시대적 상황에 맞게 실체화시켜야 한다(김성수, 1991:109-112).

기독교 대안학교는 하나님께서 제정하신 학교의 규범을 실현하기 위해서 기존의 공교육 제도 속에 있는 학교를 거부하고 그 대안으로 만들어진 학교이다. 이것은 기독교 세계관에 의거하여 학교의 존재 원리를 이 시대의 상황에 맞게 새롭게 실체화하려는 시도이다. 그러므로 기독교 대안학교의 교육활동은 기독교적 독특성을 가지고 있어야 한다. 이런 기독교적 독특성, 즉 기독교 대안학교의 대안성은 무엇보다 교육목적과 교육과정을 통해 선명하게 드러나야 한다. 이 장에서는 기독교 대안학교의 교육목적과 교육과정 수립에 필요한 기초적이고 핵심적인 개념과 원리, 그리고 적용 사례를 간략히 살펴본다.

1. 교육목적

교육목적에 대한 논의는 먼저 '목적'의 개념과 '교육목적'의 의미를 고찰하고, 교육목적을 세울 때 유용한 시사점을 얻을 수 있는 '교육받은 사람'의 개념을 고찰한다. 그런 후에 기독교 세계관에 근거한 교육의 목적 중에서 대표적인 몇 가지에 대해 그 의미를 살펴본다.

가. '목적'의 개념

'목적'이란 말의 영어 표기는 다양하다. 'aim', 'purpose', 'goal', 'objective', 'end', 'intention' 등이 주로 사용되는데, 그 중에서 'aim'이란 말이 가장 널리 사용된다. 'aim'은 과녁(target)이라는 말에 어원을 두고 있다. 과녁이 주는 의미는 두 가지이다. 첫째, 과녁이란 주의를 집중해야 명중시킬 수 있으며 과녁 이외의 것에 대해서는 무관심해야 한다는 점을 시사하고 있다. 사격이나 양궁과 같은 경기에서 과녁을 명중시키는 것은 놀이의 성격을 가지고 있지 않다. 혼신의 힘을 기울여 최선을 다해도 과녁을 명중시키는 일에 실패할 수 있다. 그러므로 'aim'은 가까이 있지 않거나 획득하기 어려운 목표를 의미한다. 둘째, 과녁을 명중시키기 위한 활동으로서 'aiming'은 'trying'의 의미를 담고 있다. 그것은 과업 안에 난관이 있으며 주의를 집중하지 않거나 연습을 게을리 하면 실패할 가능성이 있다는 것을 암시한다. 즉 목적을 지향하는 행동이나 활동이 저절로 그 목적을 달성시켜 주지는 않는다. 목적 달성을 위해서 요구되는 조건을 엄격히 준수해야 한다는 점에서 목적을 이루기 위한 노력은 실패의 가능성을 품고 있는 '시도'이다(신득렬, 2004:131-133).

사수에게 "과녁이 어디 있나?"라고 묻는 것은 그가 주의 집중을 하지 못해 실수를 계속하고 있을 때이다. 교육의 목적이 무엇이냐고 물어야 할 경우도 교사와 학습자가 교육의 목적을 제대로 겨냥하지 않고 있거나 그릇된 교육목적을 수행하고 있을 때이다. 교육현장에서 그보다 더 심각한 것은 교육목적에 대한 의식이 전혀 없는 상태로 과거의 교육적 관행과 습관을 답습하는 경우이다. 아무것도 겨냥하지 않으면 아무것도 맞추지 못한다. 불분명한 목적이나 잘못 겨냥된 목적, 목적의 부재는 하찮은 교육 성과와 실패한 교육을 낳을 뿐이다. 교육의 의도, 즉 교육목적을 분명하게 표현하고 교육공동체 구성원 모두가 그것을 잘 이해하는 것은 교육의 성공을 위한 기본적인 조건이다.

나. '교육목적'의 의미

교육목적은 그 적용 대상과 범위에 따라 여러 가지 수준에서 설정된다. 일반적으로는 최상위 목적으로 교육이념 혹은 교육목적(aims)이 있고, 그 아래로 상위목표(goals or purposes)와 여러 수준의 하위목표들(objectives)로 나누어진다. 최상위 교육목적인 교육이념으로부터 시작하여 차시별 수업목표에 이르기까지 각 수준별 교육목적들은 위계적인 구조 안에서 논리적 정합성을 가지고 있어야 한다. 논리적으로 볼 때 최상위 목적으로부터 상위목표가 도출되고 상위목표들에서 하위목표들이 도출된다. 상위목표는 최상위 교육목적보다 더 구체적이지만 포괄적이며 개방적인 진술(open statement)로 표현되고, 하위목표는 상위목표보다 더 자세하고 구체적으로 진술된다. 하위목표의 마지막 단계인 차시 수업목표의 경우 구체적인 결과를 가시적으로 드러낼 수 있는 행동목표로 제시된다.

교육목적은 교육의 전체 과정(process)을 이끌어간다. 교육목적은 교육 내용을 선정하는 기준이 되고, 가르치고 배우는 활동을 포괄적으로 인도하며, 교육 활동이 종료된 후에 그 성공 여부를 결정하는 평가 기준이 된다. 또한 학교교육과 관련된 갈등이나 문제 상황이 발생하면, 교육목적은 사안을 판단하고 해결책을 도출하는 데 중요한 기준이 된다.

성공적인 교육을 위해서는 공적인 절차에 따라 교육목적을 분명하게 수립하고 명료하게 표현하여야 한다. 하지만 이것은 쉬운 일이 아니다. 교육은 인간을 대상으로 하는 형성 활동이다. 인간은 생애 전체에 걸쳐 계속 성장하고 성숙해 가는 존재이다. 비록 학교에서 이루어지는 교육은 생애의 초기에 끝나지만 각 사람은 그 후에도 자기 스스로 계속적인 교육을 해나가야 한다. 따라서 학교에서 설정한 교육목적은 학생이 학교를 다니는 기간에 한정된 목표일지라도 인간 생애 전체를 아우르는 최종적인 교육목적을 지향하고 그것과 조화를 이루어야 한다. 그러므로 교육의 궁극적인 목적은 인생의 궁극적인 목적과 일치하게 된다. 인생 전체를 통해 이루어야 할 목적을 찾는 것은 쉽지 않다. 인간의 삶에서 추구해야 할 목적과 가치들은 수없이 많다. 이것들 중에서 더 바람직한 것을 선택하기 위해서는 '가치의 서열'을 판단할 수 있는 안목을 갖추어야 한다. 가치들 간의 경중을 따져서 서열을 정하기 위해서는 여러 세대에 걸친 경험과 반성, 숙고를 통한 지혜가 필요하다. 때에 따라서는 이런 것을 두고 학문적으로 탐구하는 철학자의 도움을 받아야 한다.

교육목적은 교육공동체 구성원의 공적인 합의에 의해 도출되어야 하며 학교교육과 관련된 구성원들은 교육목적에 대해서 공통의 이해를 가지고 있어야 한다. 공통의 이해를 가져야 할 대상에는 교사와 학부모, 학생을 포함한 교육공동체 구성원들뿐만 아니라 교회나 지역사회와 같이 학교와 관련된 외부 공동체 구성원들도 포함한다. 왜냐하면 교육은 본질상 사회적 실천이고 인간 삶의 전체 영역을 포괄하며 다른 어떤 인간 활동보다 장기간에 걸쳐 진행되기 때문이다.

학교의 교육은 다양한 교사들이 다양한 과목과 영역에서 가르치는 활동으로 이루어진다. 이들의 교육 활동이 일관된 방향성을 가지려면 반드시 그 지향점이 되는 교육목적에 대해서 공동의 이해를 가지고 헌신해야 한다. 그렇지 않을 경우 교사 개개인이 각자 자신이 옳다고 생각하는 대로 교육의 목적을 설정할 것이기에 교육의 일관성을 기대할 수 없다. 각자의 주관적인 견해에 따른 교육활동이 지속되면 공식적인 교육목적은 무의미한 구호로 전락하게 되고 힘을 잃는다. 그렇게 되면 공식적으로 표명된 교육목적 대신에 그 사회의 주류 가치관과 세계관에 의거한 암묵적 교육목적이 학교교육을 실질적으로 이끌어 가게 된다.

그리스도인들은 자신이 속한 사회의 주류 가치가 무엇인지, 그리고 그것이 학교교육에 어떤 영향을 미치는지 주의를 기울여야 한다. 특히 기독교 대안학교의 교육자들은 당대의 사회가 추구하는 교육목적이 무엇인지 그리고 그 속에 들어있는 주된 인생의 가치와 우상숭배적 요소 및 영적 방향성을 분별할 수 있어야 한다. 그리고 그 주류 교육목적에 대항하는 성경에 근거한 교육목적, 즉 성경에 근거한 인생의 궁극적 목적을 개념화할 수 있어야 한다.

다. '교육받은 사람'의 개념

교육목적을 수립하는 작업은 공동의 사고와 토론 과정을 거쳐야 하며, 이것은 시간과 에너지가 많이 소요되는 일이다. 영국의 교육철학자 피터스(R. S. Peters)는 교육과정 수립의 어려움을 극복할 수 있는 하나의 방안으로 '교육받은 사람'이라는 개념을 제안하였다. 그는 교육목적에 관한 진술은 '교육받은 사람'의 특성들과 자질들을 명세화하는 것이라고 말하였다(Peters, 1977:17). 그러므로 교육의 목적을 설정할 때 '교육받은 사람의 이상'을 고찰하지 않을 수 없다. '교육받은 사람'에 대한 이상적인 모습은 교육목적을 달성한 결과이므로, '교육받은 사람'은 교육목적을 다르게 표현한 것이다.

이 '교육받은 사람'의 개념은 이후 널리 받아들여져서 국가 교육과정은 물론, 많은 학교에서 교육목적을 표현하는 방편으로 사용되고 있다. 우리나라 국가 교육과정의 총론에도 '추구하는 인간상'이란 용어를 사용하여 교육과정을 통해 형성하려는 '교육받은 사람'의 이상적인 모습을 제시하고 있다. '교육받은 사람'의 개념은 교육과정의 전체 구조와 핵심역량 등을 이해하는

데 중요한 참조점이 되며 하위 수준의 교육과정을 설계할 때 전체 교육내용을 정합적인 체계로 조직하는 데 도움을 준다.

　　　기독교 대안학교의 교육목적을 수립할 때도 이 '교육받은 사람'의 개념을 활용하는 것이 좋다. 추상적인 개념으로 목적을 진술하는 것보다 학교교육을 통해 형성하려는 이상적인 인간상을 구체적으로 묘사하는 것이 수월하기 때문이다. 또한 교육공동체 구성원들 간에 교육목적에 대한 이해를 공유하는 것도 쉽다. 교육목적으로서 '교육받은 사람'의 모습을 한 사람, 혹은 소수의 그룹에서 고안하여 만들 수 있다. 그렇게 만들어진 교육목적은 '선언적'인 의미를 가지지만 교육현장에서 실질적인 효과를 발휘하지 못할 가능성이 높다. 많은 학교의 교육목적들이 유명무실하게 그저 장식품처럼 존재하는 것은 교육공동체 구성원 전체가 공유하는 교육목적에 대한 공통의 이해가 없기 때문이다. 교육목적이 일상의 교육현실에서 유효한 것이 되려면 학교 내 구성원 모두가 교육목적에 대한 공통의 이해를 가져야 한다. 그런 이해는 공동체 구성원 전체가 참여하는 토론과 숙고의 과정을 통해 확보될 수 있다. 학교의 구성원 전체가 모여 학교의 모든 교육과정을 성실히 이수하고 졸업할 때 보기를 원하는 학생의 이상적인 모습을 도출하는 것은 교육의 목적을 수립하는 과정일 뿐만 아니라 학교의 정체성을 세워가는 과정이기도 하다. 이런 공동의 사고 과정에 참여한 구성원들은 교육목적을 내면화하여 일상의 교육활동에서 일관된 방향성을 유지하고 선택의 순간에 기준점으로 삼을 가능성이 크다. 교사들이 교육목적에 대한 이해를 공유하고 있다면 학생들은 여러 교사들의 다양한 교육활동에서 공통된 지향점과 동일한 강조점, 일관성을 느낄 수 있을 것이다.

교육목적에 대한 공통의 이해를 가져야 할 대상 중에는 교육받는 학생들도 포함된다. 학생의 연령이 높아질수록 자신이 받는 교육의 궁극적 목적을 이해하는 것이 중요해진다. 구체적으로 표현된 '교육받은 사람'의 모습은 학생들에게 학교의 교사와 가정의 부모가 자신에 대해 어떤 기대를 가지고 있는지 알 수 있게 한다. 학교가 표방하는 교육목적과 실제 교육활동이 일치한다고 여기면 학생들은 그런 목적에 도달하기 위해 스스로 노력한다. 학생들이 학교가 추구하는 '교육받은 사람'의 모습에 공감하며 교사와 학생이 교육목적에 대해 같은 이해를 가진다면 더 큰 교육의 성과를 기대할 수 있다.

라. 성경적 세계관에 근거한 교육목적

기독교 대안학교의 교육목적은 기독교 세계관에 근거해야 한다. 이를 위해 교육자는 성경에서 계시된 인류를 향한 하나님의 뜻을 찾고 그것을 교육적으로 해석하여 교육목적으로 개념화해야 한다. 개혁주의 기독교 교육학자들은 성경에 근거한 교육목적을 학문적으로 정립하기 위해 노력하여 왔으며 그것을 '교육받은 사람'의 모습으로 표현하여 왔다. 그 중에서 대표적인 것 두 가지를 간략하게 살펴본다.

(1) 책임 있고 응답하는 예수 그리스도의 제자

(a responsible and responsive disciples of Jesus Christ)

'책임 있고 응답하는 예수 그리스도의 제자'는 개혁주의 기독교 교육학자들이 개념화한 대표적인 교육목적이다. 이 교육목적은 성경의 '문화명령'(창 1:28)과 '대위임령'(마 28:18-20)에 근거한다. 교육은 하나님께서 최초의 인류 아담과 하와에게 "생육하고 번성하여 땅에 충만하라"고 말씀하신 명령을 따라 하나님의 창조세계를 다스리기 위하여 준비하는 것이라고 할 수 있다. 또한 그리스도인의 궁극적인 인생 목적은 예수님께서 승천하실 때 제자들에게 명하신 대로 예수 그리스도의 제자가 되어 모든 민족을 제자로 삼는 것이다. 이 두 명령은 그리스도인의 삶 전체를 통해 추구해야 할 궁극적인 인생 목적을 제시한다. 그리스도인은 '하나님의 형상'으로서 이 땅을 다스리는 과업을 실천해야 하며, 죄에서 구원 받은 그리스도의 제자로서 하나님의 통치(그리스도의 주되심)을 구현하기 위하여 모든 민족(마 28:19)과 모든 창조세계(막 16:15)에 하나님 나라의 복음을 전파하여야 한다.

　　제자는 지도자를 따르는 사람으로서 지도자의 비전을 이해하고 그것을 삶에 적용하는 사람이다. 그리스도의 제자가 된다는 것은 그리스도를 따르며, 그분이 가지셨던 하나님 나라의 비전을 이해하고, 그것을 실현하기 위해 살아가는 것을 의미한다. 성경의 '문화명령'과 '대위임령'은 하나님께서 우리를 '창조세계의 문화적 개현(開顯)'과 복음의 핵심 메시지인 '하나님 나라의 건설'을 위한 일꾼으로 부르신다는 것을 의미한다. "책임 있는 제자"는 그 부르심에 "유능하게 응답할 수 있는" 사람이다. "책임 있는"(responsible)이란 말 속에는 "응답할 수 있는"(response + able)이란 의미가 담겨 있다. 따라서 교육은 학생들을 하나님의 부르심에 유능하게 응답할 수 있는 제자가 되도록 구비시켜 주는 것을 목적으로 한다. "책임 있는 제자"라는 표현은 하나님으로부터 명령/과업을 받은 인간을 잘 드러내 보여준다.

　　교육목적으로서 "책임 있는 제자"라는 표현은 2000년대에 들어와서 "응답하는 제자"로 바뀐다. 이것은 1980년대 이후 개혁주의 신학자들이 '문화명령'을 새롭게 해석함에 따라, 그 해석의 변화를 반영한 것이다. 1980년대와 90년대 개혁주의 신학자들은 "생육하고 번성하여 땅에 충만하라, 땅을 정복하라, … 모든 생물을 다스리라"는 '문화명령'이 '명령' 이전에 '복'이라는 점을 인식하게 되었다. 하나님께서는 "그들에게 복을 주시며" 그 명령을 내리셨다(창 1:28, 시 8). '문화명령' 자체가 '복'인 것이다. '문화명령'을 '복'으로 해석하면 우리 인간은 하나님께 받은 명령(과업)을 이루어야 할 '책임을 진 존재'일 뿐 아니라, 그분이 주시는 복에 대해 감사함으로 '응답하는 존재'가 된다. 이 두 표현은 하나님과의 관계에 있어서도 강조점을 달리한다. '책임 있는 제자'는 하나님과의 관계에 있어서 그분의 나라를 유업을 받을 자격을 가진 그리스도인의 신분을 충분히 드러내지 못한다. 그러나 '응답하는 제자'란 표현은 하나님과 친밀하고 인격적인 관계를 더 잘 드러내고 있다. 이 새로운 표현은 그분의 부르심과 우리의 응답이 일회적이지 않고, 상시적이고 지속적으로 이어지는 가운데 그분의 과업을 이루어가는 제자의 모습을 보여준다(Spykman, 2002:212, Van Brummelen, 2014:20-35).

(2) 샬롬의 대리인(an agent of Shalom)

성경에는 하나님께서 인간과 창조세계에게 궁극적으로 바라시는 것이 무엇인지에 대한 비전이 계시되어 있다. 그것은 '샬롬'(shalom)이라는 비전으로, 구약의 시가서와 예언서에서 처음 나타난 비전이며, 신약에서도 '에이레네'(eirene), '평화'라는 이름으로 도드라지게 드러나는 비전이다. '샬롬'이란 단지 개인이나 국가 간에 적의가 없고 분쟁이 없는 상태를 의미하지 않는다. 그것은 관계 속에서 누리는 행복과 기쁨이다. 인간은 하나님, 동료 인간, 창조세계, 개인 자신과의 관계 속에서 살아가는 '관계적' 존재이다. 하나님께서는 인간으로 하여금 이 관계들을 통해서 풍성한 복락을 누리도록 하셨다. 인간의 범죄로 인한 타락은 이 샬롬의 관계가 훼손된 것이고, 예수 그리스도를 통한 구원은 손상되고 파괴된 샬롬을 회복하는 것이다. 구원은 단지 인간의 영혼이 이 세상을 떠나 '천국'으로 가는 것이 아니다. 성경의 구원은 창조세계에 스며든 타락으로 인한 모든 결손과 왜곡들이 제거되고 만물이 다시 원래의 선한 상태로 회복되는 것을 의미한다. 그 회복은 관계의 회복이기도 하다. 따라서 샬롬은 구원이 완성된 상태, 즉 하나님 나라의 모습을 다르게 표현한 것이다 (Wolterstorff, 2007:143-150).

    샬롬이 이루어지기 위해서는 먼저 '정의'가 실현되어야 한다. 정의 없이는 어떠한 샬롬도 있을 수 없으며, 정의는 샬롬의 기반이 된다. 샬롬은 단지 정의로울 뿐 아니라 기쁨과 복락을 누리는 상태이다. 그리스도인은 우리가 살고 있는 이 땅에 샬롬을 이루기 위해 하나님의 부르심을 입은 사람이다. 샬롬의 비전을 가진 그리스도인은 이 땅에서 샬롬이 없는 상태를 보며 애통해하며, 이 땅에서 샬롬이 실현되는 것을 보면서 기뻐한다. 샬롬의 비전은 그리스도인에게 '해방'(release)과 '개현'(release)이라는 두 가지 과업을 부여한다. 한편으로 그리스도인은 포로 된 자의 해방(release)을 위해 기도하고 노력한다. 즉 인간의 죄로 인한 타락의 결과로 이 땅에 만연한 고통과 상처를 치유하는 해방자로서 역할을 수행한다. 다른 한편으로 그리스도인은 하나님의 창조세계가 가진 풍성한 잠재 가능성을 개현(release)하기 위해 기도하고 노력해야 한다.

    하나님의 창조세계는 타락 이후에도 여전히 그분의 섭리 가운데 있으며 선하다. 그리스도인은 하나님께서 창조세계 안에 두신 '창조의 법'을 발견하고 그 법에 의거하여 잠재된 발전 가능성을 실현하는 역할을 수행해야 한다. 니콜라스 월터스토프는 기독교 학교를 "샬롬의 매력이 방향을 설정하고 힘을 공급하는 학교"라고 규정한다. 또한 기독교 교육자들이 추구해야 할 교육목적은 "학생들이 샬롬의 대리자, 축하자, 청원자, 애도자가 되도록" 가르치는 것이라고 말한다(Wolterstorff, 2014:77).

월터스토프는 샬롬의 번역어로 '평화' 보다는 '번영'(flourishing) 혹은 '인간의 번영'(human flourishing)이 더 낫다고 주장한다(Wolterstorff, 2014:587). 성경, 특히 선지서에는 샬롬의 의미를 가진 또 다른 말로서 '번영'이라는 말이 자주 쓰인다. 그는 '인간의 번영'이 샬롬의 성경적 의미와 하나님의 비전을 가장 잘 드러낸다고 본다. 샬롬은 모든 차원에서 인간이 번영하는 것이다. 그리고 이것은 "번성하여 땅에 충만하라"라는 명령에 담긴 인류를 향한 하나님의 뜻이기도 하다. '번영'이란 말은 원래 식물학 용어로 '만개'(滿開)의 의미를 가지고 있다. '만개'는 꽃이 활짝 피어 알찬 열매를 맺는 것을 의미한다. 샬롬을 '만개'의 의미로 한 개인의 성장에 적용하면, 번영이란 한 인간이 하나님으로부터 받은 모든 가능성을 완전히 실현한 상태라고 볼 수 있다. 복음서의 예수님의 성장 모습을 기록한 부분은 '만개'의 좋은 예시이다(눅 2:52). 하나님이 주신 능력과 소질을 만개하는 것은 쉽지 않다. 일부 사람들은 만개에 가까운 삶을 살지라도 대부분의 사람은 자신이 가진 가능성 중에 극히 일부를 실현하고 삶을 마감한다. 이런 의미에서 볼 때 샬롬의 비전은 한 사람의 평생에 걸쳐 이루어야 할 성장의 과업을 보여준다고 할 수 있다(신득렬, 2016:148-152).

학교의 교육목적은 인생의 궁극적인 가치와 맞닿아 있기에 일상적인 교육현장에서 회자되는 일은 거의 없다. 교육목적이 거론되는 상황은 비정상적인 상황, 즉 교육현장에서 심각한 문제가 발생했을 때이다. 학교가 당면하는 중대한 문제를 두고 내리는 의사결정에서 교육목적이 중요한 판단 기준이

[그림 VI-1] 교육목적 및 교육목표 예시: 별무리학교의 교육이념

될 때 그 목적은 실실적인 힘을 가지게 된다. 현장의 문제를 교육목적에 대한 반성과 해석을 통해 해결하는 사례들이 축적되면 그 학교의 고유한 정체성을 드러내는 역사적 내러티브가 만들어진다. 이것은 학교의 전통이 되어서 학교의 건전한 교육적 분위기(교풍)를 만들어내고, 교육의 성과를 더욱 촉진한다. 그런 전통과 교풍을 가진 학교를 졸업한 학생들은 모교에 대한 자부심과 애정을 오래 유지한다. 학교를 졸업한 학생들이 자신의 모교를 자랑스러워하고 학창시절 배웠던 것을 즐겁게 추억한다면 학교의 교육목적이 졸업생들의 삶에 계속 영향력을 미친다고 볼 수 있다. 그러므로 교육목적을 수립하고 그것에 대한 의미를 부여하는 작업을 그저 형식적으로 거쳐야 할 과정으로 여겨서는 안 된다. 교육의 성패를 좌우할 본질적인 과업으로 여기고 신중하고 진지

한 자세로 수행해야 할 일이다.

2. 교육과정

교육과정에 관한 논의는 먼저 교육과정의 개념을 살펴본 후에 기독교적 교육과정의 필요성에 대해 논의한다. 그리고 기독교적 교육과정 개발을 위한 모델들 중에 주목할 만한 최근의 한 가지 방안을 간략히 살펴본다.

가. 교육과정의 개념

'교육과정'(curriculum)이란 말은 경주마가 달릴 주로(走路)를 뜻하는 라틴어 동사 'currere'에서 유래되었다. '주로', 즉 '달려야 할 코스'라는 말에는 열심히 달려야 할 뿐만 아니라 정해진 코스를 벗어나지 않아야 한다는 의미가 들어있다. 또한 최선을 다해 달린 선수에게 칭찬과 영광이 주어진다는 의미도 담겨 있다. 교육과정이란 학생이 일정한 목표를 향해 달리는 경로, 즉 일정한 순서로 배열된 학습의 코스이다. 교육현장에서 교육과정은 통상적으로 교육목표, 내용, 방법, 운영 방안, 평가에 관한 종합적인 계획을 담은 문서를 말한다. 이것은 교사의 입장에서 만들어진 계획으로 학교 교육현장에서 실천될 때 학생이 경험하는 것은 그 계획과 다르다. 학생의 입장에서 경험된 교육과정은 교사가 수립한 교육과정과 같지 않다. 가르칠 계획으로써 교육과정의 성공 여부는 학생의 편에서 일어나는 '학습'이 결정한다. 이런 생각이 점차 우세해져 최근에는 교육과정의 정의도 학생의 학습 경험을 중심으로 진술되고 있다. 반 브루멜른은 교육과정을 "역동적이고, 지속적으로 변하는 일련의 계획된 학습 활동"으로 정의한다(Van Brummelen, 2014:108).

교사의 입장에서 교육과정의 핵심 질문은 '무엇을 가르칠 것인가'이다. 교육과정이란 말은 다양한 의미로 사용하는데 좁게는 학교에서 다루는 지식 내용에 해당하지만 넓게는 교육활동 전반에 걸쳐 일어나는 모든 일을 포함한다. 교육과정의 방향과 내용은 학교에서 가르칠 지식을 어떻게 이해하는지에 따라 달라진다. 지식을 인류가 역사를 통해 축적해 온 경험으로 보는가, 사회 구성원으로 기능하는 데 필요한 능력으로 보는가, 학생들의 흥미에 기초한 실제 삶과 연결된 경험으로 보는가에 따라 교육과정의 내용이 달라진다. 대안학교의 교육과정도 지식에 대한 특정한 견해에 근거해 있다. 교육과정의 논의에는 언제나 지식에 대한 관점이 먼저 거론된다. 기독교 대안학교에서도 기독교적 세계관이 잘 반영된 교육과정을 구성하기 위해서는 성경적 지식관에 대한 일정한 이해가 있어야 한다.

교육과정은 그것을 만들고 운영하는 주체에 따라 '국가 교육과정', '지역 교육과정', '학교 교육과정', '교사 교육과정'으로 나눌 수 있다. 국가 교육과정으로부터 교사 교육과정에 이르기까지 적용 범위는 좁아지고, 그 내용은 점점 더 구체적이 된다. 국가 교육과정은 학교 교육과정의 수립과 운영을 위한 최소한의 틀, 즉 학교에서 가르치고 배워야 할 것의 원리와 개요를 담고 있다. 기독교 대안학교에서 중요한 것은 국가 교육과정에서 정하는 기준과 내용을 참조하되 그 속에 담긴 우상숭배적인 종교적 방향성을 잘 분별하고 대안적 교육과정을 수립하는 것이다. 학교 교육과정은 기독교 대안학교의 정체성을 결정하고 독특성을 유지하기 위해 가장 중요한 요소라 할 수 있다.

나. 기독교적 교육과정의 필요성

　　화란의 개혁주의 그리스도인들은 모든 학문이나 지식이 특정한 종교적 신념과 세계관적 전제를 가지고 있다는 점을 발견하였다. 그들은 이것을 '세계관'이라는 개념을 통해 이론적으로 규명해내었다. 학문과 지식이 종교적으로 중립적이지 않다면 교육도 중립적일 수 없다. 기독교 세계관은 필연적으로 기독교적 신앙과 세계관에 합치된 교육을 위한 기독교 학교의 필요성을 부각시킨다. 기독교 신앙에 합치된 지식을 가르치기 위해서 기독교 학교는 무엇보다 기독교적 교육과정을 가지고 있어야 한다.

　　그리스도인 교육학자들은 기독교 세계관에 근거한 교육과정을 만들기 위한 방법, 즉 교육과정 개발 이론과 모델들을 연구하고 제안하였다. 그중에서 한국에 소개된 대표적인 것들로는 해로 반 브루멜른(Harro van Brummelen), 리처드 헤이(Richard Hay), 크리스천 오버만과 돈 존슨(Christian Overman & Don Johnson)의 교육과정 개발 모델이다. 2000년대 초에 기독교 대안학교 교사들과 일반 공립학교의 기독교사들 사이에서 이들의 이론과 모델을 연구하고 교육현장에 적용해 보려는 진지한 시도들이 있었다. 그러나 그들이 가진 열정과 들인 노력에 비해 성과는 미미했다. 그런 결과를 얻게 된 것은 먼저, 소개된 교육과정 이론과 개발 모델이 가진 한계 때문이다. 서양의 교육과정 개발 모델은 특수한 상황에서 이루어진 실험적인 시도였고 성공의 사례도 한정적이었다. 그 중에는 교육학적 근거도 부족하고 기독교 세계관에 대한 이해도 부족한 것도 있었다. 또 다른 이유로는 당시 이런 모델을 연구하고 적용하려는 교사들이 교육학적 지식이나 경험이 거의 없는 신참 교사이거나 저경력 교사들이었다는 점이다. 교육과정 개발과 운영은 현장 교육경험이 풍부한 교사들이 오랜 시간 숙고하고 시행착오를 통해 얻게 되는 역량이 필수적이다. 기독교 대안학교가 막 생겨나고 있던 시기에 기독교적 교육과정에 대한 현장의 요구와 필요는 절실했으나 그것에 부응할 수 있는 역량을 갖춘 교사나 개발 모델은 없었다. 이런 시도가 좌절당한 후에 거의 대부분의 기독교 대안학교는 기독교적 교육과정을 개발하는 일을 포기하였다. 대신에 일반 학교에서 사용하는 국정 교과서나 검인정 교과서를 사용하거나 미국 등 외국에서 개발된 기독교 학교 교재 혹은 홈스쿨링 교재를 도입하여 사용하고 있다. 그러나 이런 상황이 지속되어서는 안 된다. 기독교 대안학교의 정체성은 궁극적으로 교육과정을 통해 확보해야 하기 때문이다.

다. 기독교적 교육과정 개발을 위한 방안

2010년대 후반에 들어서 북미와 호주에서는 새로운 교육과정 개발 모델이 만들어져 많은 기독교 학교들이 채택하여 사용하고 있다. 북미에서는 "Teaching for Transformation"(TfT)이란 프로그램이 개발되었고, 호주에서는 "Transformation by Design"(TbD)라는 교육과정 개발 모델이 대표적이다. 이것들은 기독교 세계관에 충실할 뿐만 아니라 검증된 교육학적 이론에 근거하고 있다는 점에서 이전에 한국에 소개되었던 것보다 더 신뢰할 만하다. 특이하게도 이 두 모델은 모두 개혁주의 기독교 교육학자인 반 브루멜른의 이론을 기반으로 하고 있다. 따라서 이 둘에게서 개혁주의 기독교 세계관에 대한 동일한 이해를 확인할 수 있으며 모델 간에 유사점도 많이 발견된다. 여기서는 해로 반 브루멜른의 교육과정 개발 이론에서 중요한 내용을 개관하고, 호주의 "Transformation by Design"의 전체 내용을 간략히 살펴보기로 한다.

(1) 해로 반 브루멜른의 교육과정 개발 모델

반 브루멜른은 기독교적 삶의 비전, 즉 기독교 세계관을 반영하는 교육과정을 구현하는 것은 단원 교육과정이 가장 적합하다고 말한다. 단원이란 수업에서 특정 주제에 초점을 맞춘 학습 단위를 의미하며, 특정 교과목 영역 내에서 하나의 주제에 초점을 맞출 때가 많다. 단원은 내적 통일성을 갖추어야 한다는 의미에서 통합적이어야 한다. 단원의 모든 내용은 명확한 주제와 초점을 지향해야 하며, 단원에 나오는 여러 가지 개념은 고립적이고 단편적인 형태로 다뤄서는 안 된다. 내적 통일성을 갖추지 않고 서로 결합되지 않는 단편적 활동들로 이루어진 단원은 흥미로울 수는 있겠지만 그것으로 의미 있는 성장과 삶의 변화를 이룰 수 없다. 단원은 학생들이 세계와 인생의 '전체 그림'을 보고 총체적인 삶을 경험하도록 통합되어야 한다. 또한 삶의 실제 상황은 여러 가지 양상이 함께 나타나기 때문에 단원의 주제에 따른 개념과 현실 영역 사이에 의미 있고 자연스러운 관계가 형성되어야 한다(Van Brummelen, 2014:127).

<표 VI-1> Van Brummelen의 기독교적 교육과정 개발 모델

단원 계획
1. 주제의 의미와 관련성을 고려한다. · 주제를 선택할 때, 주제가 학생들에게 중요하고 의미 있는 학습으로 이어질지를 고려한다. · 주제가 학생의 삶에 적용될 때 성경적 세계관과 가치에 대한 이해를 발전시킬 수 있는지, 학생들에게 적합하고 타당한지 검토한다.
2. 아이디어를 브레인스토밍한다. · 다음과 같은 질문을 던진다. 학생들이 공부하려는 분야에 대한 하나님의 의도나 목적, 역할은 무엇인가? 인간의 죄 때문에 무엇이 잘못되었나? 하나님은 우리가 어떻게 반응하기를 원하시는가? 어떻게 하면 인간의 노력을 통해 회복될 수 있는가? · 단원의 핵심 내용, 강조할 핵심 가치, 학습 활동, 평가 방법 등에 관한 아이디어를 생각한다.

3. 단원 주제와 핵심 내용을 문서로 작성한다.
· 2단계의 브레인스토밍 결과에 기초하여 단원의 '기본 개념'과 주요 내용을 결정한다. 이것을 이용하여 단원 개관을 작성하되, 주요 내용, 핵심 개념과 기능, 주요 가치, 성품, 신념을 포함시킨다. 핵심 내용이 학교의 비전과 목적을 반영하고 성경적 세계관을 지지하며 학생들이 책임 있고 응답하는 제자가 되도록 돕는지 질문한다.

4. 의도하는 학습 목표를 작성한다.
· 의도하는 학습 목표를 구체적으로 진술한다. 사실적 지식, 방법적 지식, 가치적 지식, 관계적 지식 간에 적절한 균형을 맞춘다.

5. 학습 활동을 설계하고 선택하며, 균형을 잡고, 계열을 맞춘다.
· 각 활동을 하나 이상의 학습 목표 및 학생 평가 방법에 연결한다.
· 여러 활동들이 하나의 전체로서 단원이 의도한 목적에 부합하는지, 균형이 잘 이루어 있는지, 학생들의 다양한 학습유형과 필요를 충족시키는지 질문한다.

6. 학생 평가 계획을 세운다.
· 각 학습 목표에 따른 적절하고 다양한 평가 방법을 개발한다.

7. 학습자들을 고려한다.
· 주제와 단원의 핵심 내용과 관련해 학습자가 무엇을 알고 있는지, 무엇을 알아야 하는지, 무엇을 알기 원하는지 파악한다.
· 교실 배치, 학생들의 특성을 파악하고 그에 따라 단원을 조정한다.

8. 국가 교육과정 기준을 충족한다.
· 국가의 요구 사항을 만족시키도록 단원을 조정한다.

9. 시간표를 계획한다.
· 주간 수업 시간표나 수업 지도안을 만든다.

10. 교육과정 자료를 선정한다.
· 교사가 사용하려는 자료는 학습 목표에 기여해야 한다. 다음과 같은 질문을 던진다. 해당 자료는 무슨 주제를 중요하게 고려하는가? 중요한 쟁점을 공정하게 다루는가? 자료의 가치, 우선순위, 목적이 자신의 필요에 부합하는가?

11. 단원의 효과성을 검토한다.
· 단원을 가르치는 동안과 끝낸 후에 효과를 검토한다. 잘된 점, 효과적이었던 점, 개선할 점들을 정리하여 다음 단원 계획에 활용한다.

*자료출처 : Van Brummelen, 2014:128-130

그는 교사들이 단원을 계획할 때 거쳐야 할 과정을 11가지 단계로 제시한다. 이 절차는 호주와 북미의 새로운 단원 교육과정 개발 모델(TfT와 TbD)에서 수용되고 있다. 그 전체 내용을 정리하면 아래의 표와 같다. 표에서 나오는 1단계에서 4단계는 순차적이나, 단원을 개발하는 과정에서 각 단계의 내용은 수정되거나 조정될 수 있다. 단계들은 논리적 순서를 나타내지만 실제 단원을 만드는 과정에서는 다양한 순서로 수행될 수 있다.

(2) 호주 기독교 교육연구소(NICE)의 교육과정 개발 모델

호주 기독교 교육연구소(National Institute for Christian Education, 이하 NICE)는 자신들이 새롭게 고안한 기독교 교육과정 개발 모델을 "빅 픽처 모델"(Big Picture Model)이라고 명명하였다. 이것은 '이해중심 교육과정'(Understanding by Design, 이하 UbD) 이론을 근거로 삼고 있으며 기독교 세계관에 기반한 데이비드 스미스의 교수법과 해로 반 브루멜른의 교육과정 설계와 관련한 주요한 아이디어를 그대로 수용하고 있다. UbD 모델이 실생활의 문제를 해결하도록 전이력이 높은 지식을 습득하려는데 강조점이 있다면, 빅 픽처 모델은 예수 그리스도의 제자로서 학생들이 세상을 변혁할 수 있는 자질과 역량을 내면화하려는 데 강조점이 있다.

UbD 모델은 위긴스(Wiggins)와 맥타이(McTighe)가 1990년대 말에 발표한 교육과정 설계 모델이다. 현장 교사들 대부분이 목표나 기준으로부터 가르칠 단원이나 활동을 계획하지 않고 주어진 교과서의 단원이나 활동을 가지고 바로 수업에 임하는 현실에 대한 대안과 처방을 담고 있다. UbD 모델은 교사들이 바라는 결과와 목표를 결정할 때 지식의 단순한 암기가 아닌 '영속적 이해'(enduring understanding)를 이끌 수 있는 교육내용을 선정하도록 촉구한다. '영속적 이해'란 한 단원의 학습이 끝났을 때 아주 상세한 것은 잊어버린 후에도 머릿속에 남아 있는 큰 개념(big idea)으로서, 배울 가치가 있는 아이디어, 주제, 과정을 의미한다. 이해중심 교육과정 모델은 세 가지 주요한 과정으로 구성되어 있다. 1단계는 그 단원에서 바라는 결과를 확인한다. 2단계는 바라는 결과를 달성했는지를 판단할 수 있는 수용 가능한 증거를 결정한다. 3단계는 그에 맞춰서 학습 경험과 수업을 계획한다. 이 UbD 모델을 효과적으로 사용하면 교사들이 바라는 결과를 교육과정의 모든 영역에서 분명히 드러낼 수 있게 해준다(NICE, 2023:32-35).

　　호주 기독교 교육연구소(NICE)는 2017년, Transformation by Design(『변혁을 위한 교육과정』 템북)이란 제목의 단행본을 통해 "빅 픽처 모델"을 공개하였다. '빅 픽처'란 성경에 근거한 세계와 인생에 대한 전체적인 전망, 즉 성경적 세계관을 다르게 표현한 말이다. '빅 픽처 모델'은 기독교 세계관이 교육의 전반적인 과업과 목적을 설정하고 전체 교육과정의 틀을 형성하도록 의도하고 있다. 이 모델은 기독교 세계관을 5개의 핵심 개념으로 요약하는데 그 첫 글자들을 따서 **"TRACK"**이라 부른다. 그 각각은 다음과 같다.

　　Transforming vision(변혁적 비전)

　　Responsive discipleship(응답하는 제자도)

　　All things in Christ(그리스도 안에 있는 모든 만물)

　　Crafted teaching(숙련된 가르침)

　　Kingdom building(하나님 나라 세우기)

　　빅 픽처 모델은 단원 개발을 위한 도구로써 7개의 구성요소로 이루어져 있다. 그것들을 간략하게 정리하면 다음과 같다.

　　① 중심 주제(Main Idea): 단원의 전체 내용을 하나로 묶을 수 있는 중

심 주제로 한 문장으로 표현된다.

② 성경적 관점(Biblical Perspective): 중심 주제에 대한 기독교 세계관에 근거하여 해석한다. 주로 '창조-타락-구속-갱신'의 틀로 이루어진다.

③ 제자도 반응(Threads): 단원의 학습을 통해 학생들로부터 이끌어내고자 하는 행동 반응이다. 이것은 단원 교육과정 전체를 통일성 있는 하나의 체계로 만드는 핵심 요소이다.

④ 영속적 이해(Enduring Understandings): 한 단원의 학습을 통해 확실히 이해하기를 바라는 지식 내용으로서 향후 다른 학습에 적용하고 전이될 수 있는 지식이다.

⑤ 본질적 질문(Essential Questions): 단원 전체를 학습하는 중에 학생이 마음에 두고 탐색해야 할 질문으로 '영속적 이해'와 '중심 주제'에 집중하여 더 깊이 사고하도록 자극한다.

⑥ 지식과 기능(Knowledge & Skills): '제자도 반응'과 '영속적 이해'를 위해 배워야 할 기초적인 지식과 기능이다.

⑦ 국가 교육과정(Prescribed Curriculum): 국가 교육과정은 빅 픽처 모델을 통해 개발되는 단원의 내용이 균형 잡혀 있는지를 검토할 수 있는 참조점이 된다.

이 7가지 구성 요소들이 전체로 모이면 하나의 단원을 설계할 수 있는 교육과정 틀이 된다. 빅 픽처 모델은 7가지 구성 요소들을 유기적으로 조합하여 단원 구성의 틀이 될 수 있도록 하나의 템플릿(template)으로 제시하고 있다.

1. 중심 주제 중심 주제를 요약하라.	
2. 성경적 관점 성경 이야기와 단원 간의 연연관성을 명확히 설명하라.	
3. 제자도 반응 적절한 제자도 반응을 선택하라	
4. 영속적 이해 영속적 이해와 오해를 식별하라	**5. 본질적 질문** 본질적 질문을 작성하라
6A. 지식 관련 핵심 지식과 기능을 기록하라	**6B. 기능**
7. 국가 교육과정 관련된 내용 주제와 색인어를 나열하라	

[그림 VI-2] 빅 픽처 템플릿

*자료출처 : NICE, 2023:30

    빅 픽처 모델의 핵심적인 요소이자 많은 사람들의 이목을 끄는 점은 바로 '제자도 반응'이다. 이것은 학생들을 '예수 그리스도의 응답하는 제자'로 성장시키려는 교육 목적을 염두에 둔 것이다. '제자도 반응'은 단원 학습의 최종적인 결과로 기대하는 학생의 행동 반응을 표현한 것으로 이것을 통해 단원 전체의 내용을 하나의 통일된 체계로 만들고자 한다. 이 요소가 빅 픽처 모델의 다른 모든 구성 요소를 하나로 묶어내는 실(thread)과 같은 핵심적인 역할을 한다. 빅 픽처 모델은 23가지 '제자도 반응'을 제시하고 있다.

<표 VI-2> 제자도 반응

1. 하나님 사랑하기 LOVING GOD	하나님의 사랑에 대한 보답으로 하나님을 사랑하고 이웃을 자기 몸과 같이 사랑한다.
2. 공동체 세우기 BUILDING COMMUNITY	공동체가 세워질 때 적극적으로 기여하고 다른 사람들을 격려한다.
3. 세상 돌보기 CARETAKING EARTH	모든 창조세계를 주의 깊게 관리하라는 하나님의 부르심에 적극적으로 반응한다.
4. 삶을 즐거워하기 CELEBRATING LIFE	인생에서 하나님이 공급해주시는 모든 것을 받아들이고 모두가 다 같이 번성하는 방식으로 살아간다.
5. 왜곡에 맞서기 CHALLENGING DISTORTIONS	죄로 인해 오염된 영역들을 식별하고 비판하며 하나님의 목적을 분별한다.
6. 패턴 발견하기 DISCOVERING PATTERNS	하나님의 패턴과 설계를 탐구하고 발견하여 그것을 즐거워하며, 모든 사람의 유익을 위해 사용한다.
7. 다양성 포용하기 EMBRACING DIVERSITY	모두의 발전을 위해 주어진 문화와 사람들 사이에 내재된 차이를 존중하고 즐거워한다.
8. 언어로 표현하기 EXPRESSING WORDS	말을 사용하여 일을 이루고, 선택하며, 삶을 표현한다.
9. 지혜 구하기 GETTING WISDOM	하나님의 통찰을 추구하기 위해 이해와 지식을 넘어서 더 깊이 들어갈 수 있다.
10. 혁신 상상하기 IMAGINING INNOVATIONS	선한 목적을 위해서 혁신하고 갱신하며, 그렇게 함으로써 주인된 설계자(master designer)를 찬양한다.
11. 겸손 본받기 IMITATING HUMILITY	하나님의 은혜를 감사히 받고 그 분을 겸손히 섬김으로써 응답한다.
12. 좌절 극복하기 OVERCOMING SETBACKS	성령의 권능으로 좌절을 이겨내고 소망과 믿음으로 살아간다.
13. 창조세계 숙고하기 PONDERING CREATION	창조주와 그분의 손으로 만든 작품을 묵상하고 기쁨과 찬양으로 응답한다.
14. 환대 실천하기 PRACTISING HOSPITALITY	타자(他者)를 환영하고 수용하며, 그들을 공동체 안으로 포용하기 위해 자신의 은사를 사용한다.
15. 평화 추구하기 PURSUING PEACE	깨어진 영역과 사람들에게 치유와 회복을 가져다준다.
16. 창조성 반영하기 REFLECTING CREATIVITY	표현력이 풍부하고 영감 있는 사물과 사상을 만들어낼 때 창조주를 반영함으로써 하나님을 찬양한다.
17. 놀이 즐기기 RELISHING PLAY	하나님이 공급하시고 그리스도가 회복하신 것에 반응할 때 기쁨이 충만한 놀이의 태도를 가진다.

18. 정의 추구하기 SEEKING JUSTICE	불의를 식별하고 반응함으로써, 변화의 대리인들로서 행동한다.
19. 문화 형성하기 SHAPING CULTURE	자신의 문화적 환경을 이해하고, 그것이 가진 오류와 장점을 분별하며, 하나님 나라를 위해 그 문화를 변화시키고 형성하고자 한다.
20. 자비 베풀기 SHOWING MERCY	다른 사람에게 자비를 베풂으로써 하나님의 자비에 응답한다.
21. 생각 변혁하기 TRANSFORMING THINKING	모든 생각을 사로잡아 그리스도께 복종시키고 마음을 새롭게 함으로써 그들의 사상을 변혁한다.
22. 소명 이해하기 UNDERSTANDING VOCATION	하나님이 섬기라고 부르시는 직업적 소명을 발견한다.
23. 은사 계발하기 UNWRAPPING GIFTS	자신들의 재능을 계발하여 활용함으로써 자신과 다른 사람들의 삶을 풍요롭게 한다.
다른 것들 (OTHERS)	(교사들은 또 다른 제자도의 반응들을 조사하고 자신만의 제자도 반응을 새롭게 만들 수 있다.)

*자료출처 : NICE, 2023:74-75

위의 23가지 '제자도 반응'은 고정 불변의 항목이 아니라 그리스도인이 처한 시대적 상황에 따라 바뀔 수 있고 추가와 삭제가 가능하다. 이 제자도 반응은 단원 교육과정과 그것에 의거한 교수·학습 활동이 "예수 그리스도의 응답하는 제자"라는 기독교적 교육 목적을 지향하도록 만들어 주는 손쉬운 방안이다. 이것은 다른 기독교적 교육과정 개발 모델과 구별되는 '빅 픽처 모델'의 특이점이자 장점이라 할 수 있겠다.

앞에서 언급한 것같이 교육은 "계획적이고 의도적인 인간 형성 활동"이다. 교육활동이 "계획적"이기 위해서는 세 가지 조건을 충족해야 한다. 즉 ① 인간 형성에 대한 명확한 의도(교육목적), ② 인간 형성을 가능하게 하는 이론(교육이론), ③ 그 이론에 근거한 구체적인 프로그램(교육과정)이다(이홍우, 2011:58-59). 어떤 활동이 "교육적" 활동이 되려면 반드시 이론에 근거한 교육과정이 필요하다. 기독교 대안학교가 실천하는 교육도 기독교적 독특성을 특별 프로그램들뿐만 아니라 교실의 일상적인 수업을 통해서도 확보해야 한다. 그렇게 하려면 모종의 이론에 근거한 기독교적 교육과정은 필수적이다. '빅 픽처 모델'은 교육과정 설계를 위한 주요 개념과 논리를 1990년대 이후 지금까지 영향력을 발휘하고 있는 위긴스와 맥타이의 '이해중심 교육과정' 이론에서 빌려 온다. 그리고 기독교 세계관을 가장 선명하게 드러내는 반 브루멜른의 교육과정 이론과 데이비드 스미스의 교수법 이론을 기반으로 하고 있다. 이 이론들을 잘 조화시켜서 현장 교사들이 손쉽게 사용할 수 있는 새로운 교육과정 개발 템플릿을 제안한다. 이 모델은 교육과정 개발 이론과 기독교적 관점 모두 신뢰할 만한 근거를 가지고 있다는 점에서 주목하고 탐구해볼 가치가 있다.

3. 나가는 말

학교는 하나님께서 제정하신 '학교의 존재를 위한 원리'에 따라 교수와 학습의 목적을 위해 존재하는 기관이다. 기독교 대안학교는 특별히 성경의 계시를 통해 발견하는 '학교의 규범'을 현실에서 실현하려는 시도이다. 그 시도가 성공하면 사회의 주류를 이루는 공교육 제도 안에 있는 일반 학교에서 보는 교육의 왜곡된 모습과 선명한 대조를 이루고, 기독교 학교는 당대 사회가 가진 교육적 문제에 대한 진정한 '대안'이 될 수 있다. 그런 대안적 학교를 만들기 위해서는 학교의 일차적 활동인 가르침이 성경적 원리에 신실하여야 하고 진정으로 교육적이어야 한다. 기독교 대안학교가 '학교의 존재 원리'에 따른 진정한 학교가 되기 위해서, 그리고 당대 사회의 진정한 대안이 되기 위해서는 건전한 교육목적과 교육과정을 구비하는 것이 필수적이다.

　　기독교 대안학교의 교사는 자신이 소속한 학교의 교육목적이 담고 있는 함의를 풍성하게 해석할 수 있는 세계관적/교육학적 안목을 갖추어야 한다. 교실에서 교육적 판단이 필요한 사안이 생겼을 때 학교의 교육목적이 실질적인 판단의 기준으로 역할을 하려면 교사가 학교의 교육목적을 상황에 맞게 해석하여 적용할 수 있는 소양을 갖추어야 한다. 공동체 구성원 모두가 교육목적에 대한 일정한 수준의 공통의 이해를 갖추도록 하는 것은 학교장의 중요한 임무 중 하나이다.

　　또한 기독교 대안학교 교사들은 성경적 관점에 근거한 교육과정을 만들어 실천할 수 있는 역량을 갖추어야 한다. 지금까지 우리나라 공교육제도 속의 일반 학교들은 교사에게 교육과정 구성에 대한 재량권을 제한하여 왔다. 가르칠 모든 내용을 세세하게 정해 놓은 교과서를 제공하고 교사들의 교육적 전문성은 오로지 교수의 영역에서만 발휘하도록 했다. 기독교 대안학교 교사들은 공립학교 교사들처럼 특정 지식과 기능을 전수하는 훈련 받은 기술자가 되는 것에 만족해서는 안 된다. 이 시대 기독교 대안학교 교사들은 '교육과정 전달자'가 아니라 '교육과정 개발자'로 부름 받았다. 이것은 이전 시대에 누구도 해보지 못한 역할이다. 반 브루멜른은 가르치는 일을 '종교적 기예'(religious craft)에 비유하였다. 장인이 오랜 경험과 시행착오를 거쳐 숙련된 기예를 갖듯이 그리스도인 교사는 실천적 경험을 바탕으로 교육과정을 설계하고 개발하는 일에 역량을 갖춘 장인이 되어야 한다. 기독교 대안교육현장은 성경적 관점에 신실하고, 교육적 논리에서도 타당한 기독교적 교육과정을 만들어 실천할 수 있는 숙련된 기독 교사를 기다리고 있다.

Q. 나눔을 위한 질문

- 내가 생각하는 '교육받은 사람'의 모습은 무엇인가?
- 자신이 생각하는 인생의 궁극적 목적은 무엇인가? 이것을 교육목적으로 다시 진술해보라.
- '빅 픽처' 모델에서 제안하는 '제자도 반응' 중에 가장 마음에 드는 것은 무엇인가? 어떤 것을 더 추가하고 싶은가?

제7장

기독교 대안교육의 교수 방법과 평가

이현철

제7장   기독교 대안교육의 교수 방법과 평가

이현철

들어가며 : '좋은' 수업 그리고 '좋지 못한' 수업

　기독교 대안학교에서의 수업은 학생들이 본질적으로 참된 그리스도인으로 살아갈 수 있도록 그들의 세계관을 성경적으로 세우는 데 집중을 해야 한다. 이를 위해서 수업의 내용은 학생들의 신앙적 성장과 변화를 위한 교육내용들로 구성되어야 하며, 철저한 기독교 세계관에 근거한 수업들이 이루어져야 한다. 이 과정에서 수업의 운영 주체가 잊지 말아야 할 것은 학생들이 그 수업에 참여하면서 진정으로 행복할 수 있도록 효과적인 수업방법들을 고민하는 것이다. 즉, 효과적인 수업방법을 통하여 학생들이 신앙적 가치와 학문함에 기쁨을 누릴 수 있도록 수업이 구성되어야 한다는 것이다.

　교육학계에서는 학생들이 선호하는, 그리고 선호하지 않는 수업의 유형과 형태를 관심있게 살펴보고 있는데 정석기(2015)는 좋은 수업과 좋지 못한 수업을 구분하여 아래와 같이 정리해주었다(이현철, 2018 재인용).

<표 VII-1> 좋은 수업 VS 좋지 못한 수업

좋은(효과적인) 수업	좋지 못한(학생이 싫어하는) 수업
모든 학생들이 재미있게 참여하는 수업	모르는 학생을 무시하고 공부 잘하는 학생 위주의 수업
시선을 집중시킬 수 있도록 유머와 농담을 곁들인 흥미있는 수업	학생들의 이해도를 확인하지 않은채 질문도 없이 교사 혼자 설명만 하는 수업
적절한 질문과 설명을 통해 이해도를 높이고 집중할 수 있는 수업	학생들 발표만 시키고 과정이나 내용에 대해 보충설명이 없는 수업
학습지나 컴퓨터 등 다양한 자료와 정보를 활용하는 수업	아무런 준비 없이 교과서 위주로 하는 수업
학생, 교사, 모두 사전 준비가 잘된 수업	수업시간 내내 발표만으로 진행하는 수업
토의, 토론 등 발표하고 내용 정리를 하는 수업	자료 활용 없이 엄청난 판서를 하는데 글씨가 작아 보이지도 않는 수업
문제의 해답을 찾는 방법을 생각하고 느낄 수 있도록 해주는 수업	목소리가 작고 수업시간 내내 지루하고 잠오는 수업
실험 등 체험활동을 겸한 수업	수업 전·후 목표 확인도 없이 자습시간을 자주 주는 수업
수업 전·후 목표 확인이 이루어지는 수업	말은 많은데 정리가 안 되는 수업
삶의 지혜와 진로 정보를 겸한 수업	몇 명 학생이 수업 분위기를 흐리게 하는데도 이를 방치하고 진행하는 수업

*자료출처: 정석기(2015). p.26

정석기의 좋은 수업과 좋지 못한 수업의 구분은 기독교 대안학교의 수업 구성 시 교수·학습 과정의 중요성을 새삼 일깨워준다. 정석기의 구분을 종합해본다면 좋은 수업의 경우 아래와 같은 몇 가지 요소들이 기능적으로 구현되는 수업으로 볼 수 있다(이현철, 2018).

- 좋은 수업은 신앙의 원리를 알려주는 수업이다.
- 좋은 수업은 분명한 목표가 있는 수업이다.
- 좋은 수업은 실제적으로 삶과 연과 된 수업이다.
- 좋은 수업은 학생들이 참여하는 수업이다.
- 좋은 수업은 학생들이 재미있어하는 수업이다.
- 좋은 수업은 다양한 자료를 활용하는 수업이다.
- 좋은 수업은 질문과 발표가 있는 수업이다.

전술한 좋은 수업은 궁극적으로 교수·학습 전략을 통해 구현될 수 있으며, 이에 대한 체계적인 준비 과정을 통해서 이루어져야 함을 시사해주는 것이다. 물론 교수·학습 전략에 대한 성경적 세계관에 기초한 비평 작업이 수행되어야 할 것이며, 이를 통해서 안정감있게 적용되어야 할 것이다.

1. 효과적인 수업 운영을 위한 최신 교수·학습 전략들

본 절에서는 문제기반학습(Problem Based Learning), 플립러닝(Flipped Learning), 액션러닝(Action Learning)을 중심으로 효과적인 수업을 위한 전략들을 소개하고자 한다. 해당 사항의 경우 대표적인 학습자 중심의 최신 교수·학습 전략들로 기존 교수자 중심의 교수·학습 전략과 함께 다양한 수업의 장면 속에서 적용 가능할 것으로 예상된다. 하지만 기본적으로 해당 접근들이 학생들의 자기 주도성과 구성주의적 접근에 영향을 받고 있어 그 한계성을 인식하면서 적절히 활용되어야 할 것이다. 문제기반학습, 플립러닝, 액션러닝의 주요 내용의 경우 이현철(2018)의 내용을 수정·보완하였음을 밝혀둔다.

가. 문제기반학습(PBL: Problem Based Learning) 전략
(1) 문제기반학습의 의미

최근 교수-학습이론의 변화는 교수자 중심체제에서 학습자 중심체제로 이양에 있다. 이는 교수-학습과정의 패러다임 변화를 의미하며, 학습자의 능동적인 참여를 전제하여 수행된다. 즉, 과거와는 달리 교사의 일방적인 수업을 지양하고, 학생들이 좀 더 학습 과정에 관여할 수 있는 기회와 장들을 적극적으로 열어주는 것이다. 이러한 접근의 장점은 학생들의 학습에 대한 몰입도를 극대화하여, 학습의 효과성을 담보한다는 것에 있다.

문제기반학습은 전술한 맥락을 대표적으로 구현하고 있는 접근으로써 학생들의 학습과정 그리고 학습과 활동을 매우 강조하고 있다. 초기 문제기반학습은 맥매스터 의대생들의 교육과정 속에서 도출된 여러 한계점들을 극복하기 위하여 시작하였으며, 전통적인 강의 중심의 의료 교육을 보완하여 학생들이 스스로 의료 상황을 해결해 나갈 수 있도록 하기 위해 수행되었다(이수인, 2014). 이후 교육 영역 속에서 실제적인 적용 사항들이 의미 있게 소개됨으로써 다양한 전공과 영역에서 광범위하게 적용되고 있다.

일반적으로 문제기반학습은 교사에 의해 주어진 문제 혹은 직면하고 있는 실제적인 문제를 바탕으로 해당 문제에 대한 해결책을 찾아가는 과정을 중요시하며, 학생들이 해결책을 찾아가는 모든 활동 속에서 이루어지는 학습을 의미한다(Barrows & Tamblyn, 1980).

(2) 문제기반학습의 과정

문제기반학습 과정에서 학생들은 특정한 학습주제와 관련된 문제 혹은 문제 상황을 제시받게 되고, 학생들은 해당 문제를 명확하게 이해하고, 그것을 해결하기 위한 자료 수집, 동료들과의 토론 등을 수행하여 미션을 수행해나가는 것이다. 이 과정에서 학생들은 주어진 문제와 관련하여 자신이 가지고 있었던 기존의 지식과 경험을 활용하고, 자료수집과 동료들과의 협동활동 및 토론을 통해서 새로운 지식과 경험을 쌓아 문제를 해결해나가는 것이다. 구체적으로 학생들은 아래의 3가지 사항들을 확인하여 좀 더 심층적인 접근을 이룰 수 있다.

- Check point 1: 제시된 문제를 해결할 수 있는 방법은 무엇인가?
- Check point 2: 제시된 문제해결과 관련하여 내가 알고 있는 것은 무엇인가?
- Check point 3: 제시된 문제를 해결하기 위해 내가 좀 더 학습해야 할 것은 무엇인가?

Check point 1단계에서 문제해결을 위한 핵심적인 아이디어를 정리하고, 이를 통해 해결방안을 위한 방안의 큰 그림들을 구성한다. Check point 2단계에서는 문제해결을 위한 구축된 방안 속에서 현재 자신이 알고 있는 것과 정보들을 정리하여 구성한다. 마지막으로 Check point 3단계에서는 문제해결을 위하여 자신이 구체적으로 좀 더 조사해야 할 사항을 도출하고, 동료들과의 협동 속에서 확인해야 할 것들을 정리한다. 이 과정들 속에서 교사는 학생들이 문제를 명확하게 이해할 수 있도록 도와주고, 학생과 그의 동료들이 문제를 해결해나갈 수 있도록 안내하여 주는 역할을 수행한다. 해당 사항들을 학생들의 학습활동과 과정에 집중하여 정리하면 다음과 같다.

<표 Ⅶ-2> PBL 수행을 위한 단계 및 활동 요약

단계	PBL 수행을 위한 활동	학습 특징
[1단계] PBL활동을 위한 환경 구성	-교회학교 교사의 학습목표 설명 -교회학교 교사의 학습자 역할 설명 (교회학교 교사의 역할 설명 포함)	집단전체
[2단계] 교사가 해결할 문제제시	-제시될 문제에 대한 책임 있는 자세 강조 -문제 제시	집단전체
[3단계] 제시된 문제에 대한 해결방법 추정	-조별 역할을 분담 -조별 내 아이디어 적극 수용 -제시된 문제에 대한 기본적인 해결방안 정리 -학습을 위한 자료 선택	개인 및 조별
[4단계] 개인(자율)학습	-개인 자율 과제 수행 -개인적 자료 수집 및 탐색	개인
[5단계] 동료 토론	-조별 토론(동료) -동료 학생의 조사 사항 및 개별 차이 확인 (협동학습)	조별
[6단계] 토론 결과 발표 및 공유	-조별 조사 항목 발표 및 공유	집단전체
[7단계] 교사의 정리 및 평가	-일반교육 시 평가 -자기 성찰 과정 시도	집단전체 및 개인

(3) 문제기반학습을 위한 문제 개발 및 선정 시 고려사항들

수업과정에서 문제기반학습을 실제적으로 적용하기 위해서는 적절한 문제 개발과 선정이 필요하다. 이를 구체적으로 수행하기 위하여 교사들의 경우 바람직한 문제와 바람직하지 못한 문제에 대한 명확한 인식을 바탕으로 개발이 이루어져야 한다. 다음은 교사가 고려해야 할 주요 문제 설정의 방향이다.

[바람직한 문제의 방향]
- 제시된 문제는 다양한 해결방법과 전략을 포함해야 한다.
- 제시된 문제는 학생의 신앙적인 경험에 기초하여 문제가 구성되어야 한다.
- 제시된 문제는 협동학습을 통해서 이루어질 수 있어야 한다.
- 제시된 문제는 실제적인 신앙생활 속에서 발생하고 있는 문제로 구성되어야 한다.

[바람직하지 못한 문제의 방향]
- 제시된 문제가 특정한 문제의 해답만을 가지고 있는 문제는 지양해야 한다.
- 제시된 문제가 단순히 공과교재의 학습 제목과 목표를 기재하는 수준이 되어서는 안 된다.
- 제시된 문제가 학생들의 신앙적인 경험과 동떨어진 문제가 되어서는 안 된다.
- 제시된 문제가 개인 학습을 통해서도 할 수 있는 문제는 지양해야 한다.

나. 플립러닝(Flipped Learning) 전략

(1) 플립러닝의 의미

우리의 교육환경은 최첨단의 디지털 기술을 바탕으로 역동적인 수업환경을 구축할 수 있게 되었다. 교사와 학생들은 언제 어디서나 활발한 학습경험들을 쌍방향적으로 가능하게 되었으며, 이는 인터넷 환경의 보편적인 구축을 통해 더욱 가속화되었다. 이는 창의적인 학습 방법의 고안도 이끌었으며,

기존의 전통적인 교수-학습 과정의 상식적인 틀도 변화시키고 있다.

플립러닝은 자기주도적 학습을 바탕으로 전통적인 강의식 수업 과정의 순서를 거꾸로 뒤집어서 진행하는 학습방법이다. 즉, 플립러닝은 수업시간에 학생들이 와서 교사가 제공하는 학습내용을 공부하는 것이 아니라, 수업 전에 교사가 제공하는 동영상 강의와 학습자료를 바탕으로 선행학습을 수행하고 이를 바탕으로 실제 교실 수업에서는 학생들이 능동적으로 토론하며 진행하는 수업 방식이다.

이와 관련하여 Bergmann & Sams(2012)는 플립러닝을 전달식 강의를 가정의 개별 공간으로 이동시키고, 교실에서는 좀 더 역동적으로 동료들끼리 학습이 이루어 질 수 있도록 구성하는 교육적 실천이다라고 정의하고 있다. Bergmann & Sams에 있어 강조점은 학생들의 교실 밖의 학습활동과 교실 안 학습활동을 단순히 혼합하는 것이 아니라 구분하고, 그 특징적인 구분 속에서 자연스러운 학습의 연계를 시도하는 것이다. 즉, 교실 공간 밖에서는 학습 주제와 관련된 사전 자료들을 온라인을 통해서 학습을 하고, 교실 공간 안에서는 사전 학습된 내용을 중심으로 활발한 토론과 협력적인 활동을 통해서 학습에 대한 학습자들의 몰입도를 극대화시키는 것이다.

이러한 플립러닝은 기본적으로 온라인 시설과 지원 환경이 정련되게 구축된 고등교육 기관에서 활발하게 적용되고 있으며, 대표적으로 미국의 텍사스 대학교는 학교 차원의 수준있는 지원 체계를 구축하고 있다. 이러한 추세에서 한국의 많은 대학교에서도 이를 시도하고 있다. 또한 한국의 발달된 인터넷 및 온라인 환경 체제는 개인 교수자와 학습자들에게 플립러닝의 성공적인 정착을 이끄는 유리한 환경을 제공해주고 있다. 한국의 발전된 인터넷 문화는 개인 영상 업로드 및 시청의 수준을 원활하게 이끌고 있으며, 학습자들은 시공간을 초월하여 휴대폰을 통해 손쉽게 교수자가 업로드 하는 영상과 학습 자료들을 확인할 수 있는 환경 속에서 생활하고 있다.

(2) 플립러닝의 과정

플립러닝과 관련하여 최근에 수행된 연구들을 정리하여 본다면 공통적으로 '수업 전 활동, 수업 중 활동, 수업 후 활동'으로 구분되며, 이와 관련된 논의는 지금도 계속하여 발전하고 있다.

- 수업 전 활동: 학습을 위한 선험적인 과정으로 교사가 제시한 다양한 수업 자료를 미리 학습
- 수업 중 활동: 수업 전 활동을 바탕으로 질문, 토론, 협동 활동을 수행하여 심화를 추구
- 수업 후 활동: 의견 수렴 및 종합 정리, 성찰과정 수행

해당 내용을 통해서 플립러닝은 학습을 위한 선험적인 과정을 수업 전에 완료하고, 그것을 바탕으로 수업 중 질문/토론/협동활동을 수행하며, 수업 후 의견 수렴 및 종합 정리를 통한 학습을 수행하고 성찰과정으로 발전시켜나가는 것을 확인할 수 있다.

<표 Ⅶ-3> 플립러닝 수업 절차에 대한 연구자들의 일반적 구분

구분	수업 전	수업 중	수업 후
Univ. of Texas at Austin Learning Science(2015)	• 수업 전 - 제공된 모듈 학습 - 질문 기록 / 준비	• 수업 도입 - 교수자 질문 • 수업 중 - 피드백/핵심강의 제공 - 실습	• 수업 후 - 지식, 기술 활용 - 추가 설명, 학습자료 제공
김남익·전보애·최정임 (2014)	• 수업 전 - 강의동영상 시청 - 질의 내용 준비	• 도입 - 퀴즈, 질의응답 • 전개 - 문제해결 및 토론·마무리 - 발표, 피드백	• 수업 후 - 수업 내용 정리 및 의견 수렴
방진하·이지현 (2014)	• 교실 밖 수업 - 내용요소 제공	• 교실 안 활동 - 학생 활동 중심 - 응용·심화학습 - 개별화된 학습	• 교실 밖 수업 - 내용요소 제공
최정빈·김은경 (2015)	• 사전학습 - 사전자료 제공 - 사전학습 확인	• 강의실 수업 - 협력학습 /요약 - 평가	• 사후학습 - 사후활동 - 성찰활동
한형종·임철일·한송이·박진우 (2015)	• 온라인 학습 - 온·오프라인연계하는 강의계획서 제공	• 오프라인 활동 - 온라인 콘텐츠 기반 오프라인 수업 연계 (사례활용, 질문 반영, 퀴즈 등)	• 온라인 학습 - 오프라인 수업 기반 온라인 콘텐츠 연계 (보충/심화자료 안내)

*자료출처: 박진우·임철일(2016). p.775 재구성.

다. 액션러닝(Action Learning) 전략

(1) 액션러닝의 의미

액션러닝의 시초는 교육현장이기보다 비즈니스 영역의 기업 문제해결이라는 측면에서 이루어졌다. 비즈니스 이슈와 관련된 실제적인 기업의 문제를 내부 구성원들에 의해서 해결하고, 성찰하는 가운데 교육적 상황들이 구성되어 의미 있게 발전된 것이다. 최근 액션러닝이 교육 현장에서 활용되어 효과적인 교수 및 수업 전략으로 주목받고 있는데 그 이유는 학생들의 협력, 문제해결, 자기주도적 학습능력을 향상시킬 수 있음이 보고되기 때문이다.

일반적으로 액션러닝은 학생들을 소그룹 형태의 집단을 구성하여 상호간의 협력을 바탕으로 집단이 직면하고 있는 문제를 특정한 시점까지 해결하는 데 목적이 있다. 이 과정에서 개인 혹은 소그룹은 성찰의 과정을 거치도록 설계하는 것이다.

구체적으로 액션러닝의 특성을 살펴보면 다음과 같다(부성숙, 2014).
① 학습자들은 가상의 상황을 설정하여 모의수업을 하는 것이 아니라 실제 현장에서 과제를 수행하는 것이다.
② 학습자들은 과제해결과 동시에 학습이 이루어질 수 있다.
③ 학습자의 자발적이고 주도적인 형태로 수업이 이루어진다.
④ 팀 활동을 통해 과제를 해결한다. 이는 현장성과 실제 문제해결을 중시하는 특징을 가지면서 과제의 내용과 과제해결 과정을 동시에 학습할 수 있고 학습자가 적극 참여하는 학습자 중심 학습이라는 중요한 특성을 갖는다.

이러한 액션러닝은 전통적인 수업 전략과 큰 차이를 보이고 있는데 기본적으로 교사와 학생간의 위치와 관계에서부터 교육을 통한 적용 사항에 이르기까지 다양한 영역과의 비교 속에서 확인할 수 있으며, 이는 액션러닝의 성격을 규명해주는 사항이기도 하다.

<표 Ⅶ-4> 전통적 교육과 액션러닝 비교

구분	전통적 교육	액션러닝
패러다임	공급자중심의 교수 (교사의 상대적 우월성)	수요자중심의 학습 (학습활동의 중요성)
철학	문제상황에 대한 전문적 지식을 가지고 있는 소수의 외부전문가	문제상황에 직면하고 있는 내부 구성원 모두가 전문가
이론과 실천의 관계	이론과 실천의 분리	이론과 실천의 통합
교수-학습 전략	주입식	참여식
학생의 역할	수동적 지식의 흡수자	적극적 참여자
강조점	현장과 관련성이 적은 전통적인 교육 내용 중시	현장중시의 비구조적 문제 또는 기회의 해결 및 발견

*자료 출처: 한국액션러닝협회, http://www.kala.or.kr/ 재구성

(2) 액션러닝의 구성요소와 과정

액션러닝은 학습 팀, 러닝코치, 실제 문제, 학습의지, 실행의지, 그리고 질의와 성찰 등의 6가지 주요 요소로 구성할 수 있다. 이러한 구성요소들을 중심으로 액션러닝의 과정을 기술하면 다음과 같다(봉현철, 2007; 한국액션러닝협회, 2017).

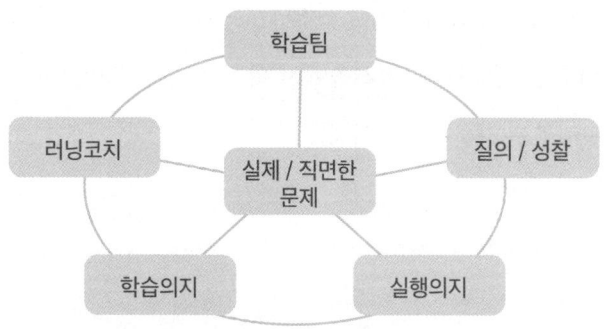

[그림 Ⅶ-1] 액션러닝의 구성요소(이현철, 2018)

- 1단계: 팀 구성과 과제부여

4-8명으로 구성된 학습팀(Set)을 구성하고 그 팀에게 꼭 해결해야 할 중대하고 난해한 과제를 부여한다. 학습팀 구성원들에게 각기 다른 과제(Open-Group Program)를 부여하거나 학습팀 전체에게 하나의 과제(Single-Project Program)를 부여한다.

- 2단계: 팀 미팅과 과제 해결대안 모색

정해진 기간 동안 여러 번의 팀 미팅을 통하여 해결대안을 모색하며, 이때 팀의 효과성을 증진시키기 위하여 러닝 코치가 팀 미팅에 참석한다. 러닝 코치와 함께 문제해결기법, 의사소통 기술, 프로젝트 관리, 회의 운영기술 등 다양하고 강력한 기술들을 이용하여 과제에 대해 토론하고 성찰함으로써 해결대안 개발과 동시에 학습이 일어난다.

- 3단계: 해결 대안 실행과 평가

해결 대안을 개발한 후에는 그 해결 대안을 상위 기관(회사의 경우 소속 부서장 또는 최고 경영층)에 보고한 후 직접 실행하며, 그에 대한 평가를 수행한다.

해당 액션러닝의 과 속에서 학습팀은 정보를 수집하고, 대안을 개발하며 그 대안들에 대하여 토의하는 과정을 거친다. 해당 과정을 통해서 팀원 내 각자가 가진 다양한 관점에 바탕을 두어 여러 가지 질문을 제기하고 문제해결과정을 성찰하는 가운데 학습이 일어나는 것이다. 해당 팀원들은 문제해결방안을 정해진 시점까지 보고(회사의 경우 상위 기관)해야 하기 때문에 집중력을 발휘할 수밖에 없으며, 또한 자신들이 직면하고 있는 특정 문제 자체가 해당 팀이 직면한 실제적인 문제이기 때문에 해결에 대한 실행의지가 강함을 예상할 수 있다.

한편, 학습 팀에서는 러닝 코치의 역할도 중요한데 러닝코치는 학습 팀 구성원들의 경청방법, 피드백을 주고받는 방법, 구체적 행동을 계획하고 대안을 찾아가는 과정과 방법, 다른 구성원들을 격려하는 방법 등을 조언하며, 체계적인 방법을 통해 구성원들이 적절한 시기에 적절한 시간 동안 그들의 추진 경과를 성찰하고, 학습내용을 정리할 수 있는 기회와 분위기를 제공함으로써 구성원들의 학습 의욕을 고취시키고 학습 효과를 제고하는 데 기여한다 (Marquardt, 2000; 봉현철, 2007 재인용).

2. '줄 세우기'가 아닌 참 평가의 필요성

교육현장 내 교수·학습에 의한 결과는 어떠한 평가관과 평가방법을 적용하였가에 따라 크게 영향을 받게 된다. 지금까지 교육현장은 '결과 중심'의 평가 특별히 '인지적' 결과에 초점을 맞추어 평가를 수행해왔으며, 그에 따른 시험점수 부여와 석차에 따른 학생 간 '줄 세우기'에 익숙해져 있는 것이 사실이다. 물론 교육 현장에서 석차의 개념이 점차 사라지고 학생 개별적 역량의 중요성이 강조되고 있지만, 여전히 결과 중심의 평가에 따라 학생의 진로와 진학이 결정되고 있다. 더욱이 위계적인 대학 사회의 서열 구조 속에서 결과 중심의 평가를 통해 학생들은 고통 받고 있다. 결과 중심 평가를 수행하는 것 자체가 잘못된 것이 아니라 그로 인해 왜곡된 상황이 야기되기에 결과 중심 평가만을 최우선의 가치로 봐서는 안될 것이다.

결과 중심 평가는 교수·학습이 마무리된 후에 학생의 성취 수준과 내용을 파악하려는 목적이기에 학습 과정에서의 학생의 성장과 사고, 가정에 대한 이해와 개선에는 집중을 할 수 없는 구조이다. 이는 단순히 학생에 대한 단편적인 평가에 불가한 것이다. 우리가 바라보고 있는 인간상 즉, 전인격적이며 총체적인 인간으로서 학생 그리고 하나님 형상으로서 학생의 의미와 가치에 대한 내용을 파악하기에는 결과 중심 평가가 가지고 있는 한계는 명확하다. 그러므로 결과 중심 평가만을 통한 학생 이해와 평가는 지양되어야 할 것이다.

기독교적 인간관과 신앙적 관점 속에서 학생의 존재는 그가 받아온 결과 중심 평가에 의해 판단될 수는 없는 존재요 가치이다. 당연히 그 결과 중심의 평가 사항은 그 학생을 이해하는 일부 내용이며, 그가 가진 다양한 측면의 한 요소일 뿐이다. 그 학생의 가치가 전적으로 드러날 수 있는 충분한 내용이 아니라는 것이다.

하지만 한국사회와 교육 현장 속에서는 여전히 학생에 대한 이해가 그가 받은 결과 중심의 내용과 등급에 따라 나누어지며, 그 속에서 많은 학생들이 좌절과 아픔을 경험하고 있는 안타까운 실정이다. 이러한 상황을 "어떻게 하면 변화시킬 수 있을까" 그리고 학생에 대한 참된 인식과 가치를 견지한채 "바른 평가를 수행할 수 있을까"와 같은 질문들은 기독교 대안학교 구성원들과 신실한 기독교사들이 끊임없이 고민해야 할 연구 주제이기도 하다.

전술한 맥락 속에서 최근 결과 중심의 평가 혹은 인지 중심의 평가관을 가지고 학생을 평가할 때 발생하는 교육적 딜레마에 대하여 교육 주체들의 변화 목소리가 커지고 있어 환영할 만하다. 해당 논의를 통해 좀 더 과정 중심적이고 평가의 본래적 의미를 회복하기 위한 노력들이 진행되고 있기도 하다. 실제로 그와 관련된 대안적인 평가들이 주목을 받고 있으며, 소위 참평가(authentic assessment)를 수행하기위한 교육 현장의 노력들이 이루어지고 있어 고무적이라 할 수 있다. 이는 학생들의 미래역량을 강화하기 위하여 서열과 경쟁을 심화시키는 평가 체제를 벗어나고자 하는 몸부림이며, 개별 학생들의 역량과 그의 발달 정도를 고려하여 학생의 성장 및 과정에 초점을 두는 평가의 중요성이 확산되고 있기 때문이다. 그야말로 '줄 세우기'가 아닌 참 평가의 필요성과 중요성이 적극적으로 인식되고 있는 것이다. 이러한 담론의 경우 기독교 대안학교에서 수행되는 평가와 관련된 전 영역에서 고려되어야 할 핵심적인 내용일 것이며, 참 평가의 구현과 적용의 장으로써 기독교 대안학교가 적극적으로 수용해야 할 내용일 것이다. 평가와 관련된 해당 사항은 기독교 대안학교의 정체성과 방향성을 뚜렷하게 구분해주는 내용이 되기도 할 것이다.

4. 우리는 어떻게 평가할 것인가?

기독교 대안학교에서 결과 중심 그리고 개인적 성취를 평가할 수 없는가? 그렇지 않다. 학생은 자신이 다른 학생들과 비교하였을 때 어떠한 위치와 수준에 있는가를 파악할 필요가 있다(Edlin, 2004). 그렇다면 기독교 대안학교에서는 어떻게 평가해야 할 것인가? 무엇으로 평가해야 하는가?

기독교 대안학교에서 평가를 논의하기에 앞서 전제되어야 할 사항은 평가의 목적이 무엇인가를 명확하게 정립할 필요가 있다. 아래는 평가의 목적에 대한 핵심적인 사항을 정리한 것이다. 이는 평가를 수행하기 앞서 교사들이 잊지말아야 할 사항들이다.

- 평가를 통해 학생들이 무엇을 이해하고 있는지를 파악하기 위해서

- 평가를 통해서 학생들이 필요로 하는 부분이 무엇인지를 파악하기 위해서
- 평가를 통해서 어떻게 학생들을 도울 것인지를 파악하기 위해서
- 평가를 통해서 수업의 과정을 점검하기 위해서

기독교 대안학교의 교사는 평가를 통해서 학생들의 이해 수준을 파악하고, 학생들의 필요에 민감하게 반응하고, 어떻게 하면 학생을 도울 수 있는가를 고민하고, 자신의 수업 전 과정을 점검하기 위해서 평가를 수행해야 함을 잊지말아야 한다. 기독교 대안학교에서의 평가는 최종 목적이 아님을 기억하고 '과정적이며 형성적'인 맥락의 가치를 지향하는 유용한 수업 과정임을 분명히 해야 할 것이다.

이를 위해서 기독교 대안학교에서 적용할 수 있는 평가 전략으로는 기본적으로 결과 중심의 평가와 함께 다면적인 평가를 위한 학습 수행 과정에 집중하면서 '과정 중심 수행 평가'를 적용해보는 것이다.

과정 중심 수행 평가는 교육과정의 성취 기준을 기반으로 평가 계획에 의해서 교수·학습 과정에서 학생 변화와 성장에 의한 자료를 다각도로 수집해서 적절한 피드백을 제공해주는 평가이다(한국교육과정평가원, 2017). 이는 학습의 결과만을 집중하기 보다 '학습의 결과와 과정 모두'에 집중하여 평가를 수행하는 것이 주요한 목적이다. 이러한 과정 중심 수행 평가는 철저한 평가 계획에 기초하여 '자기 평가, 동료 평가, 협의 평가, 관찰 평가, 포트폴리오 평가' 등이 전략적으로 활용될 수 있을 것이다. 자기 평가, 동료 평가, 협의 평가, 관찰 평가, 포트폴리오 평가의 개념은 다음과 같다.

- **자기 평가:** 자기 평가는 학생이 스스로 자신이 수행한 학습 과정과 결과에 대하여 특정한 기준에 준하여 평가하는 것이며, 이를 통해서 자기주도적인 형성 과정을 경험케 하는 데 목적이 있다. 즉, 자기 평가에 임하는 학생은 명확한 학습 목표를 이해한 채, 자기 평가 결과에 따라 자신이 무엇을 보완하고, 개선해야 할 것인가를 파악해나가는 것이다.

- **동료 평가:** 동료 평가는 학생들이 동료의 수업 결과나 학습 과정에 대하여 의견을 제공하거나 점수를 매기는 평가로 학생들이 평가자와 피평가자로 활동할 수 있다. 동료 평가의 경우 학생이 개별적으로 수행한 과제 혹은 팀별로 수행한 과제를 평가하는데, 특정한 척도를 통한 평가와 주관식 형식의 서술적 평가 모두 사용할 수 있다.

- **협의 평가:** 협의 평가는 학습자 상호간 또는 교사와 학습자간의 협의에 의한 평가를 의미하는 것(임천택, 2002)으로 평가 과정에서 교사와 학생, 학생과 학생이 협의의 과정을 수행하는 것이다. 예를 들어 협의 평가는 구성원 간의 협의를 통해 구체적인 평가 기준을 작성하여 그 기준에 근거하여 평가를 수행해나가는 것이다. 이 과정을 통해서 학생 자기 학습 과정과 결과에 대한 통찰과 성찰의 경험도 얻을 수 있다.

- **관찰 평가:** 관찰 평가는 학생의 학습 태도, 반응, 상호 작용을 관찰하는 것을 포함하여 특정한 학습 기간 동안 학생의 학습 수행 과정과 그에 따른 변화에 대한 전반적인 내용을 체계적으로 관찰하는 것을 의미한다. 이를

위해서 교사는 학생에 대한 관찰 일지 기록, 전사자료 기록, 주제 관련 관찰 체크 리스트 등을 활용할 수 있다.

- **포트폴리오 평가**: 포트폴리오 평가는 교사가 학생이 학습 과정에서 수행한 과제, 작품, 기록물 등을 평가 계획에 따라 체계적으로 수집한 자료를 바탕으로 평가하는 것으로 이는 학생의 학습 관련 성취 수준과 학습 과정에서의 학업적 노력과 태도 등을 종합적으로 파악할 수 있는 평가 방법이다.

{
Q. 나눔을 위한 질문
- 기독교 대안학교 수업의 가치와 교사의 역할은 무엇인가?
- 학생 중심 교수·학습 전략의 특징과 한계점은 무엇인가?
- 한국사회 내 결과 중심 평가로 인한 딜레마는 무엇인가?
- 과정 중심 수행 평가의 의미와 적용 가능성은 어떠한가?

제8장

기독교 대안학교의 법제화와 공동체적 구조:
정체성과 독특성

이현민

제8장 기독교 대안학교의 법제화와 공동체적 구조: 정체성과 독특성

이현민

들어가며

　1990년대 후반 우리 사회에 '대안학교'가 처음 등장한 이래로 지금까지 대안학교의 수는 급격하게 증가하여 왔다. 그 중 상당수는 기독교 대안학교였으며 이 흐름을 주도하였다고 볼 수 있다. 대안학교의 수가 늘어나서 그 존재를 무시할 수 없는 상황이 되자 국가는 법과 제도를 정비하여 이 새로운 사태를 관리하고자 하였다. 많은 기독교 대안학교들은 국가의 통제와 간섭을 받게 되면 기독교적 정체성을 유지하는 데 어려움을 겪을 것을 우려하여 제도권에 편입되는 것을 달가워하지 않았다. 하지만 대안학교가 법적으로 정당한 학교의 지위를 얻고 국가의 지원을 받는 것은 학교 운영을 안정적으로 지속하고 교육받는 학생의 권리를 보장 받기 위하여 꼭 필요한 일이기도 하다. 대안학교의 기독교적 정체성을 유지하면서 학교로서 법적인 지위를 보장받고 제도권 안에 자리를 마련하는 것은 더 이상 미룰 수 없는 기독교 대안학교의 당면한 주요 과제이다. 법을 제정하고 정책을 결정하는 과정에서 대안학교의 기독교적 정체성이나 교육적 주권을 침해 받지 않으면서도 교육기관으로서 권리를 보장받을 수 있도록 설득력 있는 논리를 만들고 효과적인 전략을 세워서 이 문제에 대응할 필요가 있다.

기독교 대안학교의 독특한 정체성은 무엇보다 학교의 일차적 기능인 교육활동, 즉 교육과정이나 교실에서 일어나는 교수·학습 활동을 통해서 드러나야 한다. 뿐만 아니라 훈육과 생활지도, 특별활동, 학교를 운영하는 방식에서도 일반 학교와 구별된 기독교적 독특성이 드러나야 한다. 교실의 수업 활동은 기독교적이지만 수업 외 다른 활동이나 학교의 운영방식이 일반 학교와 다를 바 없다면 진정한 기독교 대안학교라 할 수 없다. 교실 수업을 둘러싼 모든 환경과 학교의 여러 직능을 맡은 부서나 사람들 간 의사소통 및 업무를 수행하는 방식들이 결국 학교의 본질적인 교육활동에 영향을 주기 때문이다. 그러므로 기독교 대안학교는 교육과 직접적인 관련을 가진 영역에서 뿐만 아니라 학교의 운영과 행정에 관련된 영역에서도 기독교적 독특성을 드러내야 한다. 특히, 학교 내부의 의사결정 구조와 운영방식에서 일반 학교와 구별된 기독교적 대안성을 보여주어야 한다.

기독교 대안학교는 기독교적 정체성을 유지하기 위하여 외부 환경의 변화에 민감하게 대처할 뿐만 아니라 기관으로서 내부적 요인들도 잘 관리하여야 한다. 이 장에서는 기독교 학교의 정체성과 관련하여 최근에 그 중요성이 더욱 부각되는 두 가지 문제, 즉 외부 환경으로 최근에 제정된 '대안교육기관법'과 내부 요인으로 학교 공동체의 내부 구조와 의사결정 방식에 대하여 살펴본다.

1. 대안학교와 관련된 법적 문제

지난 30년 동안 미인가 대안학교들은 우리 사회에서 교육의 기능을 일정 부분 담당하는 기관으로 자리매김 하고 있다. 대안학교의 역할이 커짐에 따라 국가는 법령을 제정하여 이 새로운 교육기관을 사회의 제도권 안으로 수용하려고 하였다. 대안학교의 법제화는 대안학교의 정체성과 밀접한 관련을 가진다. 기독교 대안학교의 당면 과제는 학교의 기독교적 정체성을 유지하면서 이 사회에서 합법적인 교육기관으로 인정받는 것이다. 이에 대한 논의를 위해 먼저, 대안학교의 법제화와 관련하여 역사적 배경과 현행법의 개관, 향후의 과제를 간략하게 살펴본다.

가. 대안학교 법제화의 역사

우리나라에서 학교의 설립은 법률이 정한 절차와 요건을 갖추어야 가능하다. 초중등교육법 제3조는 설립주체에 따라 학교를 국립, 공립, 사립학교로 구분한다. 국가와 지방자치단체가 설립, 운영하는 국립학교와 공립학교 외에 사립학교는 개인이 아니라 학교법인이 설립하여 운영하여야 한다. 개인은 유아교육기관을 제외한 초등학교, 중등학교, 특수학교, 대학교를 설립할 수 없다. 사립학교를 설립하려는 주체는 초중등교육법 제4조에 따라 두 가지 조건을 갖추어야 한다. 첫째, "시설과 설비 등 대통령령으로 정하는 설립 기준을 갖추어야"하고, 둘째, 각 지방자치 단체의 "교육감 인가를 받아야" 한다. 따라서 사립학교를 설립하기 위해서는 사립학교법 제10조에 따라 일정한 재산을 출연하여 학교법인 설립허가를 받아야 하고, 대통령령에 근거한 시설과 설비를 갖추어야 하며, 교육감의 인가를 받아야 한다. 이런 조건을 만족시키기 위해서는 거대한 재원이 필요하며, 인가 절차도 까다롭기 때문에 사립학교 설립하는 데에 큰 제약이 따른다.

또한 우리나라는 사립학교도 공교육 제도에 편입되어 교육부와 교육청의 감독과 통제를 받아야 하고, 획일적 국가 교육과정을 따라야 한다. 그렇기 때문에 대안학교들은 오히려 법적 요건을 갖춘 인가받은 학교가 되는 것을 거부해 왔다. 따라서 거의 대부분의 대안학교가 자발적으로 법의 영역 밖에서 '미인가' 학교로 운영되어 왔다. 이로 인해 대안학교는 학교의 명칭을 사용하거나 학교에 주는 세금혜택도 받을 수 없었고, 그곳에서 공부하는 학생들은 국가로부터 재정 지원을 받지 못하고 학력도 인정받지 못하였다. 그동안 대안학교의 법제화를 위한 노력이 없었던 것은 아니다. 지금까지 국가는 세 번에 걸쳐 대안학교와 관련된 법을 제정하여 미인가 대안학교들을 제도권에 편입하려고 하였다. 대안학교 법제화의 역사를 간략하게 개관해보자.

(1) 1차 법제화: '대안교육 특성화학교'(1997년, 초중등교육법시행령에 신설된 조항)

1997년, 정부는 초중등교육법시행령에 특성화학교 조항(제76조: 특성화중학교, 제91조: 특성화고등학교)을 추가하여 새로운 유형의 '특성화학교'를 설립할 수 있게 하였다. 시행령은 특성화학교를 "소질과 적성 및 능력이 유사한 학생을 대상으로 특정분야의 인재양성을 목적으로 하는 교육 또는 자연현장실습 등 체험위주의 교육을 전문적으로 실시하는 학교"로 규정하고, 직업교육 분야와 대안교육 분야로 구분하였다. 이에 따라 특성화학교는 '직업교육 특성화학교'와 '대안교육 특성화학교'로 나뉜다. 당시 정부는 대안학교의 성격을 "학교 중도탈락자들의 교육을 위한 시설"로 규정하고 전국을 6개 권역으로 나누어 권역별로 1개의 대안학교를 두고자 하였다. 인가를 받은 학교는 정부로부터 학력인정과 교사의 인건비에 대한 재정지원을 받을 수 있었다. 이 시행령을 통해 약 40여개의 학교가 인가를 받았고, 그 중 절반이 기독교 대안학교였다.

(2) 2차 법제화: '각종학교로서 대안학교'(2005년, 초중등교육법 제60조 3항 신설)

2000년대에 들어서 공교육 제도 안에 있는 일반 학교들의 파행적 운영과 "교실 붕괴" 현상으로 인해 대안학교가 급속도로 확산되었다. 새롭게 대거 등장한 대안학교를 제도권 안으로 수용하기 위해 초중등교육법에 '대안학교' 조항(제60조 3항)이 신설되었다. 이 조항에서 "학업을 중단하거나 개인적 특성에 맞는 교육을 받으려는 학생을 대상으로 … 다양한 교육을 하는 학교를 각종학교"로 규정하고 이를 '대안학교'로 칭하였다. 이 법에 따르면 인가받은 대안학교는 국가 재정을 지원 받거나 학력을 인정받지는 못하지만 교육청의 감독을 받게 되고 공식적으로 사립학교의 지위를 부여받는다. 그러나 인가 조건으로 제시한 시설 및 기타의 기준이 너무 높아서 그 조건을 충족하고 인가를 받을 수 있는 학교는 거의 없었다. 결국 이 법은 대안학교의 현실을 반영하지 못한 실패한 법이라는 평가를 받고 있다. 이 법에 따라 약 50개의 학교가 인가를 받았다.

(3) 3차 법제화: '대안교육기관'(2020년 국회 의결, 2022년 시행, '대안교육기관에 관한 법률')

2020년, 국회의 의결을 거쳐 2022년 시행된 '대안교육기관에 관한 법률'은 이전과는 달리 인가제가 아닌 등록제를 통해 대안학교에게 법적인 지위를 부여하고자 한다. 기준 요건을 갖추고 등록절차를 거치면 학교로 인정을 받게 되는 것이다. 그러나 대안교육기관으로 등록해도 학력을 인정받거나 재정을 지원받지는 못한다. 많은 대안학교가 이 법에 호응하여 학교로 인정을 받고 제도권 안으로 수용되고 있다. 대안학교에서 교육받는 학생들은 학생의 신분을 인정받고 법적으로 보호받게 되었다는 점에서 이전과 다른 의미가 있다. 2022년 1월, 법이 시행된 후 2023년 8월까지 약 2년간 전국에서 234개의 학교가 등록하였으며, 그중에 기독교 대안학교는 114개이다. 3차 법제화를 통해 상당수의 대안학교들이 학교로 인정받고 등록을 준비 중인 학교도 많아서 이 법은 앞으로도 대안학교의 설립이나 운영에 상당한 영향을 미칠 것으로 예상된다.

나. '대안교육기관법'의 개관

'대안교육기관에 관한 법률'(이하 '대안교육기관법')은 전체 24개 조와 부칙으로 구성되어 있다. 전체 조문을 간략하게 정리하면 아래 표와 같다.

<표 Ⅷ-1> 대안교육기관법 조항

제1조 (목적)	제13조 (교육의 위탁)
제2조 (정의)	제14조 (대안교육기관 운영위원회)
제3조 (국가와 지방자치단체의 책무)	제15조 (수업료)
제4조 (다른 법률과의 관계)	제16조 (회계운용)
제5조 (대안교육기관의 설립, 운영의 등록)	제17조 (교원의 자격)
제6조 (결격사유)	제18조 (벌금형의 분리선고)
제7조 (대안교육기관의 등록 취소)	제19조 (당연퇴직)
제8조 (대안교육기관의 폐쇄)	제20조 (시정명령)
제9조 (대안교육기관 등록운영위원회)	제21조 (청문)
제10조 (취학의무유예)	제22조 (명칭)
제11조 (대안교육기관 지원센터)	제23조 (권한의 위임)
제12조 (대안교육기관의 실태조사)	제24조 (과태료)
	부칙

이 조항 중에서 주목해야 할 중요한 몇 가지를 살펴보면 아래와 같다.

(1) 목적(1조): 이 법은 제정 목적을 두 가지로 규정한다. "국민의 교육

을 받을 권리를 보장"하는 것과 "대안교육기관의 등록 및 운영에 필요한 사항"을 정하는 것이다. 대안교육을 국민의 교육을 받을 권리를 실현하는 하나의 길로 보는 점에 주목할 필요가 있다.

(2) **정의**(2조): 이 법은 '대안교육'과 '대안교육기관'에 대한 정의를 내린다. '대안교육'이란 "개인적 특성과 필요에 맞는 다양한 교육내용 및 교육방법을 통하여 개개인의 소질과 적성 개발을 목적으로 하는 학습자 중심의 교육"으로 정의한다. '대안교육기관'은 "초중등교육법 제4조에 따른 인가"를 받지 않고 이 법률에 따라 등록을 한 "대안교육을 실시하는 시설·법인 또는 단체"로 규정한다. 대안교육에 대한 정의가 포괄적이고 통상적인 교육과 구별되는 점이 명확히 드러나지 않지만 다양한 형태의 대안교육을 포괄하려는 의도를 가지고 있는 것으로 보아야 한다.

(3) **국가와 지방자치단체의 책무**(3조): 이 법은 대안교육기관의 운영을 위하여 필요한 시책을 수립·시행할 책임이 "국가와 지방자치단체"에 있음을 분명히 하고 있다.

(4) **등록 요건**(5조): 대안교육기관을 설립·운영하려면 대통령령으로 정하는 시설과 설비, 필요한 서류를 갖추어 교육감에게 등록해야 한다. 이전의 법률과 달리 등록을 원하는 대안학교가 일정한 요건을 갖추고 등록을 신청하면 교육감은 대안교육기관등록운영위원회 심의를 거쳐 1개월 안에 등록 여부를 결정한다. 이 조항에는 대안교육기관으로 등록할 수 없는 경우도 규정하고 있다. 외국 대학 입학을 목적으로 하는 시설이나 외국어 학습을 목적

으로 하는 시설, 학원이나 과외교습소 등이다. 민간 사설 학원과 대안학교를 구분하는 것은 중요한 문제로서 법 조항을 만들 때 많은 주의를 기울였음을 볼 수 있다.

(5) 등록 취소(7조): 교육감이 대안교육기관등록운영위원회의 심의를 거쳐 등록을 취소해야 하는 경우에 대해 규정하고 있다.

(6) 등록운영위원회(9조): 교육감은 대안교육기관 등록과 운영, 지원에 관한 사항을 심의하기 위하여 '대안교육기관등록운영위원회'를 설치해야 한다. 그것에 관한 세부 규정을 제시하고 있다.

(7) 취학 의무 유예(10조): 대안교육기관에 재학 중인 의무교육 대상자의 취학 의무를 유예할 수 있는 근거가 마련됨으로써 대안학교에 재학할 때 생기는 위법 요소를 해소하게 되었다.

(8) 대안교육기관 지원센터(11조): 교육부 장관은 대안교육기관을 지원하기 위하여 관련 단체나 기관을 '대안교육기관 지원센터'로 지정할 수 있다고 규정한다. 이 조항은 지원센터가 수행할 업무에 대해서도 자세하게 규정하고 있다.

(9) 대안교육기관 운영위원회(14조): 대안교육기관으로 등록한 대안학교는 교원 대표, 학부모 대표 등으로 구성되는 '대안교육기관 운영위원회'를 운영하여야 한다. 이 조항에서 학칙, 재정, 교육과정, 수업료 등 운영위원회에서 심의할 사항들을 구체적으로 정하고 있다.

(10) 회계운용(16조): 대안교육기관은 운영위원회 심의를 거친 예결산 내역을 인터넷 홈페이지에 공개하도록 규정하고 있다. 대안교육기관의 장(교장)에게 회계와 재정을 정당하게 운용하고 투명하게

공개하여야 할 책임을 부과하고 있다.

(11) **교원의 자격**(17조): 대안교육기관에서 가르칠 교원의 자격을 "해당 분야의 전문학사 이상의 학위 또는 해당 전문분야의 경력을 갖춘 자"로 규정한다. 또한 교원이 될 수 없는 조건들도 자세하게 나열하고 있다. 일반 학교의 교원과 달리 대안학교 교사에게 국가가 공인하는 교사자격증을 요구하지는 않는다.

(12) **명칭**(22조): 등록된 대안교육기관은 '학교'의 명칭을 단독으로 사용할 수 없으나, 등록한 대안학교는 "등록 대안교육기관 ○○학교"라는 형태로 학교의 명칭을 사용할 수 있게 되었다.

다. '대안교육기관법'의 의미와 향후 과제

'대안교육기관법'을 통해 상당수 대안학교가 법적으로 인정받는 교육기관으로 제도권에 편입되어서 이 법의 실효성이 입증되었다고 볼 수 있다. 새롭게 도입된 대안학교 등록제는 한국의 대안학교 운동에 큰 전환점이 되었고 새로운 생태계를 만들었다고 평가 받는다. 이 법이 지닌 의미와 법제화와 관련된 향후 이루어야할 후속 과제에 대하여 간략히 살펴보자.

(1) '대안교육기관법'의 의미[5]

대안교육기관법이 가진 의미를 정리하면 다음과 같다.

① 미인가 대안학교에 대한 법적 지위 부여

이 법은 우리나라에서 대안교육의 필요성을 공적으로 인정하고 그동

---

5) 이 부분은 박상진 교수의 논문 내용을 주로 참고하였다(박상진, 2021).

안 법외 교육기관으로 있던 대안학교에게 학교의 자격을 부여한다는 점에서 의미가 크다. 기존의 법은 미인가 교육기관 운영자에게 기관 폐쇄 명령과 함께 벌금과 징역형의 처벌을 받도록 규정하고 있었다. 미인가 대안학교에 자녀를 보내는 부모도 취학 의무를 규정한 법을 위반하게 되는데 이 법으로 인해 이런 법률적 위법성을 해소하게 되었다. 등록된 대안학교는 '대안교육기관'임을 표시한다면 '학교'라는 명칭을 사용할 수 있게 되어 법적으로 학교의 지위를 인정받게 되었다. 이 법은 그동안 우리 사회에서 실질적으로 교육의 기능을 담당해 온 대안학교의 필요성과 중요성을 인정하고, 법적으로 보호할 가치가 있음을 확인해준다.

② 대안학교의 정의와 범위 설정

이 법은 '대안교육'에 대해 정의를 내리며, 이 정의에 의거하여 교육을 실시하는 시설, 법인, 단체를 '대안교육기관'으로 규정하고 있다. 이 법에서 내린 대안교육의 정의가 광범위 하고 모호한 면이 있다. 그러나 이는 가능한 많은 대안교육기관을 등록의 범주에 포함하려는 의도에 따른 것으로 볼 수 있다. 이 법은 등록에서 제외하는 기준도 분명히 명시하고 있다. 이 법에서 밝힌 대안교육의 정의와 범위가 향후 대안학교의 여부를 판단하는 기준으로 사용될 것이란 점에서 정의에 담긴 의미와 의도를 잘 파악할 필요가 있다.

③ 대안학교의 공공성 강화

대안교육기관법은 앞으로 대안학교가 건강하게 발전해가야 할 방향을 제시하고 있다. 먼저, 법은 운영위원회를 구성하여 운영할 것을 요구한다. 운영위원회는 학칙의 제정과 개정, 예산 및 결산, 교육과정 운영, 수업료 등 학교운영에 관련된 거의 모든 사안에 대해서 심의하도록 하고 있다. 이를 통해 학교가 설립자나 이사장, 교장 등 특정인의 전횡을 막고 민주적으로 운영될 수 있도록 유도한다. 그리고 회계의 투명성을 확보하기 위해 수업료 등을 운영위원회 심의를 거쳐 결정하고 예산과 결산 내역을 홈페이지에 공개하도록 규정하고 있다. 기독교 대안학교도 이 취지를 잘 이해하고 성실하게 이에 부응하여야 한다.

④ 교육청의 지도와 감독

법률에 따른 대안교육기관이 된다는 것은 대안교육의 자율성을 보장받지만 국가 교육체계 안에서 지도와 감독을 받게 되는 것을 의미한다. 법은 특정한 사유가 있을 때 시도 교육감이 시정명령을 내릴 수 있으며, 경우에 따라서는 대안교육기관의 등록을 취소할 수 있도록 규정하고 있다. 법적 지위를 인정받음과 동시에 대안학교는 행정당국의 지도와 감독을 받게 될 것이다. 하나님께서 국가에 주신 통치권에 순복하되 대안교육기관으로서 자율성을 누릴 수 있도록 책임있고 모범적인 학교 운영이 요구된다.

⑤ 공교육 전반에 끼치는 긍정적 영향

이 법은 교육의 주체가 국가나 교육청이 아닌 학생과 부모임을 확인해주고 있고, 그들의 개인적 필요에 맞는 다양한 교육을 누릴 수 있어야 함을 천명하고 있다. 대안학교의 등록제가 우리 사회가 국가주도의 획일적인 공교육체제에서 벗어나는 중요한 계기가 되었다고 볼 수 있다. 앞으로 부모의 학교선택권이 존중되고 학생들의 특성에 맞는 다양한 교육에 대한 요구를 수용하는 방향으로 교육제도가 발전할 수 있는 새로운 발판이 만들어졌다는 점에서 큰 의미가 있다.

(2) 향후 과제[6]

대안교육기관법에 호응하여 많은 미인가 대안학교들이 등록 절차를 거쳐 제도권에 편입되고 있음에 따라 '등록제' 이후의 과제에 대해서도 생각해보아야 한다. 이에 대해서 이종철, 김지혜(2023)가 제안하는 것들 중에서 중요한 것 두 가지에 대해서 간략히 살펴보자.

① 대안교육기관의 성격과 정체성

'대안교육기관법'은 대안교육과 대안교육기관에 대한 정의를 내리고 있으나 이 정의는 광범위하고 모호하다. 이것은 '대안'이란 말이 그 자체 안에 본질적인 의미를 가지고 있지 않고, 언제나 '이미 존재하는 무엇에 대한 대안'이란 의미를 가지기 때문이다. 그러므로 현재 한국의 상황에서 "대안교육" 혹은 "대안교육기관"이란 말이 사회 통념상 어떤 의미로 사용되는지 면밀히 분석하고, '대안'이 무엇에 대해 대항하는 것인지를 밝혀 그 개념을 정확하게 규정할 필요가 있다. 이종철, 김지혜(2023)는 역사적 배경에서 볼 때 '대안교육'이란 "근대 공교육의 한계를 인식하고 그것을 극복하고자 시도되고 있는 교육"이라고 규정한다. 이런 관점에서 보면 현재 운영되고 있는 기독교 대안학교 중에서 기독교적 독특성은 강조되지만 대안성은 드러나지 않는 학교들이 많다. 해외 유수한 대학의 진학을 목표로 하거나 좋은 입시 결과를 지향하는 기독교 학교들이 상당수 존재하고 있다. 향후 등록제를 통해 신설 기독교 대안학교들이 제도권에 편입될 때 기독교적 독특성과 함께 이 사회에서 인정받을 수 있는 대안성을 분명하게 드러내도록 노력해야 한다.

---

6) 이 부분은 이종철, 김지혜의 논문 내용을 참고하였다(이종철·김지혜, 2023).

② 학력인정과 재정지원의 문제

'대안교육기관법'에는 등록 대안교육기관에 대한 국가의 학력인정이나 재정지원에 관한 어떤 규정도 없다. 등록기관이 됨으로써 누리는 혜택은 고작 '학교'라는 명칭을 사용할 수 있는 것과 취학의무를 유예 받는 것뿐이다. 일부 대안학교 관계자들은 학력인정이나 재정지원이 되지 않는 '등록제'는 의미가 없으며 '실익'이 없다고 평가하기도 한다. 그러나 20~30년간 실질적인 교육활동을 담당해온 대안학교가 불법적 지위에 있기 보다는 '공적 영역'에서 인정을 받는 것은 중요하다. 법적으로 인정받은 교육기관으로서 대안학교가 앞으로 힘써야 할 것은 학력인정과 재정지원을 받는 것이다. 우리나라의 헌법 제31조 1항은 "능력에 따라 균등하게 교육을 받을 권리"를 인정하고 있다. 대안교육기관에서 공부하는 학생들도 헌법에서 보장하는 이 권리를 공평하게 누려야 한다. 따라서 헌법이 보장하는 기본권과 민주주의 사회의 보편적 가치에 근거하여 대안교육기관도 학력인정과 재정지원을 받을 수 있도록 요구하고 설득하는 일이 필요하다. 재정지원을 받으면서도 대안학교의 정체성을 유지하기 위해 '학생 선발권', '교육과정 자율권', '교사 선발권'을 지키고, 정부에 의존적인 기관이 되지 않는 방안을 마련하고 제도화 하여야 한다. 참고할 만한 사례로 외국에서 시행되는 '바우처 제도'(voucher system)와 같은 것이 있다. 이 제도는 학교가 정부로부터 재정 지원을 받는 것이 아니라 학부모가 정부로부터 재정 지원을 받는 것으로 학교와 정부가 이 문제로 대립하지 않는다. 기독교 대안학교의 정체성을 유지하면서 학력인정과 재정지원을 받을 수 있는 법과 제도를 만들기 위한 논리와 전략을 개발하고 제반 여건을 조성하는 것이 새로운 과제로 대두되고 있다.

네덜란드에서는 1870년대부터 아브라함 카이퍼와 신칼뱅주의 기독교인들이 기독교 학교의 설립과 운영을 위하여 "학교투쟁"을 시작했다. 학교투쟁이란 기독교인 부모들이 신앙에 합치한 교육을 위해 자녀들을 사립학교에 보낼 수 있는 여건을 마련하기 위해 법을 수정하기 위한 노력을 말한다. 그 투쟁의 결과로 1889년 카이퍼가 이끄는 정당이 초등학교교육법안을 의회에 제출, 통과시킴으로써 사립학교도 공립학교와 법적으로 평등한 기관으로 인정받고 정부보조금도 받을 수 있게 되었다. 1905년 초등학교법을 개정하여 사립학교 교사의 법적 지위를 인정받고, 정부보조금도 증액시켰다. 1920년 공립학교와 동일한 재정을 지원받을 수 있게 됨으로써 네덜란드 기독교인들의 학교투쟁은 마침내 성공적으로 마무리되었다(조성국, 2019:56-57).

우리나라의 '대안교육기관법'의 제정 과정에서도 그 배후에서 많은 그리스도인의 기여가 있었다. 대안학교와 관련한 역사적 선례를 참고하여 우리 사회에서도 기독교적 독특성과 대안성을 지키면서 합법적 교육기관의 지위를 확보하도록 법을 제정하고 개정해 나가는 노력을 계속해 나가야 할 것이다.

2. 기독교 대안학교의 공동체적 구조

그리스도의 신실한 제자를 양성하려는 구별된 목적을 가진 기독교 대안학교는 학교의 운영방식과 지배 구조에 있어서도 일반학교와 구별되는 기독교적 독특성을 지니고 있어야 한다. 학교는 교육의 기능을 수행하기 위하여 다양한 직무와 역할을 맡은 사람들이 집단을 이루어 함께 일하는 기관이다. 학교가 기독교적 독특성을 가지기 위해서는 집단의 내부구조가 '조직'(organization)을 넘어서 성경에서 가르치는 '공동체'(community)가 되어야 한다. 여기서는 기독교 대안학교의 공동체성에 관련된 주제를 개관하고, 학교 안에서 각자 독특한 역할을 맡은 사람들의 '직분'(office)과 효과적인 공동체가 되기 위한 조건들을 살펴본다.

가. 공동체로서 기독교 대안학교

대부분의 학교는 '공동체'(community)이기보다는 '사회 조직'(social organization)으로 존재한다. 공립학교는 시민들에게 교육적 서비스를 제공하기 위해 설립된 기관으로서 국가 행정기관이 관리하는 조직이다. 기독교 대안학교도 일반 학교와 마찬가지로 학교로서 고유한 역할을 수행한다. 그러나 의사결정 구조나 역할 수행 방식에서는 일반 학교와 구별되는 기독교적 독특성을 가져야 한다. 서지오반니(Thomas J. Sergiovanni)는 학교는 학교 행정의 영역에서도 독특한 자신만의 정체성을 개발해야 한다고 말한다(1994:214). 스튜어트 파울러(Stuart Fowler)는 학교의 내부 구조를 '조직'과 '공동체'로 구분하고, 기독교 대안학교는 그리스도의 가르침(눅 22:24-30)에 따라 '공동체'가 되어야 한다고 주장하였다. 그는 기독교 학교가 공동체일 때 기독교적 정체성이 가장 잘 구현될 수 있다고 보았다(Fowler, 1990: 107-110). 공동체로서 학교에 대한 이해를 위하여 조직과 공동체의 차이점, 그리고 그 둘 간의 관계, 그 속에서 일어나는 역학관계에 대해 알아보자.

(1) '조직'과 '공동체'

'조직'이란 특정한 목적을 달성하기 위하여 사람들이 수행할 업무와 역할들을 모아 구조화시킨 협동 체제이다. 조직은 정해진 특정한 목적을 달성하기 위해 봉사할 때에만 적합하고 효과적이다. 사회 속에서 살아가는 개인들이 함께 모인 집단들은 사회적 조직의 형태를 갖출 필요가 있다.

한 개인이 어떤 조직에 소속하는 이유는 자신의 이익을 얻기 위해서이다. 조직 안에서 개인들은 각자 자신의 이익과 목적을 실현하기 위해 타인과 협력적 관계를 유지한다. 그러나 조직 구성원들 사이에 이익과 목적이 충돌할 때 협력 관계는 깨지고 경쟁과 갈등이 생기기도 한다. 조직 구성원의 이익과 목적은 그 조직의 이익이나 목적과 일치하지 않는다. 따라서 조직 구성원은 자기 이익을 더 잘 실현하기 위해 조직을 떠날 수 있고, 조직도 자기의 목적을 더 잘 실현하기 위해 때로는 조직 구성원을 조직에서 배제시킬 수 있다.

'공동체'는 모든 구성원들이 참여하는 공동의 삶을 특징으로 하는 독특한 정체성을 지닌 통합된 인간 유기체(human organism)이다(Fowler, 1990:107). 공동체의 모든 구성원들은 이익과 목적, 뜻을 공유한다. 각 개인의 이익과 목적, 뜻은 공동체의 이익과 목적, 뜻과 같다. 그래서 한 구성원의 실패와 좌절은 공동체 전체의 실패와 좌절이며, 한 구성원의 성공과 성취는 공동체 전체의 성공과 성취가 된다. 공동체 안에서 각 사람들이 한 마음으로 행동할 수 있는 근거가 되는 것은 구성원 모두가 공유하는 '공동체의 정체성'이다.

조직과 공동체는 사람들이 모여서 집단을 이루고 있다는 점에서 외적인 모습은 비슷하나 그 성격은 판이하게 다르다. 한 집단은 조직의 차원에 머물 수도 있고, 조직을 갖춘 공동체가 될 수도 있다. 만약 어떤 공동체의 조직이 그 공동체의 독특한 성격에 맞고, 또한 그 공동체 집단의 목적에 봉사한다면 최선의 조직이라 할 수 있다. 공동체가 조직보다 선행한다. 즉 조직은 공동체를 만들어 낼 수 없으나 공동체는 조직을 만든다. 조직은 공동체를 위해 존재해야 한다.

모든 조직과 공동체는 독특한 내부 구조를 가지고 있다. 조직의 내부 구조는 구성원들 간의 관계를 지배하는 일련의 규칙들에 의해 결정된다. 구성원들 간의 관계와 상호작용은 규칙에 의거하여 만들어진 고정된 구조에 따라 이루어진다. 그 구조는 쉽게 바뀌지 않으며 규칙을 개정해야만 바꿀 수 있다. 반면에 공동체의 내부 구조는 마치 살아있는 유기체처럼 구성원들 간에 맺어지는 관계의 지배를 받는다. 구성원들 간의 관계와 상호작용은 살아있는 생물처럼 역동적이다. 이 구조는 생명체가 환경에 따라 변화하듯이 자발적인 변화가 가능하고 실제로 변화한다. 요약하자면 조직 내 인간관계는 구조에 의해 결정되고, 공동체 내 인간관계는 구조를 결정한다.

(2) 학교의 공동체적 독특성

학교가 내부적으로 다양한 기능과 역할을 수행하고 외부적으로 다른 기관이나 사람들과 관계를 맺음으로써 학교의 독특한 과업을 성취하기 위해서는 일정한 형태의 조직을 갖추어야 한다. 학교에 적합한 조직은 학교의 독특한 공동체적 특성과 목적에 봉사하는 조직이다. 조직의 구조가 공동체의 목적에 부합하지 않으면 공동체의 기능과 역할은 제한받게 된다. 학교 조직이 조직적 측면에서 아무리 효율적일지라도 학교를 하나의 공동체로 육성하고 촉진하기에 부적합하다면 그 조직은 부적절한 것이다. 그러므로 학교의 독특한 공동체성에 대해 잘 이해하고 그것을 바탕으로 조직을 구성할 필요가 있다.

인류의 역사가 전개되면서 인간의 삶은 점점 더 다양해지고 복잡해졌으며, 그에 따라 공동체도 다양하게 분화되어 왔다. 그 과정에서 전에 없던 독특한 공동체가 등장하기도 한다. 하나님의 말씀에 따라 식물과 동물들이 다양하게 각기 그 종류대로 독특한 모습을 가지게 된 것처럼, 공동체도 하나님의 말씀, 창조의 법칙에 따라 다양하게 각자 독특한 모습과 특성을 가지게 된다. 한 공동체의 구조는 구성원들의 의지가 모여서 생긴 결과가 아니라 하나님께서 명령하시는 말씀에 따른 결과이다.

학교는 가정이나 교회와 같은 여타의 공동체들과 다르게 교수와 학습의 기능에 중점을 두는 것에서 그 고유한 특성을 찾을 수 있다. 학교 안에서 공동체적 생활의 초점과 핵심은 교사와 학생 간에 이루어지는 교수와 학습이다. 이것은 교사와 학생의 관계가 학교 공동체의 중심이 되어야 하며, 공동체의 다른 모든 활동은 교사와 학생 간의 관계와 상호작용을 지원하는 방향으로 이루어져야 한다는 것을 의미한다. 학교가 단지 '조직'이 아니라 '공동체'라면 모든 구성원들이 교육에 관한 공동의 신념과 비전을 공유함으로써 연합한다. 따라서 학교의 공동체적 정체성은 '공유된 교육적 비전'에서 만들어진다.

나. 학교 공동체의 다양한 직분(office)과 의사결정 구조

공동체의 구성원 모두는 '직분'(office)을 가지고 있다. 직분이란, 맡은 역할에 따라 각기 구별되는 책임과 권위를 가지고 공동체의 대의를 위해서 봉사하는 과업을 의미한다. 직분을 가지지 않는 공동체 구성원은 아무도 없으며 각자의 직분은 모두 다르다. 각 직분은 공동체 안에서 독특한 방식으로 봉사의 일을 한다. 바람직한 학교 공동체가 이루어지려면 구성원 모두가 자신의 직분과 직분들 간의 바람직한 권위 관계에 대해 동일한 이해를 가지고 있어야 한다.

(1) 학교 내 다양한 직분

어떤 기독교 대안학교가 하나님의 부르심에 따라 존재하고 그분의 다스림을 받는 기관이라면, 학교 공동체의 구성원들은 교사, 학생, 학부모, 교장, 이사, 행정직원으로서 각자 독특한 직분으로 부름을 받았다고 볼 수 있다. 이들의 직분은 다음과 같이 정리할 수 있다.

① 교사: 교사의 직분은 가르침, 즉 학습의 과정에서 학생을 인도하는 것이다. 학교는 가르침의 직분을 효과적으로 수행할 수 있는 유능한 교사가 필요하다. 교사는 교실에서 가르칠 때 교사의 권위를 사용하되 다른 직분을 가진 사람들(학부모, 교장, 학생)의 의견과 통찰력을 참고하고 존중하여야 한다.

② 학생: 학생은 학습자로서 성실히 하나님을 섬기는 직분을 받았다. 학생들은 다른 직분과 달리 사람에 대해서 권위를 가지고 있지 않고 학습에 대해서 권위를 가지고 있다. 학생은 하나님의 형상으로 책임 있는 봉사자가 되기 위해 학습의 과정에서 주도권을 가지며, 판단하고, 시행착오를 할 자유를 가진다. 공동체는 학생이 학습 과정 안에서 행사할 정당한 권위를 인정해야 한다. 학생의 자유는 교사를 비롯한 공동체의 다른 직분의 권위를 존중할 때만 합법적일 수 있다.

③ 부모: 부모는 그들이 돌보는 자녀들을 양육하는 데 궁극적인 책임과 권위를 가진다. 그런 점에서 부모는 학교 공동체의 필수적인 구성원이다. 그들은 학교가 제공하는 교육 서비스를 구매하며 누리는 소비자가 아니다. 부모는 학교 공동체의 한 직분으로 다른 직분을 존중하는 가운데 학교의 교육적 활동에 책임 있는 자세로 적극적으로 참여하여야 한다.

④ 교장: 교장은 학교 공동체의 일상적인 운영에서 포괄적인 지도력

을 발휘하는 직분을 가진다. 그의 직분은 학교 안에서 교사와 학생이 각자 자신들의 직분을 효과적으로 수행하도록 장려하고 촉진한다. 교장의 직분은 이사회를 제외하면 학교 공동체 안에서 그 권위의 범위가 가장 넓다. 교실에서 교사의 권위는 학생의 학습을 촉진하는 것이고, 교장의 권위는 학교 내 다양한 역할들 간의 상호작용을 조정하여 궁극적으로 교사와 학생 간 교육 활동이 효과적으로 이루어지도록 제반 여건을 조성하는 것이다.

⑤ 이사회: 이사회의 직분은 학교 공동체를 지배하는(governing) 것이다. 그들의 임무는 학교 공동체의 여러 사안들에 대해서 감독하고 지도하여 학습을 위한 공동체적 생활을 장려하는 것이다. 또한 학교 공동체가 공유하는 독특한 교육적 비전과 정체성을 유지하고 외부의 위협으로부터 지켜내는 책임을 가지고 있다. 이사회에 부여된 직분은 지도하고 감독하는 것으로, 구체적 사안에 대해서 독단적 결정을 할 권위를 가지고 있지는 않다. 이사회 구성원들은 학교 공동체의 다른 직분자들이 가진 권위 영역을 침범하지 않도록 주의해야 할 뿐만 아니라 각 직분자들이 다른 직분자들의 권위 영역을 침범하지 않도록 감독하여야 한다.

⑥ 행정직원: 행정책임자와 관리 직원들은 학교의 일상적인 업무를 수행함으로써 학교의 핵심 과업인 교수와 학습 활동을 지원하도록 부름 받았다. 행정직원의 직분은 학교 공동체의 다른 구성원들의 직분과 성격상 구분되지만, 다른 직분에 비해 부수적이거나 덜 중요한 것으로 간주되어서는 안 된다. 이 직분도 학교 공동체의 운영에 필수불가결한 것으로 고유한 임무와 책임을 가지고 있음을 인정하여야 한다. 행정직원은 그들의 직분을 책임있게 수행하기 위해 필요한 역량과 전문성을 갖추기 위해 노력해야 한다.

모든 직분은 공동체가 온전히 기능하는 데 필수적이다. 직분을 가지는 것은 공동체를 지배하는 권력을 가지는 것이 아니라, 그 공동체를 섬기라는 부르심을 받는 것이다. 각 직분은 각자 맡은 역할을 수행할 때 책임과 함께 권위가 주어진다. 그 권위는 정해진 권위 영역 안에서 자유롭게 행사되어야 한다. 지도와 감독의 직분을 맡은 자들(이사회, 교장)은 통제권을 가져야 하지만, 각 직분자들이 각자가 가진 권위를 정당하게 행사함으로써 맡은 직분을 완수할 수 있는 여건을 보장해야 한다.

(2) 의사결정 구조

개인주의가 팽배한 사회에서 사람들은 권위에 대한 규정, 내부 구조, 효율적인 경영을 위한 규칙 등을 갖춘 조직을 만들어내면 그 '조직'을 기반으로 하여 공동체도 자연스럽게 형성될 수 있다고 생각한다. 그러나 그것은 착각이다. 그런 견해를 가진 조직의 지도자들은 바람직한 공동체를 세우기 위해서 학교를 조직하고 재조직하는 일을 반복한다. 이런 접근 방식은 공동체가 인간이 임의로 만드는 구성물이라 가정하여 조직을 공동체보다 우선시한다. 이런 조직 우선의 사고방식은 조직을 수직적인 계층으로 나누어 구조화하고 권위에 대해 위계적인 관점으로 이끌며 직분에 대해서도 제한적인 이해에 머무르게 한다.

우리 사회에서 일반 학교뿐만 아니라 대부분의 기독교 대안학교가 채택하는 가장 일반적인 조직 구조는 수직적으로 서열화된 '위계적 모델'이다. 이 모델에서는 조직 내 권한(권위)과 책임이 위계적으로 배분되어 있으며 조직의 상층부에 올라갈수록 권력이 집중되어 있다. 조직의 하층부에 있는 사람들은 자신이 하는 모든 일에서 상층부에 있는 사람의 결정과 판단을 따른다.

이런 조직 구조 속에서는 지위가 낮을수록 결정을 내릴 수 있는 권한이 줄어들고 종속성은 커지며, 각 역할들 간의 관계와 상호작용이 권위주의적인 형태로 이루어질 가능성이 높다. 학교 안에서 수직적 권위관계를 가진 구조는 다음과 같은 도식으로 표현할 수 있다.

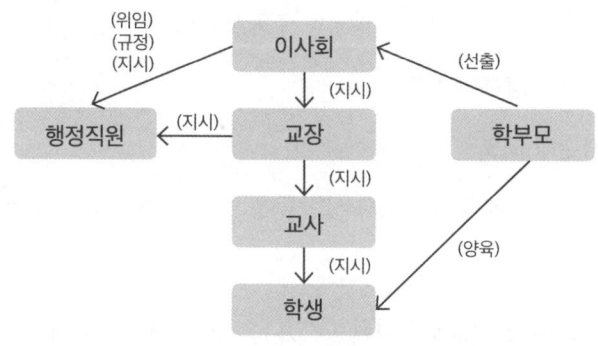

<그림 VIII-1> 학교 의사결정 구조의 위계적 모델

*자료출처 : Fowler, 1990:112

수직적 위계 구조를 가진 학교에서는 의사결정과 관련한 최종적인 권한과 책임이 이사회에 집중되어 있다. 이사회는 행정 업무를 담당하는 직원에게 사무와 관련한 권한을 위임하고, 규정을 만들어 제시하며, 업무와 관련하여 처리 방침을 지시하기도 한다. 또한 이사회는 학교교육의 중요한 사안에 대해 교장에게 지시를 내리고, 교장은 그 지시에 따라 구체적인 결정을 내려 교사에게 지시하며, 교사는 교실에서 학생에게 지시를 내린다. 학부모는 이사회의 선출에 관여하지만 학교의 의사결정에 참여하기는 어렵다. 한국에서는 이사회와 비슷한 역할을 하는 기구로 '학교운영위원회'가 있다. 이는 법령에 근거하여 단위 학교에서 의무적으로 설치하여야 하는 자문기구이다. 학부모는 '학교운영위원회'의 일원으로 참여하여 학교의 재정과 인사, 학사운영 등 학교교육과 관련한 사안의 의사결정에 참여하고 의견을 제시할 수 있다.

한편 공동체 생활의 요구조건을 모두 만족시키는 조직에서는 내부 구성원들의 직분이 통제권의 범위에 따라 위계적으로 구조화 되지 않는다. 학교 안의 다양한 직분들은 권한의 크기에 따라 나누어지지 않고 각각 독특하게 구별되며 다른 역할을 수행하는 것으로 간주된다. 각 직분은 다른 직분과 구별되는 권위를 가지며 구별된 영역에서 구별된 권한을 행사한다. 각 직분들이 더 높은 권위와 더 낮은 권위로 연결되는 것이 아니라 다양한 직분들이 그 중요성에서는 동일하지만 학교의 제일차적 목적(교수·학습)을 달성하기 위해 유기적 관계를 맺으며 협력한다. 이와 같은 학교의 공동체적 의사결정 구조를 아래와 같은 도식으로 표현할 수 있다.

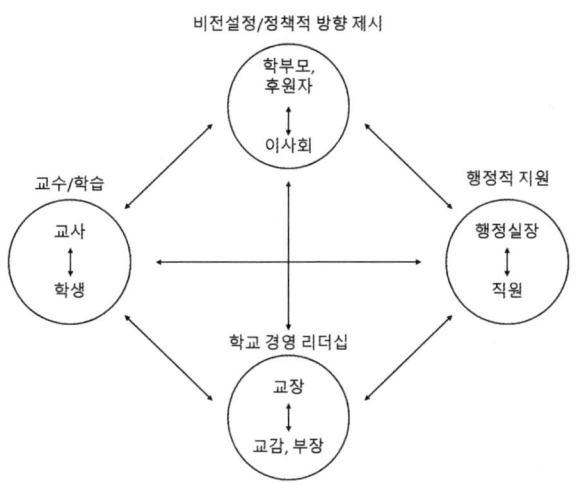

<그림Ⅷ-2> 학교 의사결정 구조의 위계적 모델

*자료출처 : Fowler, 1990:112

학교 내 직분들이 공동체적인 관점에서 구조화되어 있다면 구성원들은 직분의 종류에 따라서 그룹이 형성된다. 한 그룹 안의 직분들은 같은 영역에서 섬김을 위해 상호작용한다. 각 그룹은 그들만의 독특한 권위 영역을 가지고 있으므로 다른 그룹의 직분들로부터 그 권위 영역을 존중받아야 한다. 한 그룹 안에서 각 직분들은 상호 협력적 관계 속에서 정당한 권위를 행사할 자유를 누린다. 또한 각 그룹들은 학교의 공동체적 정체성을 실현하기 위하여 다른 그룹의 직분들과 상호 협력적 관계를 맺으며 각자의 권위를 효과적으로 행사한다. 이 공동체 모델은 집단 내 모든 구성원들 간의 효과적인 참여와 관계의 상호성을 잘 보여준다.

조직 내 직분들 간의 상호작용과 의사결정 방식은 학교 안에서 공동체 경험을 촉진하거나 저해하는 데 중요한 역할을 한다. 현재 한국의 많은 기독교 대안학교들은 여러 가지 이유로 학교 안에서 각 직분들 간의 효과적인 역할 수행을 위한 구조를 구현해 내지 못하고 있다. 그러나 기독교적 독특성을 잘 드러내는 명실상부한 기독교 대안학교로 역할을 잘 감당하기 위해서는 학교교육과 관련된 각 직분에 대한 이해와 함께 기독교적 독특성을 드러내는 운영 방식과 의사결정 구조를 만들어 내어야 한다. 성경적 원리에 부합하는 학교 공동체를 실현하는 것은 이 사회에 기독교 공동체의 독특성을 보여줄 뿐만 아니라 내부적으로도 학생들에게 공동체의 원리를 경험하게 하는 교육적 효과를 가질 것이다.

다. 효과적인 공동체를 위한 조건

지금까지 논의한 내용을 통해 학교가 공동체로서 효과적으로 작동하기 위한 조건들을 정리해 보면 다음과 같다.

(1) 공동생활(shared life)을 장려한다.

공동체는 조직이 아니라 유기체(organism)이다. 공동체에서는 사람들이 공동생활을 통해서 활력을 얻고 서로 교제한다. 공동체를 장려하기 위해서는 구성원들의 공동생활을 장려하여야 한다. 공동체로서 학교의 공동생활이 예배와 채플 등, 종교적 의식이나 모임으로만 드러나서는 안 된다. 공동체의 본질적인 특징은 구성원들의 공동생활로부터 나오는 높은 수준의 자발성으로 드러난다. 공동생활을 장려하면 공동체 내의 모든 활동과 상호작용 가운데 자발적인 사랑의 실천이 드러난다. 그 사랑의 실천은 교육적 상황에서뿐만 아니라 학교의 일상에서도 이루어져야 한다.

(2) 조직은 공동체의 생활을 위해 봉사한다.

한 공동체의 조직이 그 공동체의 공동생활을 위해 봉사하고 그것에 종속될 때 공동체는 번성하게 된다. 조직은 특정한 목적을 달성하기 위해 업무와 역할들을 모아 둔 협업 체계이다. 조직 중심의 사고방식을 가진 구성원들은 조직의 목적 달성에만 관심을 가지고 공동체의 생활을 위해 자발적으로 헌신하는 것은 어려워한다. 조직의 효율적인 운영이 공동체의 성장에 반드시 도움이 되는 것은 아니다. 그러므로 조직보다 공동체를 우선하며 공동체 생활에 봉사하는 조직 운영을 위해 의도적인 노력을 기울여야 한다.

(3) 섬기는 분위기를 장려한다.

공동체의 핵심은 사랑이며, 이것은 구성원 서로 간에 섬김으로 표현된다. 섬김의 분위기는 학교가 공동체로 존재한다는 강력한 증거가 된다. 이기심이 만연한 곳에서는 주된 관심사가 "내가 무엇을 얻을 수 있는가?"이다. 따라서 나의 유익과 관련이 없는 모든 일은 시간낭비에 불과하다. 그러나 섬김의 분위기가 정착된 곳에서는 구성원들이 "내가 어떻게 다른 사람을 풍요롭게 할 수 있는가?"를 묻는다. 성경의 가르침에 따라 더 큰 자가 작은 자를 섬기는 자의 역할을 할 때 학교는 공동체가 될 수 있다. 섬김의 정신은 형식적 교육활동보다 학교의 독특한 문화적 풍토, 분위기를 통해서 함양된다.

(4) 각 직분이 가진 권위를 인정한다.

공동체의 모든 구성원은 직분을 가지고 있으며 그 직분에 알맞은 권위를 가지고 있다. 직분은 공동체 안에서 섬김을 위한 일을 수행할 권리로 책임과 권위를 수반한다. 그리스도 안에서 하나님은 모든 사람을 섬기는 일로 부르신다. 그리고 그 섬김에 필요한 권위를 부여하신다(요 17:19; 벧전 4:10). 하나님은 모든 사람을 같은 방식으로 섬기도록 부르시지 않고 각자 독특한 방식으로 섬기게 하셨다(고전 12:14-20). 학교 내 각 직분들은 자신의 과업을 수행할 때 하나님께서 정해주신 다른 직분의 권위 영역을 존중하여야 한다.

(5) 각자에게 섬길 수 있는 힘을 부여한다.

권위란 행동할 수 있는 권리이고, 권력(힘)은 행동할 수 있는 능력이다. 권위 없이 행사되는 권력은 남용이며, 권력을 가지지 않은 권위는 공허하다. 건강한 공동체 생활은 직분을 수행할 수 있는 힘을 가진 구성원들에 달려 있다. 직분을 잘 수행하기 위해서는 개인적 권력(personal power)과 공동체적 권력(communal power)이 필요하다. 개인적 권력이란 직분을 수행하기에 적합한 각 개인의 권력이다. 공동체적 권력이란 공동체가 한 개인이 효과적으로 봉사할 수 있도록 지원해주는 능력이다. 공동체가 개인에게 직분 수행에 필요한 적절한 지원을 제공해 줄 수 있는 능력이 없다면 아무리 유능한 개인일지라도 공동체를 위한 봉사의 일을 할 때 좌절을 겪게 된다.

이상과 같은 조건들은 학교가 건강한 공동체로 기능하기 위해 요구되는 일반적인 조건들이다. 각 학교 공동체는 처한 상황이 다르기 때문에 모든 학교에 딱 들어맞는 공동체로서 구체적인 조건이나 공식 같은 것은 없다. 위에서 언급한 일반적인 조건들을 가지고 각 학교는 각자 자신들의 상황에 맞는 공동체적 생활을 구현하고 공동체적 실천을 위한 최적의 방안들을 찾아내어야 한다.

3. 나가는 말

그리스도인 공동체의 기독교적 독특성은 언제나 당대의 시대정신과 시대의 주류 흐름에 대한 대항적 성격을 가지고 있다. 이 독특성은 사회와 끊임없는 대화적 관계 속에서 유지되고 발전될 수 있다. 사회 주류의 통념을 그대로 따르지 않고 성경적 가르침에 근거하여 비판적 자세를 견지하되 사회와 분리되거나 고립되지 않고 그 속에서 자기 자리를 확보하여야 구별된 기독교적 정체성을 만들어낼 수 있다. 기독교 대안학교가 교육의 영역에서 비판적(대항적) 자세를 유지하면서도 교류와 소통에 힘쓰고 교육기관으로 사회의 공적 책무를 담당할 때 기독교적 독특성과 대안성이 더욱 선명해질 것이다. 등록제 시행으로 인해 이제 기독교 대안학교들은 '공공의 장'으로 나오게 되었다. 이제 공공의 장에서 기독교 대안학교의 정체성을 지키고 드러내는 것이 우리의 과제가 되었다.

이를 위해서 먼저 대외적으로는 기독교적 독특성과 대안성을 공적인 언어로 소통할 수 있어야 한다. 우리 사회가 기독교 대안학교의 교육이 선하고 바람직하다는 것을 그들이 이해할 수 있는 방식으로 드러내 보여주고 교육의 성과를 공유하는 것은 중요하다. 그런 노력이 모여서 기독교 대안학교의 정당성이 확보되고 종국적으로는 법과 제도의 차원에서 기독교 대안학교의 권리와 지위가 보장될 것이다.

다른 한편으로 기독교 대안학교의 정체성은 학교의 내부구조와 운영의 방식에서도 드러나야 한다. 그것은 공식적인 교육활동을 독특하게 기독교적으로 만드는 중요한 환경 요인이 될 뿐 아니라 그 자체로 기독교 공동체의 정체성이 되기 때문이다. 우리 사회에 만연한 '개인주의'와 유교주의적 사고방식의 영향으로 인해 일반 학교는 수직적인 위계 구조를 가지고 운영되고 있다. 기독교 대안학교는 성경의 가르침에 따라서 의사결정 구조와 운영 방식을 '직분'의 관점에서 재구성할 필요가 있다. 가르치는 영역에서 뿐만 아니라 학교 운영의 전반에까지 기독교적 정체성을 가진 학교를 만들어 가는 것도 기독교 대안학교가 책임 있게 이루어가야 할 시대적 과제이다.

Q. 나눔을 위한 질문
- 바우처 제도(Voucher system)에 대해서 알아보자.
- 학부모와 학생이 신앙에 합치된 교육 받을 권리를 주장할 수 있는 근거는 무엇인가?
- 학부모, 교사, 학생의 직분에 대해서 자세히 탐구해 보자.

제9장

기독교 대안교육의 주체:
학생, 교사, 부모와 가정, 교회

홍성수

제9장 기독교 대안교육의 주체:
학생, 교사, 부모와 가정, 교회

홍성수

들어가며

민주사회에서 주체는 과거의 왕정사회와는 달라서 주권을 시민 혹은 국민에게서 찾는다. 물론 왕정사회에서도 민의를 중요하게 생각하였고, 민의를 위한 정치가 핵심이라고 여겼다. 이것이 제대로 보장되지 않을 때에는 새로운 왕정을 만들 수도 있다고 여겨서 혁명의 가능성을 인정하기도 하였다. 역사 속에서 등장한 혁명들은 특정한 왕 개인에게 주체를 두고 있지 않다는 쪽으로 이해를 진전시켰다.

교육에서 주체의 문제는 전통적으로는 국가와 교회의 대립 구도 안에 얽혀 존재한다. 이 문제에 대한 고전적인 이해 방식을 넘어서 현대 교육에서는 아동중심과 교사중심이라는 구도로 교육의 주체 문제에 접근하였다. 양자 간 대립 혹은 상호협력이란 시각 차이는 각각의 장단점을 보여주었고 교육의 무게중심을 어디에 둘지 고민하게 하였다. 단순히 그 중심을 아동(학생)에게 둘 것인지 아니면 교사에게 둘 것인지로 주체 문제가 간단하게 정리될 수는 없다. 여기에는 교육환경으로 국가와 가정과 교회(종교) 그리고 여러 관련 기관들이 주체적인 역할을 일정 부분 맡아 행사하기 때문이다. 그러므로 주체 문제는 오히려 복잡한 문제이다. 더군다나 각 시대 이데올로기들이 이 문제에 영향을 미쳐 왔으므로 그 양상이 복합적인 성향을 지닌다.

이런 점들을 고려하면서 본 장에서는 기독교 대안교육의 주체에 대해 성경적, 신학적, 그리고 기독교 교육적으로 접근하고자 한다. 성경적으로 볼 때에 주체 문제는 하나님에게서 출발할 때 정당성을 갖는다. 예수 그리스도의 주권은 교회나 특정 신앙 단체에만 통용되는 것이 아니라 모든 영역에서 항상 통용되는 진리이다. 그리스도 스스로도 왕이 되기 위해 이 세상에 성육신하셨다고 자기 진술하셨음을 볼 때 이 진리는 중요하며 그래서 교육의 주체 문제에 있어서도 기초가 된다(요 19:37).

본 장에서는 먼저 교육의 주체 논의의 배경으로 국가와 교회가 교육 영역에서 어떤 영향 관계에 있는지 살필 것이다. 그리고 언약을 중심으로 교육의 주체 논의에 접근할 것이다. 언약을 통해 교육 주체를 논의하는 것은 언약의 주창자이며 성취자이신 하나님의 주권 아래 문제를 접근하게 만들어 준다는 점에서 의미를 가진다. 또한 언약은 학생, 교사, 부모와 가정, 교회 등 기독교 대안교육의 주요 관계자들을 하나님과의 적합한 관계 안에 이해하게 하며, 하나님께 책임 있는 반응을 하는 존재로 이해하도록 한다. 더 나아가 언약을 통한 접근은 이를 통해 각각의 주체들이 대립 되는 방식이 아니라 상호협력하여 기독교 대안교육의 본질과 그 목적을 이루는 쪽으로 기능하게 한다.

1. 교육의 주체

중세 후반 르네상스와 종교개혁으로 이동하던 변화의 시기를 지나면서 17세기 유럽에는 기독교 사상을 바탕으로 전 유럽을 마치 하나의 거대한 통합적 국가처럼 인식하던 중세와는 다르게 특정 지역을 중심으로 하여 대내외적으로 국가의 모양을 갖춘 지역국가들이 등장하게 되었다. 이렇게 되자 교회가 아닌 국가가 중상주의의 이상을 따라 할 수 있는 한 모든 방법을 동원하여 부의 가치를 추구하는 쪽으로 나아갔다. 이는 자연스럽게 세계 무역을 강화하는 계기로 작동하였고, 그러면서 외국의 전문인력을 포함한 원료와 각종 제품을 주고 받게 만들었다. 이렇게 산업은 발전하였고 그에 따라 거대 도시가 형성되었고 그에 비례하여 인구 또한 증가하는 결과를 가져왔다.

이를 바탕으로 근대화된 국가는 백성들을 경제적 이용가치에서 볼 뿐만 아니라, 백성들을 국가의 자녀처럼 보게 되었다. 그래서 백성들의 삶의 풍요에 관심을 가졌고, 백성들의 자녀들을 국가에서 맡아 교육하고자 하였다. 이렇게 국가는 교육의 주체 세력에서 거의 절대적인 비중을 독점하게 된다. 이제 교육은 국가의 가장 관심 있는 분야가 되었고, 국민은 국가로부터 소위 말하는 '국민교육'을 받게 된 것이다(Albert Reble, 2005, 136-137).

근대 사회의 주요 특징 하나는 교육에 대한 국가의 비중 및 역할이다. 그 전까지 교육은 대부분 교회를 중심으로 이루어졌고, 이것은 일종의 기독교 세계관에 기초한 교육이었다. 교회의 교육은 주로 성직자를 양성하는 목적을 가졌거나 아니면 귀족의 자제들을 받아 기본적인 문자 교육과 함께 교양과 학식을 갖게 하는 교육도 제공하였다. 그러나 이런 교육은 일반적으로 모든 백성들에게까지 그 혜택을 부여하는 보편교육 단계까지는 나아가지 않았다. 그러나 국가중심의 혹은 국가주도의 교육은 국가의 영향력이 미치는 대부분의 지역에서 보편 교육을 가능하게 만들 수 있었다.

우리나라는 국가의 관할 아래 학제를 통상적으로 6.3.3.4를 기본으로 하고 있는데, 이것은 1949년에 제정한 것으로 70여 년 이상 거의 고정적인 교육 연한으로 받아들여지고 있다. 곧 초등학교 6년, 중학교 3년, 고등학교 3년, 대학 4년 등이다. 물론 이런 학제에 순응하는 것이 과연 교육의 목적을 충실하게 달성하는 것인지, 그래서 학생들이 이상적인 변화된 성품을 갖추고 이 시대와 미래를 위해 봉사할 수 있는 인재로 양성되는지는 신중하게 따져보아야 할 것이다(김영철·주경란, 1986, 1-3). 그럼에도 현대 사회에서 교육의 주체에 있어서 국가의 비중을 감안할 때 공교육을 간과한 채 이 문제에 접근하는 것은 거의 불가능한 일이다.

현대 사회는 교육의 주체에 대해 국가중심인지, 종파중심(교회)인지, 아니면 학부모 혹은 학생중심인지 논의를 계속하고 있다. 교육 주체에 대한 논의는 어느 쪽에 무게 중심을 두든지 거기에는 그만한 근거가 있으며 그런 근거를 확보하기까지 숱한 역사적 변곡점을 지나왔다는 점에서 단 하나의 결론을 얻는다는 것은 불가능할 것이다. 국가권력이 강할 때 국민교육은 국가의 기준과 의도를 벗어나지 못한다. 모든 교육은 국가의 요구 기준에 맞추어져야 하며, 이를 충족하지 못한다면 더 이상 학교로 존속할 수 없다. 이는 단지 교육시설과 여건에 대한 것만은 아니다. 이를 포함한 교육 전반에 대한 것이다. 단지 이 문제가 적합한 시설과 여건에만 해당된다고 하면 그것은 국가의 지원으로 얼마든지 개선 가능할 것이기 때문이다.

교육의 주체에 있어서 국가의 강한 주도권의 한 예는 1795년 나폴레옹의 네덜란드 정복 이후 나타난 교육의 변화에서 확인할 수 있다. 이때 국가는 새로운 학교법을 적용하여 학교를 교회와 종교로부터 벗어나게 하여 국가의 권한 아래 두었다. 이로써 교육의 세속화는 급진적으로 진행되었다. 국가가 통제하고 주도하는 교육은 계몽주의 노선을 따르는 성향을 드러내었고 이로부터 공립학교와 사립학교에 대한 구분 속에 국가 주도의 공립학교가 크게 확산하였다(조성국, 2019, 48-50).

국가가 이렇게 교육의 주체로 그 영향력을 크게 갖게 되면 모든 국민의 자녀들에게 보편교육 혜택을 제공할 수 있다는 점에서 긍정적이라 할 수 있다. 그런데 이때의 교육은 세속국가 주도적 교육이기에 교육에서 종교성은 배제되며 흔히들 오해하는 '중립적이고 객관적'인 교육을 추구하게 된다. 하지만 교육에서 '중립성' 내지 '객관성'은 허구이며, 이는 또 하나의 종교성을 가지는데 곧 반종교성이다.

이런 이유들로 인하여 학부모와 학생이 자신의 신념이나 종교적 신앙에 따라 적합한 교육을 받고자 하여 대안적인 교육을 의도할 수 있다. 그렇다면 국가의 테두리 안에서 국가의 승인을 받고 있는 대안교육을 할 것인지, 그조차도 벗어나서 자신들의 지향하는 바를 따라 교육을 실천할 것인지 고민하게 된다. 이 문제에 대해 교회가 기독교 교육을 실행하는 큰 그림에서 학부모와 학생을 인도할 수도 있고, 필요한 연구와 지원을 담당하므로 교육의 주체에 있어서 한 역할을 담당할 수 있다.

이와 같이 교육의 주체 문제는 국가중심의 세속 교육을 고수할 것인지, 혹은 기독교 세계관과 철학을 토대로 신앙과 신념을 따라 교육할 것인지에 있어서 중요한 관점을 제공한다. 특별히 기독교 대안교육을 실천하기 위하여 이러한 교육의 주체에 대한 주제는 성경적 신학적 그리고 교육적인 측면에서 접근할 필요가 있다. 왜냐하면 기독교 대안교육은 세상의 정신과 방식이 흐르는 역사성 속에서 단순하게 기독교적인 특징 몇 가지를 추가하는 방법으로는 해결되지 않기 때문이다. 그렇다고 교육 주체에 있어서 국가의 영역을 간과할 수는 없다. 이는 국가를 완전히 벗어나서 독립적인 어떤 기독교만의 대안교육은 가능하지 않기 때문이다. 결국 교육의 주체 문제는 국가와 교회, 그리고 학생, 교사, 부모와 가정 등 대안교육과 연결된 모든 이들이 어떠한 관계를 맺으며 또 그에 맞는 적합한 역할은 어떤 것인지 다루어야 한다.

2. 언약의 신학적 교육적 개념

가. 언약의 신학적 개념

언약(covenant, berit)은 히브리어 어근(bara, baru)에서 추측할 때, "음식을 먹는다" 또는 "결합한다"는 의미로 사용된다. 성경 이외에도 이 단어는 인간들 사이 그리고 그룹들 혹은 기관들 사이 법적 효력을 지니는 공동협약을 맺을 때도 사용한다. 이런 공동 약속을 계약이라고 부른다. 그러나 성경의 약속은 하나님의 주권 아래 예수 그리스도를 통하여 인간을 향해 맺는 언약이므로 인간들 사이 계약과는 성격이 다르기 때문에 계약이란 용어 대신에 '언약'이라고 부른다.

언약이란 단어는 아브라함과 아모리족 사이에 맺은 협약(창 14장), 군주와 하인들의 상호관계(삼하 3장), 다윗과 요나단 사이 우정어린 동맹(삼상 18:3,

20:8, 23:18), 그리고 결혼 맹세(잠 2:17, 말 2:14) 등에 이르기까지 다양한 상황에서 사용되었고, 더 본질적으로 이 단어는 하나님과 인간 사이에 사용되었다(BDB, 136). 이 단어는 아카디아어의 baru와 biritu에서 확인되는데, 그 의미는 "연결하다"(bond), "족쇄를 채우다"(fetter)이다. 따라서 이 단어는 각각 다른 이들을 하나로 묶어서 연결한다는 것, 그리고 하나로 연결되는 자연스러운 표식으로 상호 교제의 식사로 함께 먹는 행위에서 등장한다(Archer Jr., 2005, 299).

언약은 엄숙한 약속이며 통상적으로 여기에는 맹세가 수반된다. 고대에서 상호간 협약을 맺을 때에는 종종 종교적 성격을 나타내곤 하였는데, 이는 이 약속을 어기거나 파기할 시 그에 대한 처벌을 그들이 숭배하는 신들에게 의탁하였기 때문이다. 그래서 이 약속은 법으로 긴밀하게 연결되었고 이 약속이 지속될 수 있도록 상호간 의무 조항이 부가되었다(Mendenhall, 1962, 714).

로버트슨(Robertson, 1980, 3-15)은 언약에서 신적인 특징에 주목하면서, 이 언약은 피로 결속되는 특징이 있다고 하였다. 성경은 신적인 언약의 중요성을 자주 강조하는데, 하나님 스스로 특정한 사람들과 언약적 관계를 반복해서 맺는다. 만약 그런 각각의 사례들을 별도로 추적한다면 언약은 각각의 상황에 따라 다른 여러 가지 약속들로 인식될 것이다. 그렇지만 언약은 여러 다양한 시대 가운데 등장하는 개별적인 사람들이나 어떤 그룹들과 체결한다는 역사성을 인정하면서도 여기에는 총체적인 하나의 분명한 의미가 있다. 그것은 하나님 편에서 자기 백성과 체결한다는 의미가 들어 있다는 것이며, 이때 하나님은 주권적으로 피로 결속되는 약속을 자기 백성에게 부여하신다.

언약이 당사자들 간 상호 의무를 부여하고 그것에 신실하게 반응하는 차원에서 조약이 유지되는 것이라고 한다면, 한 쪽이나 또는 양측 모두 어느 시점에서 이의를 제기하며 과거의 약속을 파기할 수도 있다. 심하게는 전쟁을 일으켜서 그렇게 할 수도 있고, 거기까지는 가지 않더라도 상호교역에서 제한적 조치를 취함으로 그것을 파기 혹은 변개하기를 시도할 수도 있다. 그러나 성경에서 나타나는 언약은 인간과 인간 사이가 아니라 하나님과 인간 사이에 대한 것이며 그것도 하나님의 주권적인 성격을 강조하여 자기 백성에게 제시되는 성격을 가진다.

바로 이 점에서 성경의 언약은 신적인 특성을 가지고 있고, 또한 피로 결속된(bond-in-blood) 특징을 가진다. 피로 결속되었다는 의미는 이 약속이 하나님과 인간 사이에 궁극적인 헌신을 표현할 때에 생명과 죽음이 언약적 맥락 안에 긴밀하게 붙어 있음을 시사한다. 로버트슨(1980, 8)은 이에 대해 하나님은 우연적이거나 비형식적으로 인간과 관계를 하시는 분이 아니시며, 오히려 하나님은 생명과 죽음이라는 궁극적 문제들에까지 그분의 약속을 확장하신다고 설명한다.

따라서 언약은 인간의 삶과 죽음이라는 실제적인 현실 문제 안으로 깊숙하게 들어오시는 하나님을 보여준다. 사람은 때로 이 문제에 대해 회피하거나 간과하면서 자신들의 삶을 이어가곤 한다. 이렇게 하는 까닭은 생사의 문제는 본질적이고 현실적이긴 하지만 고대로부터 현재에 이르기까지 인간이 이에 대해 별로 할 것이 없다고 보았기 때문이다. 물론 21세기에 이르러 상황은 달라진 것처럼 보인다. 유발 하라리(2017, 540-544)는 지난 세기는 기독교나 공산주의 등 종교들의 영향이 거대하였지만, 이제는 '데이터교'가 강화되어 이것이 세상을 지배하는 과학적 이성의 진보 시대를 구가할 것이라고 본다. 이렇게 되면 생명과 죽음의 문제는 종교적인 문제가 아니라 기술적인 문제로 인식된다. 과거에는 이것을 신적인 영역이라 여겨서 생명과 죽음의 신비 앞에서 인간의 한계를 체감하면서 겸손함을 보이기도 하였으나, 이제는 죽음을 넘어서 문자 그대로 영원히 살아가는 영생을 기술적으로 해결할 수 있다고 여기는 것이다.

이와 같은 극도의 세속화는 하나님과 인간의 언약이라는 전통적인 시각을 해체해 버린다. 이미 계몽주의 이후 포스트모더니즘 시대에 이르기까지 점차적으로 인간은 이성의 역할을 확장하여 신적인 영역까지 인간중심적으로 판단하여 왔다. 이러한 세속화의 진전은 하나님과 인간이라는 관계 구도에서 하나님을 인간으로 대체하고, 인간과 기계의 관계로 대치하는 면모를 보여주고 있다.

언약에서 신적인 주권의 개념과 함께 피로 결속된 언약이란 개념은 '언약을 벤다'(to cut a covenant)는 뜻을 고려할 때 분명해 진다. 구약성경에서 이런 용례가 등장하는데, 대표적인 것은 창세기 15장과 예레미야 34장이다 (Robertson, 1980, 8-11). 창세기 15장은 하나님께서 아브람과 언약을 맺으시는 장면이다. 아브람은 언약 체결을 위하여 삼 년 된 암소, 암염소, 숫양을 준비하였다. 그는 하나님의 지시를 따라 새를 제외하고 각 짐승의 중간을 쪼개고 각각을 마주하여 배치하였다. 그날 캄캄한 밤에 하나님은 횃불같이 등장하셨고 언약의 말씀과 함께 쪼갠 고기 사이를 지나가셨다.

한편 예레미야 34장은 언약 이행에 불충한 이스라엘에 대해 송아지를 둘로 쪼개고 그 두 조각 사이를 지나는 방식으로 언약을 맺었음에도 그들이 언약을 어겼다고 책망한다. 불충한 백성들이 언약을 깨뜨리는 것은 두 조각난 송아지 사이를 지나가는 것으로 간주 되었고, 이에 따라 이스라엘은 하나님의 형벌을 받아 바벨론의 포로가 됨을 피할 수 없다고 해석되었다(렘 34:17-22). 이런 점에서 언약을 체결하는 가시적인 의식에서 짐승을 나눈다(to cut)는 것은 죽음을 나타내는 엄중한 서약이다. 언약에 충실할 때에는 생명을 보장 받지만, 반대의 경우에는 죽음을 피하지 못한다는 것이다. 이것이 바로 피로 결속한 언약이며 이것은 곧장 생명과 죽음의 결합을 가리킨다.

웨스트민스터신앙고백서 제7장은 하나님의 언약에 대해 6개 항으로 설명한다. 언약의 두 당사자는 하나님과 인간으로 이 둘 사이는 엄격히 구별되고 있다. 인간은 순종으로 언약의 혜택을 누릴 수 있지만, 인간 편에서 그 혜택을 얻을 가망은 전혀 없다. 따라서 오직 하나님 편에서 은혜로 언약을 이루어주셔야만 한다. 여기서 언약은 인간의 행위언약이 아니라, 주도적으로 언약을 이루시는 하나님의 은혜언약임을 알 수 있다. 그리고 은혜언약의 핵심은 신약성경이 가르치는 바 예수 그리스도의 십자가 구속 사역에 놓여 있다 (Williamson, 1964, 62-68).

이와 같이 언약은 하나님 편에서 주권적으로 인간을 찾아와서 맺으시는 은혜의 언약이다. 인간 편에서는 수동적으로 하나님이 제시하는 언약을 듣고 받아들인다. 물론 언약을 받아들인다는 것은 수동적인 것만은 아니며 적극적으로 자원하는 심정으로 그 언약에 충성을 다할 것을 맹세한다는 의미도 포함된다. 하지만 예레미야 34장에서 지적하듯이 인간 편에서는 충성 맹세를 지켜낼 수 없었다. 그럼에도 이 언약은 무효가 되지 않고 존속하였고 마침내 예수 그리스도로 인하여 성취되었다. 언약이 담고 있는 신적인 피의 결속이라는 의미는 그리스도의 피로 말미암아 언약이 성취되었고, 이것을 믿음으로 받아들이는 모든 이들에게 유대인과 이방인 구별 없이 그 혜택이 고스란히 적용된다는 뜻이다.

　이 언약의 혜택과 관련하여 한 가지 전통적인 방식이 역사 속에서 주어졌는데, 그것이 언약 교육이다. 구약성경과 신약성경은 물론 교회의 전체 역사에 걸쳐서 언약교육은 교육의 모든 상황에서 핵심이었다. 언약은 교육을 통해서 대를 이어 전수될 수 있기 때문이고, 그렇게 언약이 계승됨으로 신앙은 끊어지지 않고 대물림 될 수 있기 때문이다.

나. 언약의 교육적 개념

　언약을 대개 신학적인 의미로 이해하여 왔으나 사실 언약 자체는 다분히 교육적인 요소를 포함하고 있다. 언약 자체가 교육적인 의미를 담고 있다는 사실은 이 용어가 본질적으로 관계를 기초로 한다는 점에서 확인된다. 가정에서는 부모와 자녀의 관계가 자리하고 그래서 가정교육이 필수이다. 학교와 교회도 마찬가지 이유로 교육이 필수적이고 본질적인 요소이다. 따라서 하나님과 인간의 관계를 말하는 언약 역시 교육이 본질적 요소이다. 언약교육에서 주도권은 당연히 하나님께서 갖고 계시며, 하나님은 자신이 언약을 통해 이루고자 하시는 바를 당신이 선택하여 위임하는 대리자들을 통해 실행하신다. 이 언약교육의 대리자들이 바로 구약에서는 제사장, 선지자, 지혜자였다. 그러나 무엇보다 언약 교육의 신적 대리자는 부모였다(조성국, 2000).

　언약의 신적 대리자들과 함께 생각해야 할 핵심 요소는 언약의 내용이다. 이것이 율법이다. 언약의 교육적 요소 첫째는 언약과 율법의 관계에서, 그리고 둘째 교육적 요소는 언약과 이것의 신적 대리자들의 관계에서 확인할 수 있다. 본 장의 논의의 초점은 언약과 이것의 신적 대리자들의 관계에 대한 것이다. 기독교 대안교육의 주체는 언약교육의 관점에서 볼 때 본질적으로는 하나님께 있고, 다음으로는 하나님께서 교육을 위임하는 주체들인 부모, 교사, 교회로 이어지기 때문이다.

언약교육에서 율법은 단연 절대적인 교육내용이며 반드시 모든 언약의 계승자 내지는 수여자들에게 가르쳐져야 한다. 율법은 단순하게 구약시대만을 위한 것이 아니며, 신약과 그 이후 모든 시대에 공통적으로 유효한 신적인 말씀이다. 율법은 잘 알려진 것과 같이 도덕법, 의식법, 시민법으로 이루어져 있으며, 그 근본 요점은 십계명에서 발견할 수 있다.

웨스트민스터신앙고백서 제19장은 하나님께서 언약의 대상자인 자기 백성들이 마땅히 순종해야 할 법으로 율법을 주셨다고 설명한다. 그래서 율법은 행위언약이다. 그러나 문제는 타락한 인생들은 행위언약인 율법을 지킬 능력을 상실하였다는 것이다. 십계명은 하나님을 향한 사랑의 의무와 인간을 향한 사랑의 의무 두 가지를 명령하지만 이를 기꺼이 그리고 철저히 지킬 능력이 타락한 인생들에게는 더 이상 있지 않다. 그럼에도 지킬 수 없는 이 율법이 여전히 유효한 까닭은 예수 그리스도 안에서 이것들이 성취되었기 때문이다. 이 부분에 대해서 신앙고백서는 그리스도께서 복음으로 도덕법의 의무를 폐하지 아니하고 오히려 더욱 강화시킨다고 설명한다(Williamson, 1964, 137-146).

다음으로 신적인 대리자로서 하나님께서 위임하신 교육의 주체들이다. 이들은 언약교육의 담당자들인데, 조성국(2000)은 이에 대하여 하나님께서는 언약의 주창자인 동시에 언약의 약속에 대한 성취의 주도자이시고, 그 하나님은 언약교육의 교육자인 동시에 교육자들을 세우시는 분이라고 설명한다. 여러 시대 수많은 교육의 주체들이 가정에서, 교회에서, 학교에서, 그리고 사회 곳곳에서 각각 자신들의 기능을 수행하였는데, 이 모든 기능은 언약의 주창자 하나님께서 언약교육을 받아야 할 자기 백성들과 그들의 자녀들을 교육해 가는 역사적 과정이었던 것이다(Eavey, 1977, 19-25).

구약성경 시대 언약 교육의 일차적이고 거의 유일한 주체는 부모였다. 언약은 본질적으로 한 세대에서 다음 세대로 넘어가면서 역사적으로 지속되는 성격이므로 그 자체로 세대적 포괄성을 지닌다. 언약교육의 가장 널리 알려진 성경 본문은 신명기 6장인데, 이 본문은 소위 쉐마라는 명칭으로 알려졌다. 이 본문은 언약의 내용과 함께 언약의 지속성을 위해 하나님께서 모든 세대 모든 부모 그리고 교육적 기능을 담당하는 이들에게 명령하시는 "히브리 교육의 헌장"이라 할 수 있다(강용원, 1982).

쉐마는 언약의 세대적 포괄성을 통하여 부모의 교육적 역할을 강조한다. 국가 간 협약을 체결할 경우 그것이 파기 되기 전까지는 양국의 모든 시민들에게 공통적으로 그 효력이 적용된다. 그 협약이 체결될 때 태어나지 않은 후세대들도 당연히 그 협약이 존재하는 한 그것의 효력은 그대로 인정된다. 하나님의 언약은 폐기된다든지 무효가 되는 법이 없는 영원한 언약이기 때문에 이 언약과 연결되는 모든 세대들에게 율법은 항상 유효하며, 이와 같은 지속적 계승을 보장하기 위하여 부모의 역할은 절대적이었던 것이다.

한편 부모는 혈연적 직계관계에서 부모와 자녀 관계로만 한정되지 않는다. 부모는 부모에 상응하는 지위에 있는 모든 관계들로 확장된다. 웨스트민스터소교리문답 제64문항은 이 점을 설명하기를, "다섯 번째 계명이 요구하는 것은 윗사람이든지 아랫사람이든지 동등한 관계든지 그들의 모든 장소와 관계들 안에서 각 사람들에게 명예를 지키고 의무를 수행하는 것"이라고 한다(Williamson, 2003, 241). 이처럼 부모는 언약교육의 대상들을 지도하고 가르치는 위치에 있는 모든 이들에게로 확장된다.

일반적으로 교육의 주체로 국가가 강조되는 경우에는 국가의 인정을 받는 자격을 지닌 교사들이 된다. 그리고 전통적으로 자녀들의 교육에 일차적인 책임을 지닌다고 인식되어 온 학부모들도 주체의 한 자리를 차지한다. 그런데 이상에서 살펴본 것처럼 성경의 가르침은 교육의 주체 문제에 대한 답을 언약을 주창하시고 그것을 성취하시는 하나님에게서 찾고 있다. 그런데 그 하나님은 세대를 거쳐 언약을 계승시켜 자기 백성을 교육하기 위하여 신적 대리자들을 세우시는데 이들이 각 가정의 부모들이다. 이때 부모는 단지 혈연적인 관계로만 이해되지 않고, 부모의 역할을 수행하는 교사들 곧 학교에서나 교회에서나 가르침의 역할을 수행하는 이들은 물론이고 사회에서도 그러한 권한을 지닌 모든 이들 곧 상급자, 정치인들 등 모두에게로 확장될 수 있다.

3. 기독교 대안교육의 주체: 학생, 교사, 부모와 가정 그리고 교회

기독교 대안교육의 주체는 교육에 대한 성경적이고 본질적인 이해로부터 접근할 때, 단 하나의 주체를 갖게 된다. 그 주체는 단 하나의 교사이신 그리스도이다(마 23:8). 그리스도는 특별히 언약에 있어서 핵심이 되신다. 피로 결속되었다는 언약의 개념에서 그리스도만이 행위언약과 은혜언약 모두에 있어서 주체가 되신다. 타락한 인간은 언약을 율법으로 받아 행위언약에 충실하도록 명령은 받지만 이를 수행할 능력을 갖지 못하기 때문이다. 인간이 언약 이

행에 무력하다고 하더라도 언약은 폐기되지 않는다. 오히려 그리스도로 인하여 행위언약은 그리스도를 믿고 따르는 이들 모두에게 더욱 강화된다.

언약교육에 있어서 그리스도만이 궁극적 주체가 되심에도 그 분은 이를 그의 신적 대리인들을 세워 실행하신다는 점에서 교육 주체의 위임을 생각할 수 있다. 이와 같은 하나님의 위임을 섭리 차원에서 생각할 수 있다. 웨스트민스터 신앙고백서 5장은 섭리에 대해 하나님은 통상적으로 방편들(수단들)을 사용하셔서 일하시지만 그분의 기뻐하심을 따라 방편 없이 혹은 방편을 초월하거나 반대되는 방식으로 자유롭게 일하신다고 설명한다(Williamson, 1964, 48).

언약 안에서 교육의 주체와 섭리를 연결한다면, 하나님의 일하시는 방식을 알 수 있다. 주권자요 주체자인 하나님은 얼마든지 누구의 도움도 없이, 어떠한 방편도 없이 일하시는데 전혀 제약을 받지 않으시는 절대적으로 자유로운 분이시다. 그럼에도 그 분은 쉐마교육에서 잘 보여주듯이 친히 교육 명령을 통해 세대를 포괄하여 언약을 전수하는 것을 기뻐하신다.

사도행전 27장은 하나님의 섭리에 대해 한 예를 통해 설명하고 있다. 사도 바울은 로마로 여행하는 배가 큰 풍랑을 만나 생명이 경각에 달리는 곤경에 처하게 된다. 그런데 바울은 하나님으로부터 자신과 배에 타고 있는 모두의 안전을 보장받는다. 그렇다면 바울은 아무 것도 하지 않아도 안전을 확신하면서 지낼 수 있다. 그런데 바울은 백부장과 군인들에게 선원들이 도망하지 않고 배에 남아 있어야 구원을 받을 수 있다고 한다(행 27:31). 바울은 안전을 확신하고 있지만 배를 운행하는 선원들이 그들의 역할을 해야 한다는 것도 잘 알았던 것이다. 이처럼 하나님은 섭리로 얼마든지 자유롭게 일을 하실 수 있지만 일반적으로는 방편을 통해서 일하신다.

이와 마찬가지로 하나님은 언약교육의 주체로 주권적으로 아무런 제한도 받지 않고 자유롭게 일하실 수 있지만 하나님의 방편으로 신적 대리인들을 통해 일하신다. 바로 이 사실 곧 하나님께서 그의 신적 대리인들을 통해 교육하신다는 점은 교육의 주체에 대한 두 번째 논의를 가능하게 만든다. 그리스도께서 성령으로 주도하시는 이 교육의 현장에 학생, 교사, 부모와 가정 그리고 교회가 긴밀하게 협력해야 한다. 그러므로 이제 이들 각각이 대안교육에서 어떻게 관계하는지 살펴볼 필요가 있다.

교육의 주체에 있어서 전통적으로 세 기관이 관여 해 왔는데, 국가와 교회 그리고 가정이다. 이 세 기관들은 학교를 설립하였고, 그들의 목적을 따라 교육을 실행하였다(De Jong, 1969, 120-121). 국가, 교회, 가정(부모) 그리고 이들에 의해 설립된 학교 등 모든 기관들은 하나님께로부터 나와서 하나님의 교육을 실시한다는 점에서 하나같이 하나님을 향해 책임을 지게 된다.

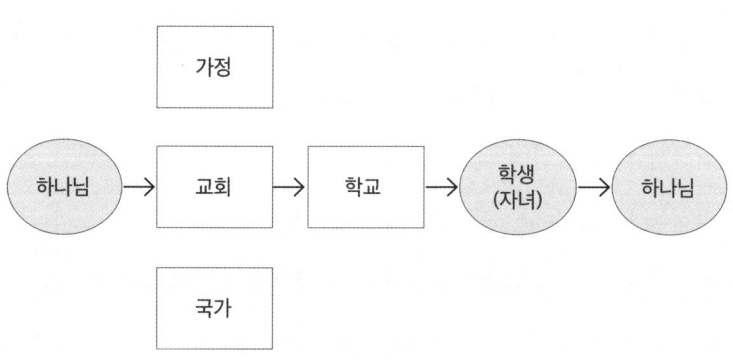

<그림IX-1> 교육의 구조적 형태

*자료출처 : 교육의 주체(De Jong, 1969) 재구성

위 그림에서 보여주듯이 교육의 주체는 하나님이시고, 신적인 교육의 대리기관들은 가정(부모), 교회(목사), 국가(정부, 관리)이다. 이들 세 기관이 학교를 설립하여 학생(자녀)을 교육한다. 교육의 구조는 본래 하나님께로부터 나오는 것이므로 결국 하나님을 향해 나아가야 한다. 곧 학생(자녀)은 교육의 결과로 하나님을 향해 책임 있는 그리스도의 제자로 성장해야 하는 것이다.

또한 하나님은 국가, 교회, 가정에 그리고 이들로부터 설립되는 학교를 방편으로 삼아서 하나님의 뜻을 따라 학생을 교육하도록 의도하신다. 그런데 신적인 영역을 배제하는 세속화 사고에서는 이 점에서 오류를 범한다. 이는 이들 각각의 기관이 신적인 대리 역할을 한다는 것을 간과하고 각각 독립적으로 작동한다고 여긴다. 드 종(1969, 129)은 아무런 관계도 하지 않고 따로 분리되어 존재하는 네 개의 그림으로 이것을 나타낸다.

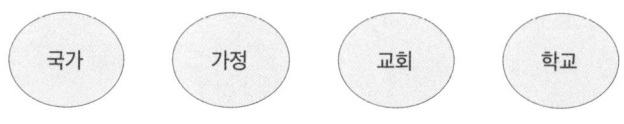

<그림 IX-2> 교육의 주체(기관)에 대한 오해

*자료출처 : De Jong, 1969

서구 사회는 근대 이래 국가와 교회를 엄격히 구분하려고 하였다. 그리고 심지어 국가는 종교와는 아무런 상관없는 독립적 기관처럼 간주하였다. 하지만 종교와 분리하여 존재하는 국가는 없다. 마찬가지로 교육도 종교와 분리하여 중립적이고 객관적으로 이루어지는 법은 없다. 왜냐하면 모든 교육은 하나님으로부터 나와서 하나님을 향해 섬김으로 나아가거나 하나님을 거역하여 반역하는 쪽으로 나아가거나 둘 중 하나의 성향을 보이기 때문이다. 이에 대한 가치 중립은 존재할 수 없다. 그런 까닭에 교육의 주체는 이들 네 개 기관이 하나님께 대해 긍정인지 혹은 부정인지로 나아가며 그 중간은 없다. 따라서 네 개 기관은 별개로 독립되어 있지 않으며 상호 중첩되는 영역을 가질 수밖에 없다. 그렇다면 각각의 영역주권은 교육적인 면에서 별도로 취급되는 것이 아니라 네 개의 기관이 중첩하는 면을 보이게 된다(De Jong, 1969, 129).

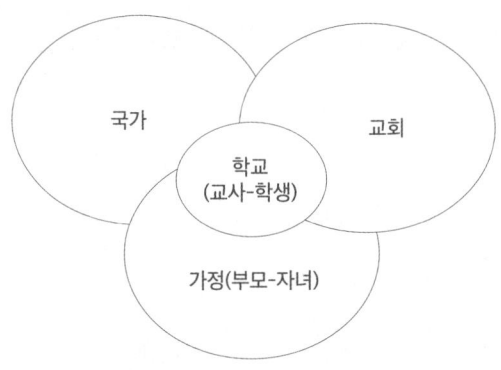

<그림 IX-3> 각 교육 주체의 상호 관계성

*자료출처 : De Jong, 1969 재구성

교육은 학교에서는 교사와 학생, 가정에서는 부모와 자녀 사이에 이루어진다. 이때 학교의 학생은, 가정에서는 자녀이기에 동일한 자리에 놓인다. 또한 기독교 대안교육에서 교회는 중요한 위치에 있다. 이들 주요 대상들은 절대적이고 주권적인 단 하나의 주체이신 하나님(그리스도)께로부터 언약 안에서 교육적 역할을 갖게 된다. 언약적 관계에서 하나님은 자기 백성(자녀)을 그리스도의 제자로 교육하기 위해 부모에게 일차적으로 권한을 위임하셨으므로 부모는 신적 대리자 지위에서 볼 때 일차적인 위치에 있다. 또한 부모의 역할을 한다고 간주되는 교사도 주체의 한 요소를 맡는다고 볼 수 있다. 학생은 교육의 대상으로 통상적으로 여겨지는데, 이들은 교육의 결과를 나타내는 가장 중요한 위치에 있다. 또한 학생은 전통 교육에서 주체적인 면에서 언제나 소극적인 자리에 놓였고, 거의 수동적으로 일관되었다. 그러나 학생(자녀)은 하나님의 신적 대리인인 부모와 교사와 더불어 적극적으로 교육에 참여하며 그리스도의 제자 됨을 배우고 체득해야 한다는 점에서 그리고 교육의 성패가 다른 것이 아니라 학생의 변화(성화)에 달려 있다는 점에서 주체적인 성격을 갖는다고 볼 수 있다. 아울러 교회는 가정과 협력하여 하나님의 자녀를 참 그리스도의 제자로 양육해야 한다는 점에서 협력적 주체의 역할을 맡는다. 이제 기독교 대안교육의 주요 주체들에 대해 언약적 관계를 토대로 살펴보기로 한다.

가. 학생

언약을 떠나게 되면 학생은 세속철학에 노출될 수밖에 없다. 고대의 철학은 이원론적인 성향을 다분히 가졌으므로 플라톤과 아리스토텔레스는 헬라인(hellenikoi)과 야민인(babaroi)으로 인간을 구분지었다. 말씀의 백성이라 할 수 있는 유대인조차도 자신들은 선민으로 이해하면서 다른 민족들은 구원과는 상관이 없는 이방인이라고 여겼다. 또한 로마인들은 로마시민(humanus)과 로마시민이 아닌 인간(homo)로 구분 지었다. 동양에서도 이런 사상은 유사하게 나타나는데, 한족(漢族)의 중국(中國)은 자신들을 세상의 중앙에 위치한 으뜸 족속이라 여겼던 반면, 한국과 같은 동쪽의 민족에 대해서는 동쪽 변방의 오랑캐라는 뜻으로 동이(東夷)라고 불렀다(전광식, 2019, 128).

따라서 성경과 기독교 세계관이 없이 교육을 하는 것은 이와 같은 잘못된 이원론 안에 학생들을 가두게 된다. 이 속에서는 끝없는 경쟁을 통해 자신의 가치를 평가 받아야 하고, 여기에 부응하지 못하면 가치가 떨어지는 것으로 또는 실패한 인생으로 낙인찍히게 된다. 이에 대해 성경은 학생을 하나님의 형상으로 가르치고 있고, 세상 역사 속에서 오랫동안 구분 지어 왔던 인간의 계층 문제를 철폐하고 모든 인간은 죄인이며, 하나님의 은혜로 구원을 받아야 할 대상임을 깨닫게 한다.

물론 세상 풍조 속에 하나님의 형상(imago Dei)인 인간이 종종 세상의 형상(imago mundi)로 오해되어 성경을 벗어난 교육 상황에 내몰리는 경우가 많이 있다. 그렇지만 기독교 대안교육에서 학생은 그릇된 사상 속에 갇힌 인간이 아니라 하나님의 거룩함을 따라 성화를 이루어갈 고귀한 존재임을 주지시키므로 더 이상 교육 주체들의 희생자가 되지 않아야 한다. 기독교 대안교육은 학생을 각 교육 주체들에 대한 수동적인 위치가 아니라 언약 안에 주권자 하나님 앞에서 함께 협력하는 하나의 주체로 인정하여야 한다. 그래서 세상의 성과주의, 성공주의 안에서 경쟁하는 학생이 아니라 세상의 형상에 대항하여 하나님의 형상을 회복하고 이 시대를 개혁해 나가는 참다운 그리스도의 제자로 성장해야 한다.

나. 교사

교사는 기독교 대안교육에서 중요한 위치를 가진다. 그러나 전통적인 교육에서처럼 교사가 교육의 독점적인 존재로 이해되지는 않는다. 교육의 주체에 대한 한 가지 오해는 부모가 갈수록 복잡다변화하는 전문화 사회에서 더 이상 자녀를 가르칠 여력이 되지 않으므로 자녀 교육을 국가와 교사에게 또는 교회에게 맡긴다는 것이다. 이렇게 되면 교육의 주체는 학교의 교사나 교회의 교사가 점유하게 된다. 이러므로 부모는 단순하게 자녀를 학교에 보내고 교회에 보내면 그 의무를 다하는 것으로 착각한다.

그러나 언약 관계에서 교사는 부모의 교육 책무를 제거하지 않는다. 교사는 부모와 아무런 상의 없이 독단적으로 학생을 교육하지 않아야 한다. 만약 교사가 학교의 많은 일과들을 계획 실행하여 학생을 지배하고 통제하게 되면 학생은 가정에서 부모와 자녀의 관계를 경험하는 데 제약을 받게 된다. 물리적인 시간으로 볼 때 학생이 학교에서 교사로부터 더 많은 영향을 받게 되므로 부모의 교육이 더 이상 작동되지 않게 만드는 부작용을 초래하는 것이다.

그렇다면 대안교육에서 교사는 주체적인 위치를 갖되 일차적으로는 신적인 대리자 자격에서는 부모 다음의 순서에 있음을 인식해야 한다. 하나님의 형상인 학생을 바르게 교육하기 위해 교사가 학생을 교육할 수 있지만 그것도 부모와 깊이 있고 진정성 있는 대화를 통해 공감대를 형성하면서 실천해야 한다. 한편 교사는 동료교사와 더불어 학생을 교육하는 것이고 또한 학교와 그 위의 감독 기관 아래 위치한다는 점도 인식해야 한다. 그래서 자신이 위임받은 주체적인 권한을 독점하여 남용하지 말고 하나님 앞에서 그리고 학부모와 적합한 관계를 유지하는 동시에 자신의 위에 놓인 권위에 순응하는 방식으로 그 주체적 권한을 사용할 수 있어야 한다.

다. 부모와 가정

부모와 가정은 대안교육에서 중핵적인 위치에 있다. 교육의 주체에 있어서 부모와 가정은 하나님으로부터 교육을 위임받은 첫 번째 기관이기 때문이다. 교회와 학교는 교육의 주체에서는 두 번째 자리에 놓이게 된다. 그러나 현 사회에서 부모와 가정의 교육적 위치는 합당한 자리를 얻지 못하고 있다. 부모는 학교의 교사와 교회의 교사 사이에서 자신의 자녀에 대한 교육에 한 걸음 물러난 모양새를 보이고 있다.

이렇게 된 까닭은 가정보다는 학교와 과외 교육 상황에 내몰리는 학생들의 형편에서 쉽게 확인된다. 우리나라가 고도의 산업화 시대를 통해 경제적인 성장은 이루어 왔으나 그런 성과를 얻기까지 부모와 가정은 많은 희생을 감수해야 했다. 이렇게 되므로 결속력 있고 강한 애정의 관계를 보이던 가정은 파편화되었고 심지어 부모는 자녀들을 학교와 교회에 보내어 적절한 교육 받을 여건을 마련해 주는 의무를 감당하기 위해 산업의 일선에서 노동력을 제공하여 비용을 부담하는 근로자처럼 이해되었다.

교회에서도 이런 정황은 별반 다르지 않아서 지난 세기 말 한국 사회의 경제적 급성장은 교회에도 고스란히 이어져서 괄목할 만한 성장을 보였다. 이런 성장은 각 사람이 복음을 깨닫고 철저한 회개와 진실한 자성을 통해 참된 그리스도의 제자로 변화를 이루어가는 성화의 과정에서 나타나는 바람직한 성장은 아니었다. 오히려 성장 이면에는 그늘이 자리하였는데 그 중 하나가 부모와 가정을 잃어버린 것이다. 부모와 가정의 시간보다는 직장에서 또는 교회에서 일하는 시간이 많았던 것이다. 이에 따라 자녀 교육은 지식적으로는 학교의 교사에게, 신앙적으로는 교회의 교사에게 맡기는 것이라는 인식이 일반화 되었다.

그러나 기독교 대안교육은 부모와 가정의 기능을 다시금 회복하는 쪽으로 방향을 틀어야 한다. 교사가 독점적으로 교육의 주체를 점유하는 것이 아니라 부모와 가정을 회복하여 다시금 하나님 앞에서 부모가 일차적인 교육의 책무를 담당할 수 있도록 할 때 대안교육은 올바른 방향으로 나아갈 수 있다.

라. 교회

교회는 교육에 있어서 가장 오래되고 전통적인 기관이다. 서구에서는 근·현대 학교가 등장하기 전까지 교육기관은 거의 교회가 독점하고 있었다. 그렇지만 고도의 세속화 속에서 교회는 교육의 주체 역할에 많은 제약을 받고 있다. 시간적으로 학생들은 교회보다는 학교나 학원에 머무는 시간이 더욱 많다. 그렇지만 교육의 주체에 있어서 교회가 아무런 역할도 할 수 없을 정도로 무력한 것은 결코 아니다.

우선 교회는 언약의 본질을 부모와 자녀에게 그리고 학교에 가르칠 중요한 책무를 갖고 있다. 그러므로 거대한 세속화 상황에서 교회는 언약 교육이 중단되지 않고 효과적으로 실천될 수 있도록 각고의 책임을 감당할 수 있어야 한다. 그렇게 하기 위해 교회는 항상 교육하는 교회여야 하고, 무엇보다 부모를 성실하게 교육해야 한다. 교회가 언약 교육의 책무를 바르게 감당할 수 있게 부모를 격려하고 지원할 때, 가정은 올바르게 세워지고 자녀는 올바른 인격으로 그리고 그리스도의 제자로 자랄 수 있다.

한편 교회는 언약 교육을 바르게 시행하기 위해 지난 세기 말 우리나라가 교회 성장에 매진하면서 부모와 가정을 약화시켜 왔던 문제를 극복해야 한다. 교회는 교회 자체를 목적으로 삼지 않아야 하며 교회를 통해 하나님 나라 확장에 매진하여야 한다. 교회가 교육의 주체 권위를 오용하여 학생과 교사와 부모를 교회의 성장이라든지 어떤 목적을 위해 희생시키고자 한다면 하나님의 언약은 가로막히게 된다는 점에 유념해야 한다. 그러므로 목사와 교회의 지도자는 교회 자체를 위하는 목적이 아니라 가정과 부모를 건실하게 세우고 학교를 후원하는 방식으로 기독교 대안교육에 주체적인 역할을 감당해야 한다.

이상의 논의에서 언약은 기독교 대안교육의 주체가 누구인지에 대해 중요한 실마리를 던져 준다. 국가는 정교분리와 세속화의 심화로 인하여 종교와는 독립된 기관처럼 간주되었다. 그래서 공적이고 중립적이고 객관적인 일들은 국가의 책임으로, 영적이고 종교적인 일들은 교회의 책임으로 간주하였다. 이는 명백한 오해인데, 이 세상에서 종교와 무관하며 중립적이고 보편적인 영역은 존재하지 않기 때문이다. 그런 까닭에 교육의 주체를 언약과 무관하게 세속적으로 접근한다고 하면 국가와 교회는 대립되며, 국가와 학교도 대립되고, 교육의 주체와 관련되는 학생, 교사, 학부모 등 개별자도 모두 대립되거나 어느 한 쪽이 다른 쪽을 약화시킬 우려가 다분히 있다. 그러므로 교육의 주체에 대해서는 성경적인 관점에서 언약을 중심으로 접근해야 한다.

언약 명령의 주체는 하나님 자신이고 이 명령을 듣고 순종으로 반응하는 이들은 하나님의 백성이다. 물론 하나님의 백성이 인간을 언약 명령에 부합하여 행동할 수 있는 능력 자체가 없다. 그렇지만 언약은 무효화 되지 않고 예수 그리스도에 의해 온전하게 성취된다. 따라서 하나님의 백성은 자신들의 공로가 아니라 오직 그리스도의 은덕에 의해서 언약의 수혜자들이 된다.

세속화 풍조에서 교육을 볼 때에는 아동중심인지 교사중심인지가 첨예한 대립이 된다. 국가가 교육을 지배하고 다스리는지 아니면 학부모의 권위를 더 크게 볼 것인지는 그 나라와 사회의 교육에 직접적인 영향을 준다. 그러나 기독교 대안교육은 언약 안에서 하나님의 주권 아래 신적 대리자들로 교육의 주체들을 이해하면서 문제의 본질에 접근한다. 기독교 대안교육의 주체는 그 각각이 언약 안에서 죄인들을 부르신 그리스도의 은혜를 따라 합당한 응답을 나타내는 자들로 이해된다.

한편 하나님은 언약 교육을 대대로 이루어가기 위해서 자신의 신적 대리자들에게 그 책임을 위임하셨다. 여기서 하나님으로부터 위임을 받은 신적 대리자들이 기독교 대안교육의 주체가 된다. 이들은 학생, 교사, 부모와 가정 그리고 교회이다. 교육의 주체들은 독립적으로 존재하지 않으며 어느 쪽이 다른 쪽 위에 군림하거나 어느 한 쪽을 제거하지 못한다. 이들 모두는 독자적인 권위가 아니라 언약 안에서 하나님으로부터 위임받은 권위 안에서 자기 역할에 충실해야 한다. 따라서 기독교 대안교육의 주체들은 상호협력하여 유일한 교사이신 그리스도의 뜻을 찾고, 그 뜻을 이루는 쪽으로 나아가야 한다. 학생, 교사, 부모와 가정, 교회 등 이들 상호관계에서 위계질서를 따질 수는 있으나 수직 계층적으로 이해되지 않아야 한다. 이는 교육의 주체들에 있어서 어느 누구도 하나님을 제외하고는 높다거나 낮다고 할 수 없는 상호 평등한 관계를 갖기 때문이다.

학생, 교사, 부모와 가정 그리고 교회는 연합하여 예수 그리스도의 주권 아래 각자의 책임을 다해야 하며, 상호협력하여 하나님 나라와 뜻을 이루어가는 주체들이어야 한다. 따라서 이들 주체들은 궁극적으로 하나님의 교육을 실현하여 학생들이 소외받거나 세속 사회에 함몰되도록 방치하는 것이 아니라 그리스도와 참된 만남을 갖고 그리스도의 진실한 제자로 교육하는 일에 진력해야 할 것이다.

Q. 나눔을 위한 질문

- 기독교 대안교육의 궁극적인 주체는 누구이며 왜 그렇게 생각하는지 말해 보시오.
- 언약이 신학적이면서도 본질적으로는 교육적인 성격을 가지는 이유를 말해 보시오.
- 기독교 대안교육의 주체를 언약 안에서 접근해야 할 필요성과 당위성은 무엇인지 말해 보시오.

제10장

기독교 대안학교의 전망과 과제

박현수

제10장 기독교 대안학교의 전망과 과제

박현수

1. 대안교육기관법의 제정과 과제

90년대 우리 사회는 암기위주 입시중심의 교육으로 인해 중등학교에서의 인성교육은 실종되었고 사고력과 창의력 교육 부실에 대한 문제가 사회 이슈화 되고 있었다. 30년이 지난 지금도 이 문제는 진행형이다. 문민정부와 국민의 정부에서 우리 교육의 고질적 문제점이었던 과외교육과 입시교육을 근절하고 지식정보화 사회를 맞이하기 위한 교육개혁이 추진되었다. 정부에서는 1995년 5.31 교육개혁 방안에 따라 학교유형의 다양화, 교육내용의 특성화, 학교 운영체제의 자율화 방향을 제시하였는데 이는 대안교육의 속성과 어느 정도 맥락을 같이 하고 있는 것이다. 이를 볼 때 우리나라 대안교육의 본격적인 태동은 1995년을 원년으로 보아야 할 것이다. 교육부도 대안교육백서에서 그 연대를 1995년부터 보고 있다(박주정, 2014: 12). 여기서 마련된 신교육체제는 "열린교육사회, 평생학습사회" 건설을 비전으로 "학습자 중심 교육, 교육의 다양화, 자율과 책무성에 바탕을 둔 학교운영, 자유와 평등이 조화된 교육, 교육의 정보화, 질 높은 교육"을 특징으로 하고 있다. 이것은 특성화 대안학교의 인가 취지인 "학생 학부모의 선택권 확대와 교사 위주의 교육, 획일적인 교육에서 벗어나 다양성 존중, 자율학교 운영"과 밀접한 관련성을 갖고 있다. 특히 학습자의 다양한 개성을 존중하는 초·중등교육을 운영하는 데 있어서 고등학교 유형의 다양화가 핵심 내용이었다. 이를 위해 학교시설 설비기준을 학교의 특성에 맞게 다양화하고, 고교설립 준칙주의를 시행함으로써 새로운 형태의 다양한 특성화고등학교(국제고, 정보고, 디자인고, 학습부진아고 등)가 설립될 수 있도록 하는 것이었다(박주정, 2014: 15-16).

  1997년 6월 27일 대안학교를 포함한 소규모의 다양한 특성화고교의 설립을 허용하는 고교설립준칙주의 도입 방침이 발표되었다. 도입의 취지는 현행과 같은 획일화된 대규모 고교 형태로는 학생 개개인의 적성과 다양한 욕구를 충족시켜 줄 수 없을 뿐만 아니라, 세계화 정보화 시대에 능동적으로 대처할 수 있는 교육경쟁력 확보에 한계가 있기 때문에 고교 설립 기준을 대폭 낮춘 고교설립준칙주의를 도입하여 다양하게 특성화된 소규모 고교가 보다 자유롭게 설립·운영될 수 있도록 함으로써 입시·주지교과 위주로 획일화된 교육을 지양하고, 학생의 소질·적성·능력에 부응하는 다양한 교육을 통해 교육 선택의 폭의 확대를 유도한다는 것이다. 고교설립준칙주의에 따라 대안학교는 특성화고교의 범위 안에 포함되어 정규학교로 학력이 인정되는 제도권 교육으로 들어올 수 있는 제도적 장치를 이용할 수 있게 된 것이다. 이런 의미에서 1997년은 대안학교 법제화 추진의 원년으로 볼 수 있을 것이다.

  대안학교 특성화학교와 자율학교 제도는 2005년 각종학교로서 대안학교 설립 법안의 기초가 되었다고 볼 수 있다. 교육부는 2005년 3월 24일 대안학교를 각종학교 형태로 전환하기 위해 초·중등교육법 제60조 3항을 신설하였다. 이는 대안학교의 교육과정을 자유롭게 하기 위한 목적이었다. 대안학교에 대폭 자율권을 주겠다는 것이다. 이러한 대안학교법제화 조치는 법의 영역에 들어오지 않는 미인가 대안학교들을 양성화하여 그들이 불법의 오명을 벗을 수 있게 하는 데 일차적인 목적이 있었다. 아울러 예산이 허용되는 범위 안에서 이들을 지원할 수 있는 근거를 마련함으로써 기존의 제도화된 특성화 학교가 미쳐 다 담지 못한 교육적 허용을 수용할 수 있게 된 것에 의의가 있다고 보았다. 그러나 정부가 추진한 이 법은 현장의 공감을 얻지 못하였다. 기독교 대안학교들은 이 법이 기존의 기독교 학교(사립학교)들이 겪었던 전철을 밟아 학교설립 정신을 지키며 학교를 운영하기에 어렵다고 보았다. 일반 대안학교들 역시 학교설립 조건을 매우 완화했다고는 하나 여전히 초·중등교육법에서 요구하는 설립조건이나 교육과정 운영에 대한 정부의 간섭이 학교의 정체성을 흔들 수 있다고 보았다. 2005년 각종학교 법은 대안교육 현장의 철저한 외면으로 정착하지 못하게 된다.

2. 대안교육기관에 관한 법률의 제정과 과제

각종학교로서 법의 테두리 안에 들어가기를 거부하고 미인가 대안학교로 남아있던 기독교 대안학교들은 현실적인 어려움을 겪게 된다. 대안학교로서 행재정적인 지원을 받지 못하는 것은 충분히 감내하고 있었으나 인가를 받지 않는 불법 기관으로 각종 민원과 폐쇄 조치에 대한 압력에 시달렸다. 더욱이 부가가치세 부과와 같은 세금 부과의 압박을 받는 어려움을 겪었다. 기독교 대안학교들의 바람은 초·중·등교육법이 아닌 대안교육기관과 관련한 법이 새롭게 제정되는 것이었다. 18, 19, 20대 국회에서 대안학교의 정체성을 드러내며 학교의 자율성을 보장 받을 수 있는 법제정을 추진했으나 번번히 좌절되었다. 21대 국회에서야 박찬대 의원이 발의한 '대안교육기관에 관한 법률'안이 통과 되었고 2021년 시행령 제정을 거쳐 2022년부터 미인가 대안학교들이 대안교육기관으로 등록을 하기 시작했다. 2023년 8월 기준 17개 교육청에서 234개 대안학교가 이 법에 따라 대안교육기관으로 등록을 하였다. 초·중등교육법 60조 3항의 각종학교로서 인가와 달리 대안교육기관에 관한 법률이 현장에 호응을 받을 수 있었던 것은 법안 제정 과정에서부터 현장의 목소리가 적극 반영되었다는 것이다. 한국대안교육연합회[7]는 20대, 21대 국회에서 등록제 성격의 대안교육기관에 관한 법안의 통과를 위해 모든 역량을 집중했다. 그만큼 현장의 필요와 요구가 절실했기 때문이다.

'대안교육기관에 관한 법률'은 초·중등교육법이 아닌 대안교육기관[8]으로 등록할 수 있는 별도의 제정법이다. 기독교 대안교육 기관들이 학교의 설립 목적을 지키며 학교를 운영하기 위해 최소한의 등록 요건만 갖추면 대안교육기관으로 등록할 수 있게 한 법이다. 기독교 대안학교들 역시 대부분의 학교들이 이 법에 따라 등록을 하였거나 등록하기 위해 준비하고 있다. 하지만 앞으로 해결해야 할 과제들도 산적해 있다. 이 법안은 최소한의 등록 요건만 규

---

7) 기독교 대안학교 연합회 소속 학교들이 주축이 되어 공식적인 활동을 위해 설립한 사단법인이 한국대안교육기관연합회임(한대연)

8) 초·중등교육법 60조 3항은 각종학교로서 대안학교를 정의하고 있고, 대안교육기관에 관한 법률에서는 대안학교의 명칭을 대안교육기관으로 정의하고 있다. 현재 현장에서는 대안학교와 대안교육기관을 병용해서 사용하고 있다. 앞으로 명칭에 대한 합의점을 모색하기 위한 논의가 필요하다. 본고에서도 대안학교와 대안교육기관을 혼용하여 사용하고 있다.

정한 법이었기에 학교의 행정·재정 지원에 관한 내용들이 담겨져 있지 않다. 반면에 학교 현장들은 국가와 지자체의 행정·정적 지원을 절실히 요구하고 있다. 이를 반영하기 위해 법률을 개정하기 위한 노력을 진행하고 있다. 더불어 이 법과 연계해서 개정해야 할 유관 법들도 상당수가 있다. 대안교육기관에 관한 법률 제정을 위해서 한국대안교육기관연합회는 10여 년간의 노력 끝에 결실을 볼 수 있었다. 기독교 대안교육기관들이 원하는 재정적 지원을 담은 개정안의 통과를 위해서도 현장의 적극적인 협조와 노력이 없이는 힘들다. 법률 개정 노력과 더불어 법률에 따라 등록된 기독교 대안교육기관들의 자율적이고 독립적인 교육과정 운영이 보장될 수 있도록 지속적으로 노력해야 한다. 기독교 학교(사립학교)들이 초기의 정신과는 달리 국가 교육과정에 예속되어 그 정체성을 잃어가고 있는 것을 반면교사 삼아야 한다.

3. 대안학교의 위기와 해결 과제

몇 년전 부터 대안학교 현장에서는 위기론이 조금씩 언급되고 있다. 위기론은 일반 대안학교 현장에서 먼저 시작이 되었고 기독교 대안학교 현장들에서도 위기감이 점차 고조되고 있다. 코로나를 지나며 위기론은 더 확산되고 있다. 대안학교에 지원하는 학생들이 급감하고 있어 신입생을 모집할 수 없고 급기야 문을 닫는 학교들이 늘어가고 있는 것이다. 기독교 대안학교들은 일반 대안학교와 달리 신앙과 기독교 교육이란 필요성이 있어서 어려움이 덜하기는 하지만 학생을 모집하지 못하여 학교 문을 닫는 기독교 대안학교들이 해마다 생겨나고 있다. 규모가 큰 학교들 외에 대부분의 기독교 대안학교들은 입학 정원을 채우지 못하고 있는 실정이다. 학부모나 학생들이 더 이상 대안학교들을 선택하려 하지 않는다는 것이다. 학부모와 학생들이 여러 가지 이유로 인해 대안학교들에 입학하지 않는 것에 대한 해결점을 모색하기 위해서는 먼저 공교육에 다니고 있는 학생들이 학교를 그만 두는 이유부터 살펴보는 것이 필요하다.

가. 공교육을 떠나는 학생들

여성가족부는 3년마다 학교 밖 청소년 실태조사를 하고 있다. 학생들이 학교를 그만 둔 이유를 보면 "학교에 다니는 것이 의미가 없었다(학교에 다닐 필요성을 못 느꼈다), 나의 특기나 소질을 살리고 싶었다, 학교 공부를 따라 갈 수 없었다, 학교 교칙이나 규정에 적응하기 어려웠다." 등의 이유를 들고 있다. 학교를 그만 둔 시기는 조사 때마다 약간씩 달라지기는 하나 고등학교(특히 1학년) 때가 60% 정도로 가장 많았다. 2021년 학업중단 학생은 32,027명이고, 2019년 학교 밖 청소년 규모는 약 24만 명으로 추정된다고 한다. 해마다 3만 명 정도의 학생들이 학교를 그만두고 있다. 통계에는 잡히지 않지만 학교에 재학하고 있는 학생 중에서 마음은 이미 학교를 떠난 학생들까지 생각한다면 그 수는 더욱 많을 것이다. '학교에 다니는 것이 의미가 없다고 생각한다.' 가장 많은 학생들이 답한 내용이다.

공교육의 학생들은 자신이 배우고 싶은 것을 선택할 자유가 없다. 국가와 학교에서 제공하는 교육과정에 따라 배워야 할 교과목과 분량이 이미 정해져 있다. 좋은 학교일수록 교육과정을 더욱 철저하게 운영한다. 교육과정에서 벗어나는 교육활동은 용납되지 않는다. 제공된 교육과정이 다행히 자신과 잘 맞으면 좋겠지만 대부분의 학생들은 어쩔 수 없이 학습을 하게 된다. 많은 학생들에게 학습은 상급학교를 진학하기 위한 수단으로 전락하고 있다. 상급학교 진학을 포기한 학생들에게는 학교에서 이루어지는 교육이 더 이상 의미가 없다. 더 좋은 상급학교를 진학하고자 하는 일부 학생들은 무한 경쟁 속에서 살아남기 위해 학원이나 개인과외를 통해 선행학습을 한다. 이런 학생들에게도 학교에서 이루어지는 학습은 의미가 없다.

학생들은 배우고 싶을 때에 자신의 속도대로 공부할 자유가 없다. 사람들은 자신이 배우고 싶을 때에 학습하는 것이 가장 효과가 좋다. 자신이 배우고 싶은 것을 스스로 결정하게 하면 가장 열심히 공부하게 된다. 학생들은 학습에 대한 준비도가 다르다. 그러기에 학습하는 속도가 다를 수밖에 없다. 학습하는 속도가 느린 학생들도 충분한 시간이 주어지면 결국은 해내고 만다. 대부분의 학생들은 충분한 시간만 주어진다면 좋은 학습 결과를 만들어 낼 잠재력이 있다. 하지만 우리 교육은 학교에서 정해준 시간에 정해준 속도대로 따라 오라고 한다. 중간 정도의 수준에 맞추어서 교육한다고 한다. 공부를 잘하는 학생은 흥미가 없어서 의욕이 꺾이고 학습을 따라가지 못하는 학생은 따라가기 어려워서 포기한다.

자신의 흥미나 재능을 따라 학습할 자유가 없다. 축구 스타 손흥민 선수는 고등학교 때 중퇴했다. 바둑계의 스타 이세돌 선수는 중학교 중퇴다. 천부적인 재능을 지닌 사람들만의 문제는 아니다. 자신의 흥미나 재능을 발견한 학생들이 제도권 학교를 다니기는 쉽지 않다. 재능을 키워가기 위해서는 그것을 인정해 줄뿐 아니라 그 재능을 키워갈 수 있도록 지원해 주는 제도가 준비되어 있어야 한다. 하지만 학교는 짜여진 교육과정 외에는 어떤 것도 허용해

주지 않는다. 대단한 재능이 아니더라도 학생들이 흥미나 재능을 키우기 위해 학교 안이나 밖에서 활동하는 것은 교육활동이라 인정하지 않는다. 당연히 학점으로도 인정하지 않는다. 그것은 학교의 역할이 아니라고 선을 긋는다. 학교의 역할에 대한 개념이 바뀌지 않으면 자신의 흥미나 재능을 키우고자 하는 학생들은 학교에서 의미를 찾을 수 없다. 학교에서 이루어지는 교육과정의 범위와 내용을 정해 놓고 그 범주를 넘어가는 것은 절대로 허용하지 않는 학교교육 속에서 그를 따라 가지 못하거나 다른 쪽에 흥미나 재능이 있는 학생들은 학교교육에서 의미를 찾기 어려운 것이다. 그동안 당연하게 여겨져 왔던 학교의 역할과 경계에 대한 담장을 허물지 않으면 이 문제를 해결할 수 없다. 해마다 3만 명의 학생들이 학교를 떠나고 있고 24만 명의 학교 밖 청소년들이 존재할 수밖에 없는 것에 대해 문제 의식을 가져야 한다.

  학생들이 원하는 것은 학교에서 나의 관심사와 재능에 대해 관심을 가져 달라는 것이다. 학교에서 내가 하는 학습이 학교 밖 사회에서도 의미 있는 활동인가 확인 받고 싶은 것이다. 무엇을 언제 어떻게 학습할지에 대해 선택할 수 있는 기회를 주었으면 하는 것이다. 내가 도전해 보고 싶은 것이 있을 때 수용되고 지원 받을 수 있으면 하는 것이다. 나의 흥미나 재능을 발견할 수 있도록 실패에 대한 두려움 없이 마음껏 도전할 수 있도록 배려 받고 싶은 것이다. 나답게 나만의 속도대로 배울 수 있도록 충분한 시간이 주어지기를 바라는 것이다. 학교에서 제공되는 교육과정이 아니라 나만의 학습을 추구할 수 있기를 바라는 것이다. 사회에서 준비되어야 할 전문가로서 역량을 키워가며 나의 삶을 만들어 갈 수 있도록 체계적인 도움을 받고 싶은 것이다. 해마다 많은 학생들이 학교에 다니는 것이 의미가 없다며 학교를 그만두고 있다. "공부를 따라 가기 어렵다, 학교의 교칙이나 규정에 적응하기 어렵다, 나의 특기나 소질을 살리고 싶었다. 역시 학교에 다니는 것이 의미가 없었다"와 같은 의미라 할 수 있다. 결국 학교에 다닐 이유와 의미를 찾기 어렵다는 것이다. 재학중인 학생들 중에도 그 의미를 찾지 못한 채 어쩔 수 없이 다니는 학생들까지 생각하면 그 수는 훨씬 많을 것이다. 이를 알면서도 해결책을 내놓지 못하는 것이 공교육이 지니고 있는 한계라 할 수 있다.

나. 기독교 대안학교 교육과정 설계와 운영의 혁신성

대안학교의 사전적 정의는 "표준적인 공립학교들이 제공하는 전통적인 것과는 다른 경험을 추구하는 아이들과 학부모들을 위해 특별한 교수법과 프로그램, 활동, 여건을 제공할 수 있도록 고안된 학교"라고 정의되고 있다. 또한 초·중등교육법 60조는 대안학교를 "학업을 중단하거나 개인적 특성에 맞는 교육을 받고자 하는 학생을 대상으로 현장실습 등 체험위주의 교육 등 다양한 교육을 실시하는 학교"라 정의한다. 가장 최근에 제정된 대안교육기관에 관한 법률에서는 "대안교육이란 개인적 특성과 필요에 맞는 다양한 교육내용 및 교육방법을 통하여 개개인의 소질과 적성 개발을 목적으로 하는 학습자 중심의 교육을 말한다"라고 정의하고 있다. 법률에서 정의하고 있는 대안교육이나 대안학교의 정의는 공교육에서 할 수 없는 새롭고 다양한 교육내용과 방법들을 학습자 중심에서 생각하여 적용해 보라는 요구라 할 수 있다. 공립학교를 그만 둔 학생들의 일부는 자신의 소질과 특기 적성을 키울 수 있도록 대안학교를 선택한다고 한다. 기독교 대안학교들의 교육과정 설계와 운영과정에서 기본적으로 학생들의 필요가 채워지도록 교육과정을 설계할 필요가 있다.

첫째, 교육과정 안에 학교 밖에서 배우는 것들이 허용되어야 한다. 공교육의 한계는 교육의 현장을 학교로만 한정하고 있다는 것이다. 교실과 교과서에서만 배움이 일어난다. 교사에 의해서만 교육이 이루어진다. 평가 역시 배운 내용을 얼마나 잘 기억하고 있나, 얼마나 문제를 잘 푸는가에 따라 평가하고 서열을 매긴다. 이의 결과에 따라 상급학교 진학을 결정하는 구조를 가지고 있다. 그러나 배움은 학교 안에서만 이루어지는 것은 아니다. 학교 밖에서 배우는 것들 가운데 일부는 학교가 허용하고 지원할 수 있어야 한다. 학교는 학교 안에서 할 수 있는 학습과 학교 밖에서 할 수 있는 학습의 경계를 허물 필요가 있다. 물론 학교 밖에서 학습이 이루어 지는 것을 허용하기 위해서는 학교의 노력과 전문성이 더욱 필요하게 된다. 학교 밖의 전문가와 학습, 여행, 인턴십, 지역사회 봉사활동, 기업가 정신 함양 등 다양한 활동들이 학교 밖에서 이루어 질 수 있다. 또한 학교 밖에서 이루어지는 활동들을 학교 안의 교육과 연계하여 효과를 높일 수도 있다. 학교 밖 활동들의 교육적 의미와 효과를 거두려면 교사의 역할에도 변화가 필요하다. 교사는 교과의 지식을 전달하는 역할에서 그치는 것이 아니라 코치와 멘토의 역할로 학생들의 동반자와 안내자로서 역할이 중요해 진다. 교수 자원 역시 학교 안의 교사들뿐만이 아니라 학교 밖의 전문가들이나 기업이나 지역사회 자원들까지 확대 될 수 있다.

둘째, 교육과정 적용의 유연성이 필요하다. 대안학교들이 직면하고 있는 문제 중에는 교육의 질이 떨어진다는 지적이 있다. 초·중등교육법 60조에는 "대안학교는 학업을 중단하거나 개인적 특성에 맞는 교육을 받고자 하는 학생을 대상으로 현장실습 등 체험위주의 교육 등 다양한 교육을 실시하는 학교"라 정의하고 있다. 현장실습이나 체험위주의 교육을 하다 보니 학생들은 행복해하고 학교에 대한 만족도는 높은데 학업 능력이 떨어진다는 것이다. 이런 지적이 학교에서 실시하는 지필 평가에 대한 낮은 점수에서 나온 지적이라면 수긍할 수밖에 없을 것이다. 하지만 학생들은 자신의 삶의 계획에 따라 나아가고 싶어 한다. 자신들이 하고 싶은 작업과 학습을 수행할 때 만족감이 높다. 그래픽 디자이너가 되고싶어 하는 학생이 전문가의 도움을 받아가며 프로그래밍과 디자인 기획 능력을 연마하고 고객들이 의뢰한 작업을 진행하며 자신만의 포토폴리오를 만들어 가고 있다고 한다면 이 학생의 교육의 질은 떨어지는 것일까? 현재 수학 점수가 낮은 것이 학생의 교육의 질이 낮다고 평가되어야 하는가? 문제는 대안학교들이 이런 질 높은 경험을 제공할 수 있도록 교육과정을 설계하고 운영할 수 있는 능력과 지원 제도를 구축하고 있는 가이다. 이것에 대한 자신이 없으면 대안학교 역시 교육의 질을 높인다는 이유로 공교육의 제도를 따라 갈 수밖에 없는 것이다.

셋째, 대안학교들이 지금의 위기를 극복하려면 공교육에서 의미를 찾지 못하여 학교를 그만두고 있는 학생들이 대안학교에서는 학습의 의미를 찾을 수 있는 유연한 교육과정을 운영할 수 있는 학교 시스템을 구축해야 한다. 학교가 학생들이 몰입하고, 세상에서 자신이 해보고 싶은 길을 개척할 수 있도록 다양한 방법들을 수용해 준다고 느끼면 어떠했을까? 학교가 학생이 관심 있어 하는 것을 할 수 있도록 허용해 주고 학습으로써 인정해 주고 평가받을 수 있도록 해주면 어떠했을까? 학교가 학생들이 창조적으로 무언가를 도전해 보고 싶어할 때 실패의 두려움 없이 마음껏 시도해 볼 수 있도록 응원해 주고 인정해 주면 어떠했을까? 학교가 학생들이 장인정신을 가지고 직업적 소양과 기능을 익힐 수 있도록 체계적으로 도운다면 어떠했을까? 학교가 학생들이 세상에서 실제 직면할 문제들을 가지고 프로젝트를 수행할 수 있도록 안내하고 도와주면 어떠했을까? 학교가 학생들이 자신이 재능과 관심이 무엇인지 알 수 있도록 수많은 기회와 방법들을 제공해 주었다면 어떠했을까? 학교가 학생들에게 다가올 미래사회를 준비할 수 있는 역량들을 신장 시켜주고 있다면 어떠했을까? 지금의 공립학교들이 이 문제를 긍정적으로 답할 수 있었다면 대안학교들은 존재할 이유가 없었을지도 모른다.

  대안교육 운동을 통해 현장들이 만들어 내고 싶었던 것은 학생들의 필요에 반응할 수 있는 학교이다. 학생 스스로 주인공이 되어 나답게 자신의 삶의 속도대로 자신의 삶의 방식대로 살아갈 수 있는 학교를 만드는 것이다. 나 역시 대안학교에서 10년간 교장으로 재직하면서 이 문제를 해결하기 위해 '학교 밖 학교' 모델을 운영했었다. 학생들이 자신들이 관심 있는 주제를 학점으로 신청해서 학습할 수도 있고, 자신이 관심이 있는 주제를 개인 또는 모둠을 이루어 프로젝트를 진행할 수도 있다. 지역사회에 나가 학습을 진행할 수도 있으며 지역사회의 문제를 학교로 갖고 들어와 학습할 수도 있다. 다양한 직업을 인턴십을 통해 체험할 수도 있으며 직업적 전문성을 키우기 위한 과정도 진행할 수 있다. 수업의 형태도 교사가 개설한 수업, 외부 전문가가 개설한 수업, 학생 스스로 개설한 수업 등 다양한 형태로 개설이 된다. 학생들의 시간표는 모두 다르다. 교사와 전문가들이 인정하면 학교 안과 학교 밖이 모두 학습 공간이 되며 학습 자원이 될 수 있다. 학교 안과 밖에서 이루어지는 학습 활동에 대해 학점으로 인정 받을 수 있다. 물론 대안학교이기 때문에 국가에서 인정해 주는 학점은 아니다. 검정고시를 통해 학력을 별도로 인정받아야 한다. 아직도 완성해가고 있는 과정이기는 하지만 학생들과 학부모의 만족도는 매우 높다.

3. 미래사회의 전망과 기독교적 대안 마련

미래사회는 뷰카(VUCA)시대라 한다. 변화의 속도가 빠르고 다양하게 전개되는 변동성(Volatility), 전개되는 변수가 많아서 예측이 어려운 불확실성(Uncertainty), 다양한 요인이 인관관계에 서로 영향을 미치며 작용하는 복잡성(Complexity), 현상에 대한 전례가 없어서 판별하고 해석하는 것이 더욱 어려워지는 모호성(Ambiguity)의 특징을 지닌 사회라는 것이다. 우리에게 다가오는 미래 사회의 문제는 인간들이 과거에 경험해 보지 못하고 정해진 답과 틀이 없는 것들이라는 것이다. 이를 해결하기 위해서는 창의적인 문제 해결력이 필요하다. 4차산업혁명 시대는 초연결성, 초지능성을 특징으로 하고 있으며 융복합적 사고와 창의성, 협업 등의 역량을 교육하는 것이 중요한 과제이다. 생성형 인공지능이 얼마나 빨리 발전해 가고 있는지 뉴스를 통해 쉽게 접하게 된다. 이러한 인공지능의 발전은 이미 학교교육에도 많은 영향을 주고 있다. 미래사회를 대비한 교육을 준비해야 한다는 것은 이미 교육부를 비롯하여 다양한 기관에서 연구되고 있고 수많은 자료들이 쏟아져 나오고 있다. 다가올 미래 사회를 대비한 역량중심의 교육으로 전환되어야 한다는 연구들도 진행되고 있고 일부 현장에 적용되고 있다. 아쉬운 것은 미래사회에 대비해서 기독교 대안교육 현장은 어떻게 대비해야 할지에 대한 논의들이 잘 이루어지지 않고 있다는 것이다. 산업이나 세상이 획기적인 전환점을 맞이하는 이 시점이 기독교 대안학교들에게는 위기와 기회이다. 그동안 기독교 대안학교들은 사회나 공적기관들에게서 외면 받아 왔다. 기독교란 이름이 들어갔다는 이유로 사적인 영역으로 취급을 받으며 많은 차별을 받아왔다. 기독교 대안학교들은 이것을 당연하게 받아들인 면도 있다. 그러나 기독교 교육은 교회와 신앙인 안에서만 존재해서는 안 된다. 하나님께서는 온 우주와 만물의 창조주이자 통치자이시다. 교육 역시 하나님의 주권 아래 있는 것이다. 기독교 교육은 교육의 본질을 추구하며 생명을 살리는 참된 교육이다. 기독교 대안학교들이 미래사회를 선도하는 교육과정과 교육방법을 선도해 간다면 기독교 대안교육도 공적인 사회의 주체로서 자리매김 할 수 있는 절호의 기회를 맞고 있는 것이다.

4. 기독교 교육에 대한 정립과 발전

위에서 기독교 대안학교들이 학교로서 당면한 현황과 과제들을 살펴보았다. 일반 대안학교들이 아닌 기독교 대안학교들이 해결해야 할 가장 중요한 과제는 학교에서 기독교 교육이 잘 이루어지도록 하는 것이다. 기독교 대안학교들은 학교의 설립이념, 설립주체, 설립목적등에 따라 다양한 유형의 학교들이 존재한다. 학교마다 추구하는 색깔이 너무 달라 학교의 유형들을 범주화 하는 것조차 쉬운 일이 아니다. 우리나라의 기독교 대안학교들이 안고 있는 어려운 과제이다. 기독교 교육의 질을 높이기 위해서는 교육과정과 교재의 개발이 필수적이다. 그리고 이를 교육 활동에 적용할 수 있는 교사들이 준비되어야 한다. 공교육에서는 국가 교육과정이 개발되어 있고, 교육대학과 사범대학에서 교육과정에 따라 교수 활동을 할 수 있는 예비 교사들을 교육하고 양성하고 있다.

반면에 기독교 대안학교들을 위한 교육과정은 준비되어 있지 않다. 각 단위 학교들이 자체적으로 교육과정을 준비하여 적용하고 있다. 그나마 규모가 작은 학교들은 제대로 된 기독교 교육을 하기 위한 교육과정을 준비하는 데 어려움을 겪고 있다. 체계화된 기독교 교육을 위한 교육과정이 미비하다 보니 기독교사들을 양성하거나 교사 연수를 하기도 어렵다. 당면한 과제를 해결하기 위해서는 할 수 있는 것부터 해결하는 지혜가 필요한 때이다.

가. 신앙교육을 중심으로 한 공통교육과정 개발

수년 전부터 기독교 대안학교연맹(기대연)에서는 각 학교들이 공통적으로 사용할 수 있는 교육과정을 개발하자는 움직임이 있었지만 현실화하지는 못하고 있다. 가장 큰 걸림돌은 기독교 대안학교들의 스팩트럼이 너무나 다양하다는 것이다. 기독교 대안학교들의 설립이유와 목적이 너무 다양하다. 학교 중에는 공교육이 가지고 있는 문제점에 대한 대안을 모색하고자 출발한 학교들이 있다. 반면에 학부모들이 자녀의 신앙교육에 대한 종교적 책임감이나 교회교육의 위기를 극복하고 기독교 교육으로서 하나님 나라 일꾼들을 양성하고자 하는 가정과 교회의 필요에 초점을 둔 경우도 있다. 기독교 대안학교들은 기본적으론 교육에 대한 대안성과 기독교인으로서 갖추어야 할 기독성(신앙)을 모두 추구하고 있다고 볼 수 있다. 하지만 각 학교들의 설립이념이나 교육목적 그리고 교육과정의 주요 특징들이 너무 다양해서 그 성격을 분명하게 규명하기가 어렵다.

이러한 특징은 기독교 대안학교들이 질적으로 성장하는 데 장애가 되고 있다. 교육과정 개발이 개별 학교의 힘만으론 역부족이기 때문에 기독교 대안학교연맹이나 기독교 학교교육연구소와 같은 기관들에서 추진해야 하는데 학교들이 추구하고 싶은 교육이 너무 다르다 보니 교육과정 개발을 할 수 없는 것이다. 이에 대한 대안으로 모든 학교들이 공통으로 사용할 수 있는 신앙교육을 중심으로 한 공통교육과정이라도 같이 개발하여 사용하자는 것이 현실적인 대안이다. 이를 위해서는 신학적 배경을 뛰어 넘을 수 있는 기독교 교육에 대한 개념과 교수 방법에 대한 합의 과정이 필요한데 이것이 쉽지 않다. 다음 세대를 위한 기독교 교육을 위해 신학대학과 교회의 역할이 중요한 때이다. 모든 기독교 대안학교들이 공감할 수 있는 범위에서 신앙교육을 할 수 있는 공통교육과정과 교재를 만들어서 각 학교들이 적용할 수 있도록 하는 것이 현실적인 대안일 수 있다. 다만 공통교육과정 개발을 위해서는 전문 인력과 재정이 필요한데 개별 학교들의 교육환경이 열악하다 보니 감히 시도해 보지 못하기 때문에 교회와 적극적 협력을 통해 해결 방법을 찾는 노력이 필요하다.

나. 좋은 교사의 채용과 준비의 어려움

교육의 질은 교사의 질을 넘을 수 없다. 훌륭한 법률이나 제도가 있어도 좋은 교사가 없다면 좋은 교육은 이루어 질 수 없다. 아무리 좋은 교육과정과 학교 시스템이 구비되어 있어도 그것을 실현할 수 있는 교사가 준비되지 않으면 무용지물이다. 학생들을 위한 모든 교육 활동은 결국 교사를 통해 이루어진다. 교사와 학생간에 관계가 형성되지 않으면 교육에 대한 신뢰가 형성될 수 없다. 학부모와 관계 역시 교사를 통해 이루어 질 수밖에 없다. 결국 학교의 모든 교육 활동은 교사를 통해 이루어질 수 밖에 없다. 좋은 교사를 뽑을 수 있고, 좋은 교사로 준비 시킬 수 있다면 그 학교는 이미 좋은 학교라 할 수 있다. 학교는 이런 좋은 교사들을 어떻게 구하고 준비시킬 수 있을까? 모든 학교의 관리자들이 가장 고민하는 과제이다. 좋은 교사가 준비되어 있어야 좋은 교사를 선발할 수 있는 것이다. 학교마다 교사 구하기가 점점 어려워지고 있다. 지방에 있는 학교들은 더욱 심각하다. 신입 교사를 구하기가 더 어려워지고 있다. 교사로서 자질과 신앙심의 균형성을 가진 기독 교사를 구하기는 더욱 어려워지고 있다. 교사 처우가 좋지 못하다 보니 좋은 교사들이 대안학교로 오지 않으려 한다. 교사들의 처우를 개선하기 위해서는 학생들의 등록금을 인상해야 하는 딜레마에 빠지게 된다. 학부모의 교육비 부담이 증가하게 되면 학교가 신입생을 선발하는 데 어려움을 겪게 된다.

좋은 교사를 선발해도 학교의 교육과정을 잘 구현하기 위해서는 지속적인 배움의 기회가 제공되어야 한다. 고신대학교 교육대학원 내 '기독교 대안교육전공'과 건신대학원대학의 '대안교육학과'와 같이 대안교육에 대한 공부를 할 수 있는 대학원 과정이 있는 것은 그나마 다행스러운 일이다. 그러나 현장 학교들의 재정 형편으로 인해 교사들이 대학원에 입학하여 교육 받기는 쉽지 않다. 학교 단위에서 교사들의 교수의 질을 향상하기 위한 재교육을 시킬 수 있는 학교는 규모가 큰 일부 학교에서나 가능한 일이다. 대부분의 기독교 대안학교들은 교사 재교육은 엄두도 못 내고 있다. 기독교대안학교연맹은 연맹 차원에서 교사 교육을 하기 위해 노력하고 있지만 현장의 학교들이 실감할 수 있는 정도는 못 된다. 좋은 교사들을 채용하고 학교 교육과정 운영을 위한 좋은 교사 재교육은 기독교 대안학교들이 풀어가야 할 과제이다.

다. 변하고 있는 학부모와 학생들에 대한 이해

80년대생이 초등학교 부모 세대가 되고 있다. 80년대생 학부모는 다음과 같은 특징이 있다고 한다(민들레 편집실, 2023: 94-95). 첫째, 개인과 조직을 계약 관계로 이해한다. 둘째, 디지털 문화를 만들어 내고 소비한다. 셋째, 타인과 공유하고 이야기하기를 좋아한다. 매우 넓은 네트워크와 다양한 수단으로 정보에 접근하기 때문에 특정 전문가의 영향은 상대적으로 적게 받는다. 넷째, 개인주의 성향이 강하지만 참여와 협력에 대한 욕구는 높다. 자신을 조직의 일부로 생각하지만 개인을 더 우선시 하며, 일과 삶의 균형을 추구하고 상호 협력하는 데 개방적이라는 것이다.

학부모 세대가 변하고 있다는 것을 이해하는 것은 중요하다. 기독학부모로서 80년대생의 특징에 대한 연구를 찾아볼 수는 없지만 대안학교 초창기의 60년대생 기독학부모들과는 다른 가치관과 신앙관을 가지고 있을거라 유추해 볼 수 있다.

학부모들의 자녀에 대한 교육관이나 신앙관은 자신이 자라온 학교나 사회에서 경험이나 교회에서 신앙적 경험이나 교육에 의해서 영향을 받는다. 학부모뿐만 아니라 학생들도 급격히 변하고 있다. 학교 현장에서 요즘 학생들이 대안학교 초창기 선배들과는 사뭇 다르다는 이야기를 많이 듣는다. 교육하기가 점점 힘들다는 이야기도 듣게 된다. 당연한 것이다. 시대가 바뀌고 있으니 학생들도 달라지고 있는 것이다. 학부모도 학생들도 모두 변하고 있으니 학교 현장은 이에 적응하기에 더욱 힘들어지고 있다. 결국 교육의 주체인 학부모, 학생, 교사가 모두 변하고 있는 것이다. 기독교 대안학교들이 과거에만 안주하고 있으면 안 되는 이유이다. 사람들이 변하고 사회가 변하고 있다면 기독교 학교들도 이에 대한 연구와 적응하기 위한 노력이 필요한 것이다. 학교는 유기적 생명체이다. 서로를 이해하려고 노력해야 하며 함께 만들어 가는 동반자로서 좋은 관계를 형성해야 한다. 학부모, 학생, 교사와 학교 운영자들은 학교의 주인으로서 좋은 기독교 대안학교를 만들기 위해 힘을 모아야 한다.

  이 외에도 학교가 지속하기 위한 건강한 재정의 확보나 사회의 공공성이나 책임성 확보를 위한 신뢰를 만들어 가는 문제, 학령인구의 감소에 따른 신입생 감소의 문제 등 기독교 대안학교들이 지속 가능한 학교운영을 위해 해결할 과제는 많다. 대안학교들이 위기를 맞고 있긴 하지만 기독교 교육의 필요성은 더욱 높아지고 있는 시대이기 때문에 기독교 대안학교들의 역할은 그 어느 때보다 중요하다.

Q. 나눔을 위한 질문

- 지속 가능한 기독교 대안교육을 위해서는 국가의 법적 제도적 발전이 중요하다. 하지만 법적 장치들은 기독교 교육을 옥죄는 역효과를 불러올 수도 있다. 기독교 대안학교들이 이 딜레마를 극복하기 위해서는 어떤 노력이 필요할까?

- 공립학교를 그만 두는 학생이 해마다 3만명이 나오고 있다. 학교 밖 청소년은 20만 명에 이른다. 이 중에는 자신에게 의미 있는 학습을 찾고자 떠나는 학생들의 비율도 높다. 이 학생들이 기독교 대안학교들을 선택할 수 있을까? 그 이유는 무엇인가?

- 기독교 대안학교의 교육의 질을 향상하기 위해서는 잘 준비된 교육과정과 교사가 중요하다. 개별 학교의 교육과정이 너무나 다양한 현실에서 기독교 교육의 질을 높이기 위해서는 어떤 노력이 필요할까?

제11장

대안학교 사례:
세움학교 이야기

이종화

제11장 대안학교 사례:
세움학교 이야기

박현수

들어가며

교회를 비롯한 많은 기독교 단체와 지도자들은 기독교 대안학교의 필요성에 대해 알고 있고, 한번쯤은 설립에 대한 그림도 그려본다. 하지만 기독교 단체들의 인력과 재정의 한계로 인해 섣불리 도전하지 못한다. 그뿐 아니라 그리스도인 부모들도 '자녀들을 위해 학교에서까지 기독교 교육을 해야 할까?'라는 의문을 가지고 있기에 교육 수요자가 보장되지 않는 상황에서 기독교 대안학교를 설립하는 일은 매우 큰 용기가 필요하다.

이런 현실 가운데 본 장에서는 기독교 대안학교인 세움학교에 대해 함께 살펴보려고 한다. 2015년에 개척한 작은 세움학교가 세움학교를 설립하게 된 동기가 무엇인지, 어떻게 준비했으며 어떻게 운영하고 있는지 간략하게 소개하려고 한다. 세움학교 사례가 기독교 대안학교에 대한 그림만 가지고 있는 기독교 단체 또는 지도자들에게 조금이나마 용기가 되어 많은 기독교 대안학교들이 세워지기를 기대해 본다.

1. 세움학교 설립동기

서론에서 언급했지만 세움학교는 2015년에 이종화 목사가 개척한 세움교회에서 2021년 3월에 설립한 기독교 대안학교이다. 세움교회가 세움학교를 설립한 동기를 알기 위해서는 세움교회 개척과 성장 이야기를 아는 것이 큰 도움이 될 것이다.

세움교회는 2015년 3월 1일에 부산 가야동에 있는 작은 카페를 주일마다 대여해서 이종화 목사를 포함한 가족 5명이 개척했다. 다른 교회의 재정적 지원을 받지 않고, 가족들로만 개척했기에 모든 것이 막막했다.

하지만 하나님의 은혜로 인해 세움교회에 사람들이 모이기 시작했다. 세움교회에 등록하여 함께 신앙 생활하는 성도들의 연령대는 대부분이 20~40대였다. 20대는 혼인을 하지 않은 청년들이 대부분이었고, 30~40대는 대부분 자녀들이 있는 젊은 부부 가정이었다. 2019년부터 세움교회는 장년 약 30명, 청년 약 30명, 1~8세 약 30명 등 90여명의 성도들이 신앙공동체를 이루게 되었다. 특히 1~8세의 어린이들이 비율적으로 많아진 것으로 인해 교회는 매우 활동적이게 되었고, 교회의 목회적 방향이 다음세대를 위한 교육으로 맞춰지게 되었다.

[그림 XI-1]
2015년 3월 1일 세움교회 초기 멤버

세움교회에 다음 세대들이 많아진 것은 교회의 기쁨이었지만, 질 높은 신앙교육에 있어서는 고민이었다. 교회의 지도자들은 '어떻게 하면 다음 세대들을 성경적인 하나님의 사람으로 세울 수 있을 것인가?'라는 고민을 했고, 부모들도 자녀들을 신앙적으로 좋은 교육을 해주기를 교회에 요청하였다. 이것에 대한 목회적 대답은 가정과 교회와 학교 그리고 함께 가는 것이었다. 이에 가정에서는 하브루타 교육을 실시하고, 교회에서는 교회학교 제자훈련과 교리 교육의 질을 높였다. 그리고 기독교 학교를 설립하여 가정과 교회를 비롯한 학교도 협력하여 기독교 교육을 실시하는 계획을 세웠다.

언약의 자녀들이 교회에서 보내는 시간은 일주일에 짧으면 1시간, 길게는 2시간이다. 일반적으로 부모들은 방과후에 학생들을 학원에 보내기 때문에 가정에 있는 시간도 그리 길지 않다. 하지만 학교에서 보내는 시간은 초등 저학년이라도 하루에 4시간씩, 일주일에 약 20시간이고, 고학년들은 일주일에 약 30시간이나. 언약의 자녀들을 위해 온전한 신앙교육을 이루기 위해서는 학교 교육을 놓칠 수 없다는 것에 세움교회 성도들 특히 자녀를 둔 부모들이 동의를 했다. 이에 세움교회는 2021년 3월 2일에 기독교 대안학교 세움학

[그림 XI-2]
2018년 세움교회
30~40대 가정

교를 설립하게 되었다. 하지만 규모가 작은 세움교회이기에 재정, 인원, 공간적인 어려움이 예상되었지만 하나님이 주시는 지혜로 하나씩 해결해 나갈 수 있었다.

2. 세움학교 설립을 위한 준비

2019년 2월경에 세움교회가 세움학교 설립을 결정하고, 본격적으로 설립을 준비하기 시작했다. 약 2년 동안 교육철학을 세우고, 공간과 재정 확보, 교직원 채용을 준비하였다.

가. 학교장의 전문성 준비

세움교회의 담임목사이며, 세움학교장인 필자는 2001년부터 2014년까지 14년 동안 성삼교회(브니엘교단), 서면중앙교회(통합교단), 동래교회(고신교단), 아름다운교회(고신교단), 부산제일교회(통합교단)에서 다음 세대를 위해 사역을 했으며, 전국적으로 교회학교 수련회, 교사 세미나에 초대를 받아 설교와 강의를 하며 교회학교 사역에 대한 전문성을 가졌다.

하지만 학교를 설립하여 운영하는 것은 목회 전문성만으로는 할 수 없다고 생각을 했고, 교육학 석사과정을 공부하기로 마음을 가졌다. 그런 중에 고신대학교 교육대학원에 기독교 대안교육학 전공이 있다는 것을 알게 되었고, 입학하여 석사학위를 취득했다. 기독교 대안교육학을 공부하면서 느낀 것은 14년 동안 현장에서 사역하며 가진 목회 경험과 설교에 대한 전문성을 가지는 것과 교육의 전문성을 가지는 것은 다른 영역이라는 것을 알게 되었고,

특히 기독교 대안교육을 공부하여 가지게 된 관점은 목회경험만으로는 절대로 가질 수 없는 부분이라는 것을 알게 되었다. 목회적 경험만으로 학교교육철학, 교육커리큘럼을 세우지 않고, 기독교 대안교육학을 공부하고 세운 것은 매우 큰 도움이 되었다. 세움학교 설립을 위해 기독교 대안교육학을 공부한 것은 세움학교 설립 준비 중에 가장 잘한 일이라고 확신한다.

나. 교직원 준비

세움학교 설립을 위해 가장 중요한 준비는 좋은 교사를 채용하는 일이다. 기독교 대안학교도 학교이기에 교과목에 대한 확실한 교육이 이루어져야 한다. 그뿐 아니라 기독교 대안학교는 기독교적이어야 한다. 이에 기독교 대안학교가 줄 수 있는 최고의 교육환경은 건물이나 시설이 아니라 학생들이 매일 만나는 기독교 세계관을 가진 교사이다.

이와 같은 이유로 세움학교 설립을 준비하면서 교직원 준비는 매우 중요했다. 당시 교장 1명, 담임교사 2명, 시간강사 6명이 교육을 담당했다. 특히 시간강사들은 세움교회에서 신앙생활을 하며, 학원을 운영하고 있는 학원장들이었기에 학부모들에게 교육적 신뢰를 줄 수 있었다.

다. 공간 준비

작은 규모의 교회가 기독교 대안학교를 설립할 때 가장 어려운 일은 학교 공간일 것이다. 학교는 지식을 전하는 교육만 있는 것이 아니라 음악, 미술, 체육처럼 활동 범위가 넓은 교육도 있기에 다양한 공간 확보가 중요하다. 문제는 작은 규모의 교회가 넓은 공간을 확보하는 것이다. 이것은 매우 어려운 문제였다. 물론 세움교회도 그러했다.

이 문제에 있어서 다음세대사역에 앞장 서는 브니엘교회(김도명 담임목사)에 협력을 요청했고, 브니엘교회 당회와 성도들이 공간사용을 허락하여 브니엘교회 건물에서 시작할 수 있게 되었다. 인력과 재정도 마찬가지이겠지만 작은 교회가 학교를 설립하는 것에 있어서 규모가 큰 교회와의 공간적 협력은 매우 큰 도움이 된다.

라. 재정 준비

세움학교 설립을 위한 재정적인 준비는 학생들의 등록금과 학비가 중심이 된다. 그리고 7개 교회와 단체에게 후원을 약정 받았다. 그리고 개인 후원을 받기 위해 한국세계선교협의회가 운영하는 미션펀드를 열어서 100명의 장학후원자를 모집하였다.

그리고 세움학교는 2022년에 부산교육청 대안교육기관으로 등록이 되었다. 부산교육청 대안교육기관으로 등록이 되면 정부로부터 학생 1인당 1년에 약 80만 원씩을 지원을 받고, 여성가족부를 통해 점심식사 한 끼에 5000원씩 지원을 받는다. 학교 초기에 정부의 지원금은 큰 도움이 된다.

3. 교육철학과 교육과정

세움학교 교육철학과 교육과정은 학교장인 필자가 고신대학교 교육대학원 기독교 대안교육학과 석사과정을 공부하면서 정리할 수 있었다. 특히 이현철 교수의 최신식교수법, 소진희 교수의 기독교시민사회, 이현민 교수의 교양교육론 수업이 큰 도움이 되었다. 고신대학교 교육대학원에서 받은 교육내용은 세움학교의 교육철학을 정립하고 교육과정을 체계적으로 구조화할 수 있는 틀을 제공하였다. 부산교육청 대안교육기관으로 등록심사에도 기독교 대안교육학을 공부한 것과 그것을 토대로 교육철학과 교육과정을 정립한 것이 큰 이점이 된 것으로 보인다. 세움학교의 교육철학과 교육과정을 간략하게 정리하면 다음과 같다.

가. 교육철학
(1) 인간상

세움학교의 중심말씀은 "모든 성경은 하나님의 감동으로 된 것으로 교훈과 책망과 바르게 함과 의로 교육하기에 유익하니 이는 하나님의 사람으로 온전하게 하며 모든 선한 일을 행할 능력을 갖추게 하려 함이라(딤후 3:16~17)"이다. 딤후 3:16~17에서 성경은 하나님께서 하나님의 사람을 하나님의 사람답게 세우기 위해 우리에게 주신 최고의 교육적 선물이라는 것을 말씀하고 있다.

세움학교는 이 말씀을 통해 크게 두 가지 인간상을 제시한다. 첫 번째는 "하나님의 사람으로 온전하게 하며" 말씀처럼 "하나님의 온전한 사람"이고, 두 번째는 "모든 선한 일을 행할 능력을 갖추게 하려 함이라"의 "모든 선한 일을 행할 능력을 가진 사람"이라는 인간상을 제시한다. 그리고 이 두 가지 인간상을 다섯 가지로 세분화해서 세움학교에서 교육받는 학생에게 성경적 인간상을 기대한다. 다섯 가지는 아래와 같다.

세움학교 다섯 가지 인간상

- 하나님을 사랑하는 사람(온전한 사람 영역)

- 자신을 사랑하는 사람(온전한 사람 영역)

- 우리를 사랑하는 사람(온전한 사람 영역)

- 이웃을 섬기는 사람(모든 선한 일을 행할 능력을 가진 사람)

- 시대적 사명을 실현하는 사람(모든 선한 일을 행할 능력을 가진 사람)

세움학교에서 교육을 받은 사람은 하나님의 온전한 사람으로서 하나님을 사랑하고, 자신을 사랑하고, 우리를 사랑하는 사람이 되는 것이다. 여기서 우리는 자신이 속해있는 공동체로서 가정, 교회, 직장을 의미한다. 그리고 세움학교에서 교육을 받은 사람은 모든 선한 일을 행할 능력을 갖춘 사람으로서 이웃을 섬기고, 시대적 사명을 실현하는 사람이 되는 것이다.

위의 내용을 정리하면 세움학교 교육철학과 인간상에 대한 비전을 다음과 같이 말할 수 있다. '하나님과 사람과 자연과 사회에 성경적으로 반응하는 하나님의 사람을 세운다.' 성경에는 예수 그리스도를 구주로 삼은 우리에게 하나님과 사람(자신을 포함한)과 자연과 사회에 어떻게 반응해야 하는지 기록하고 있다. 세움학교에서는 인류가 축적한 지식을 배우면서 성경적으로 어떻게 반응해야 하는지 학생들에게 교육하여 하나님과 사람과 자연과 사회에 성경적으로 반응하는 하나님의 사람으로 세우는 것을 목적으로 한다.

(2) 정체성

이런 교육철학을 바탕으로 세움학교는 다음과 같은 정체성을 가진 공동체가 된다.

세움학교 정체성

- 세움학교는 신앙공동체이다.
- 세움학교는 교육공동체이다.
- 세움학교는 성장공동체이다.
- 세움학교는 비전공동체이다.

세움학교는 학생들이 성경적으로 반응할 수 있도록 예수님을 구주로 하나님의 아들로 고백하는 신앙공동체가 되고, 성경적 세계관을 가지고 무형과 유형으로 실재하는 모든 지식들을 배우고, 창조질서에 대해 이해할 수 있도록 교육하는 교육공동체가 된다. 그리고 세움학교는 예수님이 지혜가 자라고, 키가 자라고, 하나님과 사람들에게 사랑을 받으셨던 것과 같이 육체적으로 인격적으로 관계적으로 서로 성장하는 성장공동체가 된다. 그리고 하나님께서 원하시는 시대적 사명이 무엇인지 마음껏 꿈꾸고 나누고 지지해주는 비전 공동체가 되는 것이 세움학교가 지향하는 공동체이다.

(3) 세상을 향한 성향

세움학교 공동체를 통해 학생들이 다음과 같은 세상을 향해 두 가지 특별한 성향을 가질 수 있기를 기대해본다.

① 후츠파(חֻצְפָּה) 정신

후츠파 정신은 유대인들이 가지고 있는 독특한 성향이다. 후츠파는 히브리어로서 사전적으로는 무례, 뻔뻔, 철면피 등의 뜻을 가지고 있다. 후츠파 정신은 하나님을 믿음으로 고향을 떠난 아브라함의 이야기를 모티브로 용기, 배포, 도전의 뜻으로 사용한다. 이 후츠파 정신을 가진 유대인들은 권력자,

권위자에게 자기 생각을 과감하게 표현하며, 이것은 당당함의 밑바탕이 된다.

선악과를 먹은 아담과 하와는 자신들이 옷을 입지 않았다는 것을 알고, 하나님과 대면하는 자리를 두려워하여 숨었다(창3:10). 하나님과 대면하는 것도 아담과 하와가 옷을 벗고 있는 것도 두려워거나 수치스러운 일이 아니었지만 불순종으로 인해 두려워하게 되었다(창3:11). 세움학교는 세움학교공동체에서 함께 지낸 학생들이 그리스도 안에서 새로운 피조물이 되어 하나님을 신뢰하고 후츠파 정신을 가지고 모든 사람과 상황 앞에서 당당한 성향을 가지고 살아가기를 기대한다.

② 협력하는 괴짜

"협력하는 괴짜"는 KAIST 이민화 교수의 저서의 제목이다. 이 저서의 제목은 현 시대에 어울리는 성향을 제시한다. 괴짜는 독특한 빛깔을 가진 개인을 의미한다. 사실 개성이 뚜렷하면 사람들과 협력하는 것이 쉽지 않다. 하지만 '협력하는 괴짜'라는 말에는 개성은 뚜렷하지만 다른 사람들과 협력할 수 있는 성향을 가진 사람을 의미한다. 세움학교공동체 분위기가 학생들의 강점과 개성을 더 뚜렷하게 만들고, 사람들의 다름을 인정하고, 존중하고, 돕고, 도우며, 협력할 수 있는 성향을 가지고 살아가기를 기대한다.

나. 교육과정

하나님의 사람들은 하늘의 시민권을 가지고, 세상에서 사는 사람들이다. 그래서 하늘의 시민권을 가진 사람으로서 받아야 하는 교육이 있고, 세상에서 사는 사람으로서 받아야 하는 교육이 있는 동시에 세상을 발전하고 치유하는 변혁적 리더로 자랄 수 있는 교육도 받아야 한다.

이 사실에 대해 아래의 [그림 3]와 같이 정리할 수 있다.

학생들이 하나님 나라의 시민으로서 반드시 교육받아야 할 것은 성경지식과 기독교 세계관이다. 이것은 하나님의 사람들이 다른 학문을 성경적으로 이해하고 받아들일 수 있도록 한다. 그리고 이 세상에 사는 사람으로서 교양(Liberal arts)을 갖춘 시민이 되기 위한 교육이 필요하다. 여기서 교양을 갖춘 시민은 전 세계 누구를 만나든지 인종, 문화, 성별 등을 초월하여 소통하고, 함께 지낼 수 있는 인류 보편적 가치를 가지게 하는 것이다. 교양을 갖춘 시민이 되기 위해 가장 중요한 교육은 인간에 대한 이해이며, 소통을 위한 기본적 소양을 갖추는 것이며, 지적, 육적, 심미적 이해를 돕는 것이다.

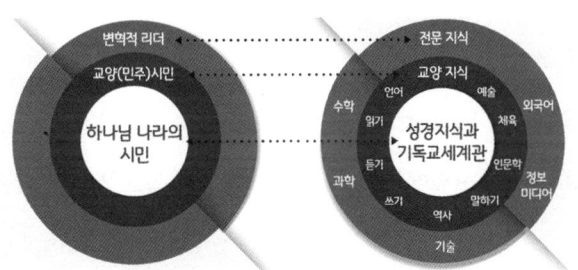

[그림 XI-3] 정체성에 따른 교과목

그리고 세상을 발전시키고, 고칠 수 있는 변혁적 리더가 되기 위해 인류가 발견하고 축적한 지식 교육이 필요하다. 변혁적 리더로 교육하기 위해서는 다양한 직업과 관련된 전문적이고, 탁월성을 가질 수 있는 지식과 기술을 위한 교육을 실행해야 한다.

세움학교의 교육과정은 정체성에 따라서도 분류하지만 교육이 가지고 있는 색깔을 따라서도 분류한다. 아래의 [그림 4]처럼 세움학교 교육과정을 분류할 수 있다. 이 분류는 세움학교 교육을 조금 더 구체적으로 알 수 있게 한다.

[그림 XI-4] 교육성향에 따른 교과목

(1) Coram Deo 교육

세움학교는 매일 첫 시간을 Coram Deo 교육으로 진행한다. 월요일에는 채플, 화요일~목요일에는 Q.T., 금요일에는 기독교 세계관과 하브루타 교육을 진행한다. 그리고 매일 점심식사 전에는 Johanna Campbell의 어린이 교리문답서를 함께 읽고, 암기하는 시간을 가진다. 이 교리문답서는 웨스트민서터교리문답과 하이델베르그교리문답을 참고하여 재구성하였고, 각 문답마다 성경구절을 넣어서 암송하기에 용이하도록 되어 있다.

Coram Deo 교육에서 중요한 교육 두 가지를 더 소개하고 싶다. 하나는 매 수업시간 시작할 때 마칠 때 '한 주의 암송구절'을 읽고, 마친다. 학생들의 기억능력은 읽는 것만으로도 말씀을 암송한다. 또 다른 하나는 모든 수업시간을 마무리할 때는 배운 내용과 성경을 중심으로 교사가 질문을 던지고, 서로 토론하고, 대화하는 시간을 가진다. 성경암송구절을 읽고, 토론하는 시간을 통해 기독교 세계관이 생각의 기저에 흐르게 하는 것을 목표로 하고 있다.

(2) EBS 만점왕 교재

공통교육 수학, 과학을 비롯해서 국어, 영어, 수학 과목까지 EBS에서 강의를 함께 제공하는 만점왕으로 교육을 진행한다. EBS 만점왕 강사들은 각 교과목마다 다양한 컨텐츠를 활용하여 학생들의 흥미를 끌고, 강의내용도 명확하게 전달한다. 학생들은 약 20~30분의 교육시간 동안 온라인 강의에 눈과 귀를 집중한다. 온라인 강의를 보고 난 후에는 학생들에게 연습문제를 풀게 하고, 교사는 학생들을 한 명씩 수준별로 지도한다. 수업시간 끝에 수업내용에 대해 질문하면 교육목표에 도달하는 모습을 보여준다. 세움학교의 이런 학습은 이미 교육현장에서 이루어지는 플립러닝(Flipped Learning) 학습방식을 모델로 한 것이다.

(3) 소통 교육과 공동체 교육

소통 교육과 공동체 교육은 대부분 P.B.L(Project Based Learning) 수업시간과 현장학습 수업시간을 활용해서 교육한다. 수어, 점자, 연극, 뮤지컬 등의 교육은 P.B.L. 시간에 교육을 진행한다. P.B.L. 수업은 일주일에 두 시수로 진행하고, 전문강사들을 강사로 초대하여 교육을 진행한다.

그리고 역사, 사회, 안전질서와 같은 과목은 현장학습시간에 중점적으로 교육을 진행한다. 현장학습시간은 박물관, 소방교육관, 미술관, 바다와 산 등과 같이 현장에 직접 가서 교육을 실행한다. 현장학습시간은 매주 목요일 오후 1:40~4:30까지 진행한다. 현장학습을 통해 교실에서 배운 내용이 사회에 어떻게 활용되고 있는지 알아보고, 체득하는 유익을 가진다. 현장학습 장소와 교육내용은 아래 <표 1> 참고하기를 바란다.

<표 XI-1> 2021년 1학기 현장학습내용

월	일	주	현장학습 장소	주요 테마
3월	9	1	- 부산박물관	뗀석기 & 간석기
	16	2	- 부산시립미술관	빛 & 소리
	23	3	- 부산자연사박물관	바다 생물
	30	4	- 정관박물관	고려청자 & 금속활자
4월	6	5	- 황령산	봉수대
	13	6	- 화명수목원	식물을 관찰해요
	22	7	- 부산현대미술관	개인들의 사회 & 종이나라
	27	8	- 아홉산 숲	숲을 보호해요
5월	4	9	- 김해천문대	하늘, 별 그리고 지구
	11	10	- 부경동물원	동물
	18	11	- 진영역 철도박물관	기차 & 철도
	25	12	- 경성대 조류관	새(박제) & 독수리
6월	1	13	- 동래읍성 임진왜란역사관	동래읍성 해자
	8	14	- 국립일제강제동원역사관	기억하고, 알리자
	15	15	- 부산근대역사관	경제 수딜
	22	16	- 임시수도기념관	6.25 전쟁
	29	17	- 시민공원역사관	신탁통치
7월	6	18	- 부산과학체험관	소리 파동 & DNA
	13	19	- 부산광역시 어린이창의교육관	인공지능 & AR & VR
	20	20	국립수산과학원 수산과학관	해양 생태계 오염의 심각성

(4) 독서교육

세움학교는 일주일에 4시간의 독서시간이 있다. 독서하는 각 시간마다 인문학, 과학, 역사, 영어동화 분야와 관련된 책을 읽는다. 담당교사는 학생들이 모르는 단어들을 설명해주고, 읽은 책을 중심으로 독서 발표 및 토론을 시킨다.

(5) 종강 아웃팅

대안학교의 강점은 유연성과 활동성이다. 적은 인원의 학생들로 구성된 대안학교인 경우에는 활동성이라는 강점을 교육에 적용할 수 있다. 그래서 세움학교에서는 매학기 종강이 다가오면 매학기 다른 지역을 정하여 그 지역의 역사, 문화 등을 살펴볼 수 있도록 1박 2일 종강 아웃팅을 떠난다. 종강 아웃팅은 세움학교 학생들이 가장 기다리는 교육이다. 종강 아웃팅을 통해 학생들은 학창시절을 추억으로 남길 뿐 아니라 독립성과 공동체성을 배운다.

4. 나가는 말

학교를 설립하고 세 번째 종강 아웃팅을 진행하는 중에 초등 1년 박O온 학생이 다음과 같이 말했다고 한다.

"세움학교에 오기를 너무 잘한 것 같아요. 함께 예배하고, 공부하면서 하나님의 뜻을 알아가는 것이 너무 좋아요. 학교에서 하는 모든 수업이 재밌고, 즐거워요."

학교를 운영하고, 스스로 평가할 때 학부모와 학생의 만족감은 매우 중요한 요소가 된다. 세움학교에서 교육을 받고 있는 학생들은 소수이다. 이것은 학생들에게 매우 좋은 교육환경이다. 교사들과의 관계가 친밀하고, 지적인 면 뿐 아니라 영적, 도덕적, 관계적으로도 학생들에게 매우 유익하다. 그리고 학생들은 수업시간에 활발하게 참여한다. 원래 학생들은 방학을 기다리지만 세움학교 학생들은 개학을 기다린다. 이런 사실은 학생들이 학교생활을 매우 만족하고 있다는 증거가 된다 .

그리고 학부모들도 자녀들을 세움학교에 보낸 것에 크게 만족한다. 학부모들이 만족하는 이유는 크게 두 가지이다. 하나는 자녀들이 학교를 즐거워해서 만족하고, 다른 하나는 기독교 세계관을 바탕으로 이루어지는 교육으로 인해 만족해한다.

규모가 작은 세움교회가 기독교 대안학교 세움학교를 설립한 것은 무모한 도전처럼 보일 수 있다. 하지만 기독교 공동체가 다음시대를 책임질 수 있는 하나님 나라의 인물을 세우기 위해 기독교 대안학교와 같은 교육환경을 공급하는 것이 오늘날 우리에게 주어진 사명임을 인지한다면 무모한 도전이 아니라 하나님의 뜻에 참여한 것으로 볼 수 있다. 앞으로도 많은 기독교 공동체들이 도전하여 많은 기독교 대안학교들이 세워지기를 기대해본다.

제12장

**대안학교 사례:
동일프로이데 아카데미 이야기**

이헌체

제12장 대안학교 사례:
동일프로이데 아카데미 이야기

이헌체

들어가며

이번 기독교 대안 교육과정의 연구를 통해 참된 교육과 진정한 대안의 필요성을 살펴보면서 기독교 대안교육의 다양한 교육과정 개발과 교육 철학에 대한 생각을 정리하였다. 앞으로 기독교 세계관을 지닌 세계를 품은 학생들을 양육해야 함을 다시금 실감하며 다짐하는 시간을 가졌다. 그로 인해 어떠한 기독교 대안학교들이 신앙과 실력을 겸비한 믿음의 다음 세대들을 교육하는지를 더욱 관심을 가지게 되는 계기가 되었다. 이를 바탕으로 한 학교를 모범사례로 정하고, 학교를 살펴보며 앞으로의 학교 설립 및 교육 방향을 잡아보려고 한다. DongilFreudeAcademey(이하 DFA)는 21세기 기독교 세계관을 지닌 글로벌 인재를 양성하기 위하여 2016년 7월 5일에 개교하였고, 대구에는 기독교 대안교육기관 등록 학교로 대구에 위치한 동일프로이데제1학교와 성주에 전원형캠퍼스의 각종학교로 동일프로이데중고등학교[1]를 가지고 있다.

---

1) 2017년 조건부 인가로 동일프로이데중고등학교를 명칭받았으나, 검정고시를 계속유지하는 조건으로 조건부인가를 받은 상황임, 2021년에는 대안교육기관인 등록제대

제3캠퍼스인 마린 캠퍼스는 충남 보령시 고대도[2)]에 위치하고 있는데 이 모든 학교를 통합하여 DFA라고 하고 있다. DFA는 하나님의 말씀중심으로 참된 신앙인을 만들고, 대한민국을 사랑하는 참된 애국자를 기르며, 세상을 품는 글로벌 인재를 양성하기 위하여 노력하는 학교임을 보게 된다.

1. DongilFreudeAcademey 교육 철학

가. DongilFreudeAcademey 이름

동일프로이데아카데미의 '동일'은 대구에 위치한 대한예수교장로회 대구동일교회의 이름을 사용하고 있다. 동일교회는 동일프로이데아카데미의 설립을 도운 모체 교회이며, 대구 지역뿐만 아니라 한국과 세계를 품기 위하여 복음사역 외에 전문기관(국공립 동일프로이데어린이집, 동일프로이데평생교육원, 동일프로이데전문인여자신학원, 동일프로이데재가복지지원센터, 동일프로이데IT선교연구소, 동일이단사상연구소, 동일공공도서관 등)을 두어 세계로 미래로 나아가는 사도행전적인 사역들을 진행하고 있다.

그리고 '프로이데'Freude 는 독일어로 "기쁨"이라는 의미를 가지고 있다. 이 학교는 온전히 "하나님을 기쁘시게, 가정과 한국, 세계인을 기쁘게, 학

안학교로 동일프로이데제2학교라는 이름도 가지고 있음.
2) 고대도는 충남 보령시에 속하였으며, 1832년 한국 최초의 개신교 독일인 선교사인 칼 귀츨라프 선교사님이 도착하여 복음을 전한 곳. 이 기독교 문화 활동을 동일교회와 함께 보령시와 고대도가 함께 하고 있음.

생과 교사가 기뻐하는" 교육을 목적으로 하여 이름을 프로이데Freude라고 지은 것이다. 이름안에는 다양한 의미들과 활동들을 포함하고 있겠지만 '21세기 통일한국을 준비하는 시대의 기독교 세계관을 지닌 글로벌 인재를 양성'함으로 이 시대적인 소명을 준비하고 교육하려는 것이다.

나. DongilFreudeAcademey 교훈

교육 교훈
- 21세기 통일한국 시대를 이끌어갈 기독교 세계관을 지닌 글로벌 인재 양성을 교훈으로 한다.
- 서로 다른 나와 너와 우리를 예수님의 사랑으로 사랑하고 자연과 더불어 살아가는 참 지혜를 배운다.
- 학교에서 배움을 기쁨으로 누리며, 하나님을 기쁘시게, 이웃과 민족을 기쁘게 하는 데 참여함을 배운다.
- 학교뿐 아니라, 가정과 사회가 학생들의 삶터이자 배움터임을 깨닫고 하나된 공동체임을 배운다.
- 우리뿐 아니라 통일한국 시대 통일을 준비할 인재와 글로벌 리더를 통한 실천적 삶의 적용을 배운다.

이 교훈에서 특별히 강조하고 있는 것은 기독교 세계관적인 시각을 가지고 교육에 임한다는 것이다. 모든 것이 예수 그리스도의 구속사적인 복음으로 시작하여 모든 인류와 세상을 품으신 예수님의 사랑과 그로 인해 배우고 익힌 것을 나만을 위해 영위하는 것이 아니라 세상을 품음을 통한 '공부해서 남주자'라는 사도적 사명을 가지고 이웃과 민족을 품도록 가르치고 있다. 그리고 프로이데의 기쁨은 교사들의 업무적 스트레스를 효율적 업무분장표에 따라 나누고 즐겁게 자신의 전공을 전달하게 하는 것이다.

특별히 초등학교 교사들은 일반 공교육처럼 담임교사가 모든 과목을 가르치는 것이 아닌 상담 및 교육 전반을 지도하는 담임교사를 두고, 모든 과목의 전문교사를 따로 두어 각자의 전공을 편하고 재미있게 전달할 수 있도록

하는 교육 형태를 유지하여 교사들도 함께 기쁨으로 일할 수 있도록 하였다.[3]

또한 학생들이 학교뿐만 아니라 가정과 소속된 개교회에서 공동체적인 삶을 살아갈 수 있도록 하는 데 교육의 교훈으로 두어 가정과 소통을 위하여 학부모 기도회와 학부모 강연 등을 매달 열어 함께 학생들과 학교를 위하여 민족과 세계 여러 나라들을 품고 기도하는 시간을 가지고 있다. 또한 학생들은 21세기 통일한국을 준비하기 위하여 통일수업 및 북한에 관한 교육과정을 통해 통일한국을 준비하는 학생으로 양육하고 있으며, 북한을 넘어 참된 글로벌 인재가 되도록 영어와 제2외국어인 독일어 교육과 함께 미국, 독일, 뉴질랜드, 필리핀 등의 교환수업을 진행하며 다양한 문화를 배우고 현지 학생들을 친구로 삼아 소통하고 있다.

다. DongilFreudeAcademey 교육목표

DFA의 교육은 데살로니가전서 4장 1절 "그러므로 형제들아 우리가 끝으로 주 예수 안에서 너희에게 구하고 권면하노니 너희가 마땅히 어떻게 행하며 하나님을 기쁘시게 할 수 있는지를 우리에게 배웠으니 곧 너희가 행하는 바라 더욱 많이 힘쓰라"는 말씀처럼 배운 것을 실제 삶에서 행하는 실천적인 그리스도인을 양육하는 것을 목표로 삼고 있다.

이는 온전히 하나님을 기쁘시게 하기 위한 사람의 첫 번째 되는 목적과도 같은 것이라 할 수 있겠다.

---

[3] 이러한 전문교사 형태로 유지함으로 인해, 과목수 30과목으로 교사는 45명으로 유지하고 있다.

> **교육 목표**
> - 하나님 중심의 삶을 실천하여 재생산의 열매를 맺는 **제자공동체**
> - 복음의 빛 된 사명을 찾아 발견하여 나아가는 **비전공동체**
> - 성령의 임재를 통한 열정적 영성을 맛보는 **영성공동체**
> - 실제적, 내면적, 외면적인 학생과 교사의 중심적 성장을 위한 **교육공동체**
> - 지역과 사회와 더불어 소통하며 리드하는 **참여공동체**

학생들이 배움을 통해 온전히 하나님 중심의 삶으로 살아가면서 참된 재생산의 의미를 가지고 있는 예수그리스도의 제자로, 그리고 예수 그리스도를 위한 복음의 사명자로 비전을 품고 살아가고, 성령의 임재와 함께 열정적인 영성을 가지고 무릎이 강한 기도의 용사로, 배움의 시기인 학생으로 실제적, 내면과 외면의 성장을 통한 참된 교육과 함께 지역과 사회와 더불어 살아가는 참여공동체를 만들고자 하는 목표를 지향하고 있다.

라. DongilFreudeAcademey 특성화 교육

DFA의 교육은 무엇보다 다양한 교육 환경과 신앙을 가진 전문 교사들을 통해 미래지향적인 교육과정을 가지고 국내와 해외 대학에 이르기까지 통합하여 진로와 진학을 연결하고 있다는 특징이 있다.

> **성령 충만한 신앙교육** · 매일 경건회 및 QT, 성경의 체계적 교육을 통해 기도의 무릎을 가진 크리스천 리더를 양성합니다.

첫 번째의 특징은 먼저 무엇보다 성령 충만한 신앙교육을 위하여 초등학교는 교사들이, 중·고등학교에는 학생들이 인도하는 뜨겁고 열정적인 찬양을 하나님께 올려드린다. 그리고 매일의 큐티 묵상을 하는 습관과 교육을 위해 그날의 본문을 가지고 교목이 설교를 하여 성경에 대한 바른 묵상과 말씀의 실천을 이어가게 하고 있다.

특별히 수업으로 성경수업과 예수 그리스도의 성품을 배우는 도덕과 성품 시간을 각각 두어 학생들이 말씀을 어떻게 세상 가운데 실천해야 하는지를 배워간다. 그리고 각 학교에는 기도실을 두어 기도의 무릎을 가진 참된 기독인으로 자라가게 하고 있다.

탁월한 교사와 학교장의 교육 전문성	• 높은 교육 수준: 총 45명의 전문 교사를 통한 수업 • 성경적 기독교 세계관을 가진 각 분야의 교육전문가가 학생들의 교육을 지도합니다.

DFA의 두 번째 특성화 교육의 내용은 바로 교사의 전문성이다. 모든 교사들은 올바른 기독교 세계관을 지닌 기독인으로 각자의 과목 전문성을 보유한 전문교사들이다. 25과목의 내용들을 가르치는 45명의 교사들이 함께 교육하고 있다.

교사의 수가 학교에 절대적으로 중요한 것은 아니지만 이들이 각자의 전공을 통해 전공과목을 가르치다 보니 가르침에 대한 효율성과 집약성이 돋보이는 효과를 가지게 되었다. 인가형 학교를 유지하기 위해서 모든 교과 선생님의 70% 이상이 정교사 2급 자격증을 보유하고 있다.[4]

도시·전원융합형 교육캠퍼스	• 최신 교육 시설을 갖춘 도시형 캠퍼스와 3만5천 평의 자연친화적인 환경이 구비된 전원형 캠퍼스 • 1차, 3차 산업 융합교육을 통한 기업가정신을 가진 경영자를 양성합니다.

---

4) 나머지 교사는 산학협력 교사 및 자신의 교육과정에서 최소 5년이상 교육 경험을 보유한 전문교사들이다.

세 번째 DFA의 특성화 교육의 장점은 바로 융합형적인 교육 환경이다.

[그림 XII-1] 도시형 캠퍼스(대구)   [그림 XII-2] 전원형 캠퍼스(성주)

도시형과 전원형 그리고 제3캠퍼스인 마린캠퍼스에 이르기까지 도시 중심에 위치한 최신 교육 시설을 갖춘 도시형 캠퍼스와 숲과 산 그리고 강이 있는 성주에 위치한 전원형 캠퍼스는 3만 5천 평에 이르는 자연 친화적인 환경을 구비하여 심신의 건강과 다양한 야외활동과 교육 영역을 확장할 수 있는 부지를 보유하고 있다. DFA는 동일영농조합법인과 함께 성주캠퍼스 옆 부지에 청소년농업체험장을 만들었으며, 교회 성도뿐만 아니라 학교 가족들이 활용할 수 있도록 텃밭 부지를 나눠주고 있다. 그리고 영농조합 및 청소년농업체험장을 통한 1차 산업인 농사와 곤충 및 달팽이 사업을 통해 산업구조의 가장 기본을 체험하고 땀의 소중함을 느끼게 하고 있다. 또한 학생들과 교회 공동체가 가꾼 농산물들과 제3캠퍼스인 고대도 마린캠퍼스에서 보내온 다양한 수산물들을 교회 및 다양한 곳에 기부 및 바자회 등으로 판매하여 청소년 교육사업을 위해 사용하면서 참된 기업가를 어떻게 세워가야 하는지를 알아 가고 있다.

미래지향적, 자기주도적인 교육과정	• DFA만의 특화된 교육을 실시합니다. • IT전문교육(코딩, IT창업지원) 및 프로이데쭐 (창의융합 자기주도적 수업), 체험형, 성장형 수업, 통일수업

네 번째 교육 특성화는 2016년 7월 5일 개교하면서부터 모든 학생들이 IT 전문교육을 받으면서 성장하고 있다. 이 교육을 위해 학교와 함께 동일교회는 동일프로이데IT선교연구소를 설립하여 학생들의 IT교육과 교회 사역적인 IT 활동을 어떻게 넓혀가면 좋을지에 대한 고민과 함께 실제적으로 개발하고 연구하여 실행하고 있다.

이를 통한 전문성을 인정받아 아래 그림과 같이 대구 지역의 대구교육연수원과 협업하여 교원 1급 자격 연수를 동일프로이데아카데미 교사가 3주간 180명의 일반 공립학교 교사들을 교육하기도 하였다. 그것도 대구 연수원이 아닌 본 학교에서 연수를 진행하였다. 기독교 대안학교의 교육과정이 일반 공교육과정의 내용들을 함께 협업할 수 있는 좋은 예라고 할 수 있겠다.

 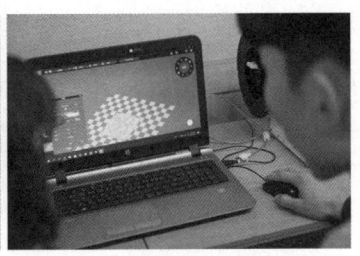

[그림 XII-3] 교육활동   [그림 XII-4] IT 교육

그리고 공교육 학교의 교사들 뿐만 아니라 대구와 밀양에 이르는 초·

[그림 XII-5] 지역 공교육과의 교육활동 교류

중·고등학교의 학생들에게 IT관련 교육을 진행하였다.

옆의 [그림 5]은 대구의 **초등학교 학생들이 하루 3시간 동안 기본 코딩과 3D프린트 모델링 수업과 드론 수업을 하는 사진들이다. 이러한 교육을 통해 인근 8개의 학교와 칠곡 및 밀양 등의 초·중·고등학교 학생들을 1년에 1천명 정도 교육하며 공교육 학교와 교육적 교류를 이어가고 있다.

또한 동일프로이데아카데미는 본 학교 근처에 있는 대구의 고등학교인 **고등학교와 업무협약인 MOU [그림 6]를 통해 교육과 환경적 인프라를 공유하는 활동을 하고 있다.

** 학교법인인 **고등학교를 지원하는 사업으로 **고등학교 장학생을 선발하여 장학금을 지원하고 있으며, 고3 수험생들을 위한 수능격려지원 사업을 지속하고 있다.

[그림 XII-6] 지역 학교와의 MOU 체결

특별히 청구고등학교와 함께 대구 교육청 교육사업인 "소수선택 교육과정이라는 교육과정을 통해 고등학생들의 대학과정을 미리 알아보는 것으로 대학 수학 및 IT교육 과정" 등을 위하여 6개월간 DFA 학교 수학 교사와 IT전문 교사를 파견하여 대학 수학을 가르치며, IT 교육을 지원하였다.

| 비전개발과 국내외 진로·진학 연결 | • 자신의 비전을 발견하여 이루어 가도록 미래설계를 지원합니다. |

　다섯 번째 교육 특성화의 특징은 학생들이 매학기 수업에 진로 수업을 들으면서 자신의 진로 방향을 특강이 아닌 수업과정 속에서 매학기 발전적으로 확인하며 정리하고 있다는 것이다. 이를 통해 하나님께서 자신에게 주신 소명을 발견하여 비전을 품게 되고 이로써 자신의 미래를 기독교 세계관 안에서 설계할 수 있는 발판을 마련하게 되는 것이다.

　이를 위한 진로 지도는 진학과 연결되어있다. 마지막 부분에 또 다시 언급하겠지만 DFA만의 독특한 진학 연결성이 있음을 발견하게 된다. 먼저 DFA는 검정고시를 치게 되는 학교이지만 검정고시를 따로 가르치지 않고 모든 기본교과 교육을 통해 기본적으로 검정고시를 패스하게 되고 대학수학능력평가를 준비하는 과정으로 연결된다. 수능 준비를 위한 교과목은 다양하면서도 전문화되어 있어야 하는데 이를 뒷받침하는 45명의 전문 교사진들이 있음에 대한 이유를 발견하게 된다. 검정고시 점수와 함께 다양한 교육을 통한 학생부를 만들어 진학을 준비하는 과정을 지원한다.

　또한 DFA는 일반 국제학교는 아니지만 영어 교육과 제2외국어인 독일어를 교육하여 해외 대학으로도 지원할 수 있도록 하고 있다.

　첫째로, 미국 학력 인증 교육 과정을 시행한다는 것이다. 미국 캘리포니아주에 위치한 MOU 학교의 수업을 초등과 중·고등으로 나누어 월, 수, 금 하루 2-3시간씩 ZOOM으로 실시간으로 수업을 진행하고 있다. 시차와 여러 환경적인 어려움이 있으나 이를 두 학교가 서로 조율하여 진행하고 있다는 것이 놀랍다. 이러한 교육을 통해 DFA의 학생들은 미국 현지 학교의 수업을 들음을 통해 한국에서 미국 학력 인증을 받고 있다는 것이다.

그 효과는 무엇인지 생각해보면, 다양한 유익이 있겠지만 영어 실력 향상과 미국 학력 인증을 통한 활용성이 다양하다는 것이다. 그리고 DFA 학생들은 저렴한 교육 수업료를 통해 본 학교의 졸업장과 미국 학교 졸업장을 동시에 취득하게 된다는 점이다.

[그림 XII-7] 국외 교육기관과의 MOU 체결

둘째로는, 미국 대학교와 MOU 체결로 인한 대학 진학을 지원하고 있다. 미국의 토레도 대학교, 웨스턴 미시건 대학교, 트루먼 대학교와 함께 업무협약을 통해 의학, 법학, 간호학, 항공 운항 및 항공 정비, 항공서비스와 우주항공 및 IT관련 등의 다양한 전공들을 본 학교 학생들 중에서 MOU된 미국 학교에 진로를 정하게 되면 입학 혜택과 함께 수업료 등을 위한 장학금을 지원하는 제도를 가지고 있음을 보게 된다. 1년에 6,000만 원정도인 수업료를 1,300만 원 정도의 수업료를 낼 수 있도록 장학금을 지원하고 있다. 이 정도의 금액은 미국 현지 시민권자 학생들이 지불하는 수업료로 장학 혜택이 크다는 것을 알게 된다. 이러한 해외 진학 지도를 통해 1기생 5명이 미국 플로리다 템파에 위치한 남플로리다 주립대학 IT관련 학과에 합격하였으며, 미국 토레도 대학교에는 2024학년 8월에 1명의 학생이 간호학과에 합격하여 입학하게 된다고 한다.

마. DongilFreudeAcademey 교육 내용

DFA는 [그림 8]과 같이 기본교과와 역량교과 내용을 통해 기본 소양과 역량을 증진시켜 창의적 융합인재로 양성하고 있다. DFA는 기독교 세계관 안에서 바른 신앙과 바른 인성을 바탕으로 학생들은 기본교과 및 역량교과를 통해 자신의 적성과 진로를 탐색하고 특기를 개발하여 여러 분야를 아우르는 인재로 성장시키고 있다.

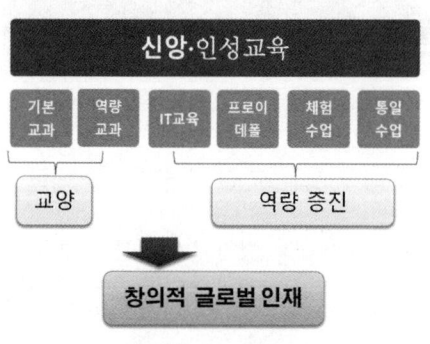

[그림 XII-8] 교육내용

DFA는 기본교과로는 국어, 영어, 수학, 과학, 사회/역사, 한국사, 음악, 미술, 체육, 한자, 지리, 성경, 성품 교육, 제2외국어(독일어), 봄 여름 가을 겨울과 통합과 독서, 글짓기 등의 수업을 진행하고 있다.

그리고 역량교과로는 IT, 로봇, 드론, 바이올린, 뮤지컬, 검도, R&E, 오케스트라, 천체, 3D프린트모델링, 창체 재량, 요리, 프로이데여행과 해외MOU 학교 교환수업, 동아리활동, 전체 열기 등의 수업들이 있다.

본 DFA의 시간표[그림 9]를 예로 보면, 한 학기의 시간표가 다양하게 되어 있으며, 2주간을 한 단위로 매주 수업들이 바뀌고 있음을 보게 된다. 이를 통해 기본교과도 다양하게 배우지만 역량교과를 통해 일반 학교의 방과후 내용들이 수업안으로 들어와 고등학교까지 연결된다는 점이 특이하다. 그리고 영어는 초등 1학년부터 Level로 구분하여 동시에 수준별로 수업을 진행하고 있다.

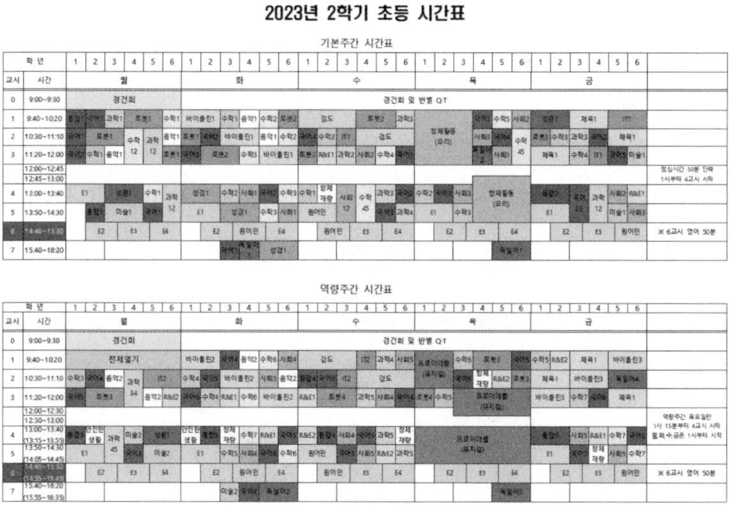

[그림 XII-9] 시간표 예시

이러한 수업들을 통해 학생들은 각 과목의 다양한 수업을 듣게 되는 것뿐만 아니라 음악 수업과 함께 바이올린과 뮤지컬을 추가로 배우며, 체육수업도 하면서 검도를 하게 되며, 과학 수업도 하면서 IT 수업과 코딩 그리고 로봇과학과 3D프린트모델링 수업을 하며, 국어를 하면서 독서와 글짓기 수업등을 진행하여 어릴적부터 융합적인 교육을 한다. 또한 제2외국어인 독일어는 초등 4학년부터 배우면서 하나의 언어를 배움을 통해 글로벌한 문화와 세상을 바라보는 안목을 넓혀 가고 있다.

바. DongilFreudeAcademey 교육 활동

DFA는 다양한 교육 활동을 한다. 그 내용을 살펴보면 국내 활동과 해외 활동으로 구분하게 된다. 먼저 국내활동으로는 프로이데여행과 프로이데마켓 그리고 프로이데예술제와 프로이데가족체육대회가 있으며 방학 기간에는 방학 비전스쿨을 진행하고 있다.

첫째로, 프로이데여행은 학생들이 스스로 성장하고 함께 협력하며 다른 세상을 접하게 되는 여행의 시간이다. 1박 2일 또는 2박 3일 동안 한번도 부모님과 떨어져 생활해 본 적이 없는 초등 1학년부터 국내 유명 지역의 문화제와 다양한 장소들을 돌아보는 시간을 가지게 된다. 서울, 부산, 전주, 광주, 문경 그리고 가깝게는 고령 투어 등을 하면서 학우들과 함께 공동체의 중요성을 인식하며 자신의 능력을 조금씩 넓혀가는 시간을 가지고 있다.

두 번째로, 프로이데예술제는 학생들이 1년을 마무리하며 기본교과와 역량교과속에서 익혔던 다양한 활동들을 발표하며 자신들이 성장한 모습을 학우들과 학부모 앞에서 나타내는 시간이다. 그 예로, 바이올린을 처음 배울 때 마치 어린아이의 걸음마 같았던 실력들이 어느덧 독주를 하며 멋지게 오케스트라와 협연하는 모습을 통해 성장의 모습들을 보게 된다.

세 번째는 프로이데가족체육대회이다. 이 시간은 프로이데의 모든 가족들이 남녀노소 모두 모여 축제의 잔치를 여는 시간이다. 대구 시민체육관을 빌려 많은 가족들이 함께 모여 운동회와 친목의 잔치를 연다. 특별히 이때는 학부모들도 출장 뷔페를 통해 모두 즐겁게 식탁의 교제를 나누는 것도 특징이라고 하였다.

네 번째는 비전스쿨로 방학때 이뤄지는 교육 시간이다. 여름과 겨울방학 때 2-3주 동안 학생들이 좋아하는 역량교과와 기본적으로 배워야할 기본교과의 수업과 함께 방학 때 할 수 있는 다양한 놀이 교실들을 열어 방학 기간을 알차게 지내도록 돕는 시간이다.

한편 해외 학교 활동으로는 첫 번째는 초등학교 4학년부터 갈 수 있는 뉴질랜드 MOU학교 교환 수업이다. 2016년부터 시작한 프로그램으로 뉴질랜드 오클랜드에 있는 기독교 학교에서 약 3주간 본교 학생들을 ESL형태 수업이 아닌 현지 학교의 각 학년 반에 배치하여 수업하게 하여 자연스럽게 언어에 대한 익힘과 현지 학생들과 친해지는 시간과 수업 외에 현지 문화 체험과 홈스테이를 통한 뉴질랜드 현지 기독교 가정의 모습과 뉴질랜드의 다양한 문화를 알게 되는 시간이다.

두 번째는 중학교 7~8학년 학생들이 진행하게 되는 것으로, 미국 학교 교환 수업과 문화 체험이다. 매년 11월 말에서 12월 초까지 한 달간 미국 플로리다 올랜도에 있는 MOU학교에서 교환 수업을 진행하고 있다. 이 학교에서도 각 학년 반에 배치하여 영어 교육과 현지 학생들과 친해질 수 있도록 버

디를 배정하고 귀국할 때까지 학교 생활을 돕게 된다. 올랜도는 NASA, Walt Disney World, Universal Studios, SeaWorld Orlando 등의 세계적인 테마파크가 있으며, 기독교 단체로 CCC 본부인 CRU와 Wycliffe Bible Translators 본부가 위치하고 있다. 학생들은 올랜도에서 학교 생활뿐만 아니라 세계적인 테마파크와 기독교 선교단체를 탐방하고 홈스테이를 통해 미국 기독교 가정의 생활들을 체험하게 되는 시간을 가지게 된다.

세 번째는 유럽의 강국인 독일 학교 교환 수업이다. 뉴질랜드와 미국과 마찬가지의 방식으로 진행되며, 고등과정의 학생들이 참여할 수 있다. 제2외국어로 익힌 독일어를 사용하여 수업에 참여하게 하고 독일 및 유럽의 많은 나라들을 직접 보고 체험하여 글로벌 인재로 성정하는 해외 학교 교환 수업 및 문화 체험시간이다.

2. 나가며

지금까지 동일프로이데아카데미에 대해 간략하게 살펴보았다. 2016년 9명으로 시작한 작은 학교였지만, 현재는 다양한 교과 내용과 다양한 활동을 통해 국내와 해외로 진로와 진학을 연결하고 있는 것을 살펴보았다. 그리고 특별히 본 학교는 매년 7월이 되면 모든 학생들이 1박 2일로 제3캠퍼스인 마린캠퍼스가 있는 고대도로 가서 칼 귀츨라프의 날을 맞아 고대도 찬가와 프로이데폴 수업을 통해 배운 내용들을 독일에서 오신 교수님과 학회에 오신 분들 앞에서 발표의 시간을 가지고 있다. 고대도는 충남 보령시에 있으며, 1832년 한국 최초의 개신교 선교사인 칼 귀츨라프 선교사가 복음 전파를 위해 처음 오신 곳이다. 이러한 기독교 선교문화 유적지에 대한 다양한 활동 사역과 함께, 본 학교는 학생들이 다른 학생의 가정에서 함께 생활해보는 가정살이와 프로이데마켓과 파자마 파티 및 지역 사회를 돌아보는 고령 투어와 각 동아리 활동 등 다양한 수업 내용과 특별활동들은 학생들의 성장에 큰 도움을 주고 있음을 보게 된다. 본 학교는 21세기 통일한국을 준비하는 기독교 세계관을 지닌 인재를 양성하기 위하여 고분분투하는 교사들의 눈물과 땀이 느껴지는 학교이다. 또한 하나님께서 심어 놓으신 아름답고 독특한 은사와 영적 소명을 학생 개개인이 발견하고 사명자로 살아가도록 돕고 있음을 느끼게 된다. 무엇보다 신앙과 실력을 겸비한 믿음의 다음 세대 학생들을 양육하기 위해 헌신하는 교사들과 함께 지역 사회에서 실제적인 실천으로 다양하게 섬기는 학교 공동체가 되도록 교육하고 있다.

끝으로 대안학교는 다음 세대의 미래인 현대의 청소년들이 행복한 삶을 살지 못하고 스스로 불행하다고 느끼고 있는 이 시대 속에서 세상의 빛과 소금이 되어야 할 지금 청소년들의 어두운 모습을 보며 개인과 사회적 문제로만 인식하고 한탄하기보다는 그 어두움 속에서 빛을 밝히며 리더십을 가지고 세상을 주도하는 선구자적인 인재들을 양성해야 한다고 생각한다.

그러하기에 공교육의 일반 학교뿐만 아니라, 초·중등교육법 제60조의 3항에 의거한 대안학교들도 다양한 교육적 환경과 상황 속에서 대안학교를 선택한 학생들에게 21세기 대한민국의 국익과 지역 사회를 사랑하는 애민 사상과 건전한 성장과 발달을 위해 사회 환원이라는 공동체적 실천 덕목을 바탕으로 지원하고, 지역 사회가 필요로 하는 부분을 보완해줌으로써 국가 및 지역 사회 청소년들의 학교교육 발전에 기여하고 특별히 사회적 소외계층인 학생들과 새터민 학생에 대한 교육 기회는 더욱 다양하게 제공하여 제4차 산업의 시대를 주도할 다음 세대를 육성할 원동력을 반드시 키우는 데 기여해야 한다고 생각한다.

제13장

대안학교 사례:
벧엘국제스쿨 이야기

구현주

제13장 대안학교 사례:
벧엘국제스쿨 이야기

구현주

들어가며

　기독교 대안학교는 기독교 세계관과 기독교 교육철학을 기초로 하며, 전 교육과정에서 신앙과 학문의 통합을 이루는 통합교육과정을 실현하는 교육의 장이다. 신앙과 학문이 분리되고, 세속주의 세계관, 입시 경쟁에 의한 공교육 제도에 대한 한계를 뛰어넘는 전인적인 기독교 대안교육이 되어야 한다.

　1990년대 후반부터 기독교 학교가 설립되기 시작하고부터 2020년 12월 '대안교육 기관에 관한 법률' 즉 대안학교 등록제가 국회에서 통과되어, 2022년 대안교육 기관 등록이 시작되기까지 꾸준한 성장을 이루며 기독교 대안학교 운동이 정착기로 접어들었다고 할 수 있다. 이러한 시대적 상황을 맞이하여 기독교 대안학교의 정체성을 더욱 분명하게 확립해나가며, 기독교 세계관 교육과정에 대한 더욱 활발하고 다양한 연구가 지속적으로 이루어져야 한다.

　또한 기독교 대안학교에서 체계적이고 지속적인 부모 교육이 이루어져야 하며 이를 통하여 그동안 가정에서 부모가 놓치고 있었던 부모 역할이 회복되어 온전한 가정 회복을 이루어야 한다. 물질 만능주의, 성품 부재의 시대, 입시 경쟁주의 등의 가치관의 혼재 속에서 믿음의 가정도 무너지고 있다. 이러한 시대 상황에서 가정이 온전히 회복되고, 다음 세대에게 신앙이 전수되기 위해서는 우선적으로 부모가 회복되고, 가정에서 부모의 역할이 회복되어야 한다.

이상에서와 같이 가정과 기독교 대안학교에서 긴밀한 연계와 그 역할들에 대하여 벧엘국제스쿨이 설립되고부터 10년이라는 시간 동안 다음 세대를 향하신 하나님의 뜻을 벧엘공동체를 통하여 이루어 가시며, 기독교 교육 현장에서 그동안 깨닫게 하신 것을 함께 공유하고자 한다. 그리고 기독교 세계관을 토대로 하는 신앙교육과 성품 교육을 가르침으로써 하나님의 형상 회복을 위한 기독교 교육을 실천하는 벧엘국제스쿨 설립과 지금까지 운영되고 있는 과정에 대하여 간략하게 나누고자 한다.

1. 설립 과정

벧엘국제스쿨은 홈스쿨로부터 시작되었다. 홈스쿨은 부산시 사하구 당리동 온코칭&심리상담센터에서 호산나교회 성도들의 자녀들을 중심으로 10여 명 학생들이 상담센터의 공간에서 매일 아침 예배드리고, NIV 영어 성경을 통독하며, 성경 공부와 학과 공부 그리고 성품 훈련, 리더십 훈련, 공동체 활동을 통해서 신앙공동체 안에서의 관계를 통해서 믿음과 성품을 형성해 나갔다.

벧엘국제스쿨이 홈스쿨링으로 시작할 수 있었던 "온코칭&심리상담센터"는 2011년 11월에 사업자 등록을 하고 학습코칭을 중심으로 개인상담 및 가족상담, 학업 포기, 결손가정 및 가족기능 상실 등 상처받은 청소년들을 위하여 설립되었다. 이러한 상담센터의 공간에서 시작된 홈스쿨링에 지인 추천 등으로 입학생들이 점점 많아지면서 2013년 3월, 자녀들에게 학교 이름을 정해주자는 부모님들의 의견에 따라 학교 이름 공모전을 통해 '벧엘국제스쿨'이라는 명칭과 함께 벧엘국제스쿨의 로고도 완성되었다.

벧엘국제스쿨은 시작부터 지금까지 온코칭&심리상담센터와 상호 연계된 시스템으로 통합하여 운영하고 있으며, 학생들에 대한 사랑과 열정 그리고 헌신하시는 선생님들, 전문적이고 체계적인 교육시스템, 리더십 훈련, 공동체 프로그램과 매일 아침마다 함께 예배드리며 서로 존중하는 사랑의 공동체이다.

벧엘국제스쿨은 실력과 비전, 그리고 성품과 영성을 훈련받은 다음 세대들이 하나님 나라 관점으로 이 시대의 아픔을 바라보며 사회 각 분야에서 선한 영향력을 전파하며 사회변혁의 주체적인 삶을 살아가기를 기대한다. 이 거룩한 부르심의 사명에 학부모들과 동행 하기를 소망하며 초창기부터 지금까지 부모 교육에 앞장서고 있으며, 많은 가정에서 부모 삶의 변화와 가정의 회복이라는 열매를 맺고 있다.

2015년에는 30명이 넘는 학생들로 인하여 좀 더 넓은 장소로 이전을 위해 학생, 부모, 교사 모두가 함께 기도하며 준비하는 과정이 있었고, 하나님의 놀라운 응답으로 2016년 11월, 지금의 장소인 강서구 국제신도시로 이전하게 되었다. 신도시의 특성상 대부분 신축 건물이며, 학교 및 기숙사 모두 신축 건물이라 깨끗한 환경이며, 곳곳에 넓은 잔디 구장과 잘 가꿔진 공원, 국회도서관, 기적의 도서관 등 문화시설들이 많은 최적의 장소에서 많은 것을 누릴 수 있다. 2024년 벧엘공동체가 합심하여 기도하고 있는 것은, 텃밭이 있고 작은 운동장이 있는 곳으로 학교가 이전하는 것이다. 하나님의 때에 하나님의 방법으로 인도해주실 것을 믿으며 함께 기도하고 있다.

2. 벧엘국제스쿨 설립을 위한 준비 과정

가. 학교장의 전문성 준비

필자는 2003년부터 2015년까지 호산나교회에서 중등부 주일학교 교사, 2005년부터 2012년까지 호산나교회 부설 교육기관인 비전스쿨에서 중등부 독서지도 교사로 섬겼다. 비전스쿨은 최석찬 목사와 아가피아 독서 교사 과정을 마친 교사 12명으로 시작되었다. 아가피아 독서지도사 자격증 과정을 통해서 인문학, 철학, 역사, 세계사, 신앙 도서 등의 폭넓은 독서를 하게 되면서 청소년들을 가르치기 전에 먼저 나의 가치관과 세계관에 큰 변화를 갖게 되었다.

2003년 가을, 40일 특별 새벽기도에서 호산나교회 최홍준 담임목사께서 기독교 대안학교 설립을 선포하셨고, 이에 호산나교회 기독교 대안학교 준비위원회가 구성되었다. 필자도 대안학교 준비위원회의 위원으로 동참하여 전국에 있는 기독교 대안학교를 탐방하였고, 기독교 교사 컨퍼런스에 참여하면서 기독교 세계관을 가르치는 기독교 교사와 부모 역할의 중요성에 대하여 많은 깨달음을 얻었다.

2004년부터 2009년까지 부산시 교육청에서 실시하는 상담자원봉사자로 중학생을 대상으로 하는 집단상담과 개인 상담에 참여하였고, 현재 공립학교마다 실시하고 있는 Wee Class 시범 운영 기간에 필자는 건국중학교에서 개인 상담교사로 매일 학생들을 상담하면서 상담자로서의 전문성을 갖추게 되었다. 2006년 부산시 교육청에서 실시한 학습코칭 전문가 과정 초급단계를 수료하고, 청소년들을 돕기 위하여서는 학습을 더 잘 할 수 있는 방법을 코칭하며 도움을 줘야겠다는 생각으로 매주 서울에서 실시하는 학습코칭 전문가 자격증 과정(100시간)을 수료한 이후 강사 자격증을 취득하였다. 이후 2009년부터 고신대학교 교수학습지원센터에서 대학생들을 대상으로 학습코칭을 강의하였다. 2011년에는 고신대학교 평생교육원에서 학습코칭 지도사 양성 15주 과정이 개설되었는데 이 외에도 학습코칭 강의는 다양한 곳에서 요청받았다. 일반 공립학교 교사 연수, 교회 주일학교 교사 연수, 건강가정지원센터 부모 교육, 어린이 도서관 등 학습코칭에 대한 많은 관심을 체감하는 시간들이었다.

그리고 갈등관리조정전문가 과정(140시간)을 수료하며 인간관계에서의 갈등을 조정하는 전문가로서 이론과 실제를 공부하며 청소년 상담의 현장에서 부모와 자녀, 부부, 가정의 치유와 회복 과정에 대한 다양한 안목을 갖게 되었다. 그러나 치유와 회복의 여정 가운데에서 온전한 회복을 위하여 기독교 상담의 필요성을 절실히 깨닫고 기독교 상담대학원 진학을 원했으나 그 당시에는 부산에 기독교 상담대학원이 개설된 곳이 없었으므로 기독교 상담대학원이 개설되기를 기도하며 기다리고 있었다. 그리고 1년 뒤 최석찬 목사께서 고신대 총장과의 만남 가운데 고신대학교에 기독교 상담대학원이 개설되었다는 소식을 전해주셔서 그 다음날 바로 고신대 기독교 상담대학원에 원서를 접수하였다.

2007년 고신대 기독교 상담대학원에 입학하고 기독교 상담과 기독교 세계관 수업을 통해서 일반 상담과 기독교 상담의 다른 점, 기독교 상담 현장에서 기독교 세계관으로 무장된 기독교상담자의 중요성에 대하여 체계적으로 배우는 시간이 되었다. 무엇보다 헌신적이고 열정적이며 겸손하신 고신대 교수들께 큰 감명을 받으며 신앙과 삶이 일치하는 삶이 무엇인가를 배우는 가장 뜻깊은 시간이 되었다. 상담자의 삶이 어떠해야 하는가에 대하여 이론과 실제를 동시에 배우게 된 가장 축복된 시간이었다.

　　2010년 기독교 교육학과 박사과정에 입학하고 기독교 세계관, 기독교 교육과정, 기독교 교육철학 등 기독교 교육학에 대하여 체계적인 배움을 통해서 느낀 점은 배울수록 가르치는 자로서 삶이 얼마나 중요한가 그리고 교사와 부모의 가치관과 삶의 태도들이 얼마나 큰 영향력을 미치는 것인가에 대하여 깨닫게 되었다. 특히 부모 교육의 중요성과 함께 부모 역할과 가정 회복을 위한 사명에 집중하게 되었다. 기독교 대안학교의 역할 가운데 하나가 체계적이고 지속적인 부모 교육을 실천하는 것이 얼마나 중요한가에 대하여 강조하는 것이다.

　　2023년에는 "대안학교 부모를 위한 기독교 성품 교육프로그램 개발 및 효과"라는 제목의 기독교 교육학 박사학위 논문 프로그램을 11주간 진행하였는데. 이 프로그램에 참여하신 부모들의 삶의 변화와 깨달음을 통해서 다시 한번 부모 교육의 중요성과 필요성에 대하여 확신하게 되었다. 2024년 올해에도 "부모를 위한 기독교 성품 교육프로그램"을 진행하기 위해서 준비하고 있다.

나. 교직원

기독교 교육에서 가장 중심이 되는 것은 탁월한 교재도 아니고 큰 규모와 깨끗한 시설이 아니라 기독교 세계관으로 무장된 교사이다. 신앙과 삶이 일치하는 본이 되는 삶을 살아가는 교사로부터 보고 배우는 학습은 학생들의 가치관 형성뿐만 아니라 삶의 태도로부터 성품을 배우게 되며, 신앙과 믿음을 전수 받게 될 것이기 때문이다. 초창기에는 필자가 상담자 역할을 맡아서 학생상담 및 학부모 상담과 부모 교육을 진행하였고, 전도사께서 매일 아침 채플 인도와 성경 공부 및 찬양팀 훈련을 맡았으며, 학과목 교사 3명이 검정고시 과목 공부 및 NIV 영어 성경 통독 및 영어시험 준비를 위한 교육과정을 맡아서 지도하였다. 무엇보다도 필자가 학습코칭 전문가로서 전문성과 기독교 상담자로서 개인 상담 및 가족 상담을 통하여 학생들의 삶의 변화와 학습에 대한 동기부여 등 체계적이고 집중적인 관리시스템을 형성할 수 있었다. 그리고 전도사께서 하는 영성 훈련 프로그램을 통해서 아침마다 드리는 채플 인도를 학생 리더가 맡으면서 학생들이 주도적으로 무릎 꿇고 기도하며 예배를 인도하였다. 또한 헌신적인 각 과목 교사들과 1:1 멘토 수업, 자기 주도적인 학습으로 인한 변화와 성장은 지속적으로 이루어졌다. 현재는 필자를 포함하여 교사, 목사, 전도사, 간사 총 14명의 교직원이 기독교 교육의 현장에서 협력하고 있다.

다. 공간

부산 사하구 당리동 온코칭&상담센터의 공간에서 시작한 벧엘국제스쿨은 88평의 공간이라 좁지는 않았으나 학교로 꼭 필요한 체육활동, 예술, 창의력 활동 등 공간이 부족하였는데 2016년 11월, 강서구 국제신도시 현재 장소로 이전하게 되면서 모든 필요가 채워졌다. SM빌딩 7층, 200평 규모의 전 층을 사용하게 되며 필요한 공간을 설계하고 리모델링을 하면서 상담센터와 벧엘국제스쿨이 필요한 공간을 확보할 수 있었다. 그리고 같은 SM 건물 4층에 200평 규모의 짐스아카데미(방과 후 체육 교육기관)이 입점하여 벧엘국제스쿨과 협력관계를 맺고 오전 시간은 벧엘국제스쿨의 체육수업을 진행할 수 있게 하였다. 짐스아카데미에 각 분야별 운동 코치가 8명이 준비되어 있어서 벧엘국제스쿨로서는 매우 다양한 운동 종목을 정확하게 배울 수 있는 좋은 체육관이 생긴 것과 마찬가지로 지금까지 협력하여 잘 사용하고 있다. 또한 국제신도시에 다양한 문화시설 및 잘 정돈된 체육공원과 국회도서관, 기적의 도서관 등의 시설을 최대한 이용하며 공동체 활동에 적극 활용하고 있다.

라. 재정 준비

벧엘국제스쿨 설립을 위한 재정적인 준비는 온코칭&심리상담센터의 공간 및 재정 후원과 학생들의 학비를 중심으로 이루어졌다. 현재는 부산교육청 대안교육 기관으로 등록이 될 수 있도록 준비하는 과정에 있다.

3. 교육철학과 교육과정

벧엘국제스쿨은 기독교 세계관을 토대로 한 기독교 교육과 성경적 부모 교육 그리고 기독교 상담 원리를 기초로 한 치유와 회복의 과정을 통해서 하나님의 자녀로서 분명한 정체성을 확립하고, 예수님의 성품을 닮아가기 위하여 성경적 성품교육을 실천한다.

가. 교육철학

벧엘국제스쿨의 교육철학은 다음과 같다.

- 벧엘국제스쿨은 기독교 세계관을 바탕으로 하나님을 바르게 알고, 사람을 사랑하고 섬기는 리더로서 인재를 양육하는 학교
- 벧엘국제스쿨은 예수 그리스도 안에서의 분명한 자신의 정체성을 확립하고, 자신에게 주어진 삶을 충실하게 살아낼 수 있는 힘을 기를 수 있는 지(知)·정(情)·의(意)가 균형 잡힌 교육프로그램을 통해서 전인격의 성장과 성숙을 이루며, 개별적인 학습코칭을 통해 각자의 달란트를 계발하여 전문성을 지닌 하나님의 사람들을 양육하는 학교
- 벧엘국제스쿨은 공동체 안에서의 대인 관계 훈련, 의사소통 훈련을 통해 세상 속에서 선한 영향력을 발휘하는 리더로서 갖춰야 하는 성품을 계발하는 리더 훈련 학교
- 벧엘국제스쿨은 성령의 열매를 나타내는 성품을 훈련하고 계발하여 예수님의 성품을 나타내며 인류를 위해 헌신하는 삶을 살아가는 것이 삶의 목적인 하나님의 사람을 길러내는 학교

나. 교육과정

(1) WORSHIP

하나님께 예배드림을 우선순위에 두며 하루에 최선을 다하는 믿음의

군대로 준비되기 위하여 주 1회 세계관 강의와 하브루타 토론 수업을 통해 기독교적 세계관뿐만 아니라 하나님의 자녀로서 건강한 정체성을 확립한다. 팀별로 그룹 과제를 함께하며 팀워크와 협동심, 배려, 책임감 등의 성품을 계발하고, 정확하고 명확한 근거와 논리 구성 능력을 개발한다.

[그림 XIII-1] 오전 채플 & 소그룹, 큐티 나눔

(2) LEADERSHIP PROGRAM: 국외 비전트립

전문적인 진로상담과 매주 담임 교사의 코칭을 통해 "가슴 뛰는 꿈"을 찾고, 그 꿈의 현장으로 1년에 한 번 "땅 밟기 여행"을 한다. 세계적인 무대

[그림 XIII-2] 국외 비전트립

와 하나님께서 인도하실 꿈의 땅을 밟으며 나의 미래와 모든 주권을 주님께 맡기는 과정 가운데, 온 열방을 향해 일하고 계시는 기적의 하나님을 경험하게 된다.

(3) COACHING PROGRAM

개인상담 및 가족 상담을 통하여 학생 개인의 자기성찰 및 정체성 확립뿐만 아니라 갈등관리 능력 및 의사소통 능력의 향상으로 부모와 자녀관계가 회복되고 건강한 믿음의 가정을 세운다.

- 전문 심리상담 (개인 상담 및 가족 상담) / 학습 코칭 & 진로 코칭
- 부모 교육프로그램: 매월 토요일 오전 10시, 부모 교육을 통해서 자녀에 대한 객관적인 이해와 함께 신앙과 삶이 일치하는 본이 되는 부모 역할을 돕기 위한 프로그램이다.
- 매년 3월, "부모를 위한 기독교 성품 교육프로그램" 11주 과정으로 일상의 삶 가운데 성령의 열매를 맺는 삶을 통해서 자녀를 제자 삼는 사명을 돕기 위한 프로그램이다.

(4) CUSTOMIZED TEACHING

전문적인 심리 검사와 학습 종합 검사를 통해 정확한 개인별 학습 스타일을 파악하고 그에 맞는 1:1 맞춤형 학습 스케쥴을 설정한다. 단기, 중기, 장기 목표를 기록한 로드맵을 차근차근 이루어감으로써 작은 성공 경험들을 쌓아가며 자신감과 자존감이 향상되고 자기주도적 학습을 이루어가는 프로그램이다.

- 매주 이루어지는 체계적인 학습컨설팅으로 학생 각자의 심리·정서적 안정과 함께 자신만의 효율적인 학습 스타일을 형성해감으로써 학습 유능감, 학습 동기부여가 향상된다.

다. 기타 교육 활동
(1) 밥 존스 교재
밥존스 커리큘럼은 유치부 과정부터 고등학교 3학년까지 전 과정의 수업이 가능하며 미국 학력인가 기관의 학점 및 학력 인정을 받는다. 각 학년별 기독교 세계관을 기초로 하는 6개의 과목 이수를 통해 학문적 기초를 닦는다.

- Bible, English, Literature, Math, Science, Heritage

(2) 검정고시 준비를 위한 학과목 교재
- EBS 만점왕 교재, 검정고시 교재, 문학책, 비 문학책, 문법책

(3) 성경적 성품 교육
- 미국의 기독교 성품훈련 기관 Character First:의 성품 교육 핵심 원리
- 마태복음에서 예수님의 가르침 49가지 성품의 정의

(4) 독서교육 & 하브루타
독서 시간과 하브루타 시간을 통해서 다양한 분야의 책을 읽고 토론하고 발표한다. 주인공의 성품을 조사하여 팀별로 발표하고, 성격 분석을 위한 학습지 활동, 독서 감상문 등의 독후 활동을 실시한다.

(5) Presentation skill 훈련 프로그램
팀별로 탐구하고 연구한 주제를 일목요연하게 정리하여 대중 앞에

자연스럽게 발표하는 능력을 개발하기 위한 꾸준하고 체계적인 프로그램으로써 "Group presnetation"과 자기주도적으로 연구, 조사하여 발표하는 "Personal presentation"을 매달 시행한다.

(6) 현장 체험학습

매월 1회, 현장 체험학습을 통해서 자율성, 창의성, 협동심, 리더십 함양

- 국립해양박물관, 영화 체험박물관, 닥밭골 벽화마을, 동래읍성, 복촌박물관, 서동 미로시장, 기장 해동용궁사 등

(7) 아웃팅

매주 수요일 오후 기숙사 학생을 중심으로 하는 방과후 활동으로써 다양한 활동을 통해서 협동, 배려, 책임감, 협동심, 리더십을 함양할 수 있는 프로그램이다. 등산, 축구, 건전한 놀이문화 체험 등

4. 나가는 말

우리나라 기독교 대안학교의 역사는 20년을 조금 넘어서고 있으며 '대안교육시설'로 간주되는 미인가 대안학교들이 대부분을 이루고 있다. 현재 공교육은 가치중립적, 인간중심, 합리주의 사고방식의 교육과정으로 이뤄져 있으며, 입시 위주의 과열 학습 및 경쟁, 열등감, 학교폭력, 따돌림, 학교 붕괴, 교권 상실 등 심각한 문제가 발생하고 있다. 이에 기독교 부모들은 자녀들에게 기독교 세계관을 기반으로 하는 기독교 교육, 기독교 대안교육을 요청하고 있으며, 하나님의 자녀로서 정체성을 확립하고 각자에게 주어진 사명을 감당하

는 크리스천 리더를 양성하는 기독교 대안학교의 필요성이 강조되고 있다. 기독교 대안학교는 삶과 신앙이 통합(Integration)되는 전인적인 교육과정을 통해서 하나님의 형상 회복을 위한 기독교 교육이 실현되어야 한다. 무엇보다도 다음 세대들에게 올바른 가치관 교육, 신앙교육을 위하여 부모를 위한 기독교 세계관 교육, 기독교 성품 교육이 체계적이며 지속적으로 진행되어야 한다. 부모의 세계관이 자녀의 가치관 형성에 가장 큰 영향을 미치며, 부모가 최고의 교사이기 때문이다.

그러므로 기독교 대안학교와 가정이 긴밀하게 연계하여 부모가 언약교육의 일차적 책임자로서 사명을 다할 수 있도록 돕는 것이 기독교 대안학교의 사명이라고 말할 수 있을 것이다. 앞으로 더 많은 기독교 대안학교를 통해서 부모가 회복되고 가정이 회복되기를 소망한다.

참고문헌

제1장

김경식·이현철(2008). 청소년의 교육에 대한 사적 가치 기대 변화. 교육사회학연구 19(4). 1-27.

조성국(2015). 헤르만 바빙크의 생애와 그의 교육 및 교육학에 대한 기초적 논의. 기독교 교육논총 제42집, 101-131.

Bavinck, H. (1904). Paedagogische beginselen. Kampen: J. H. Kok.

제2장

「개정 초중등교육법」 제8절 각종학교 3항. 2012년 3월. (https://www.law.go.kr)

고병헌 외 6인(2009). 교사, 대안의 길을 묻다: 대안교육을 위한 아홉 가지 성찰. 서울: 이매진.

교육법전편찬회(2008). 2008년 개정판 교육법전. 서울: ㈜교학사 공무부.

박상진·조인진·강영택·이은실(2012). 기독교 대안학교의 교육성과를 말한다. 서울: 예영커뮤니케이션.

서울대학교 교육연구소 편(1994). 전정판 교육학용어사전. 서울: 도서출판 하우.

서울평화교육센터 편(1996). 대안학교의 모델과 실천. 서울: 내일을 여는 책.

송원영(2002). 주일 교회 학교의 대안 학교화 가능성 탐색. 백석저널2: 한국기독교 대안교육. 가을, 77-110.

이병환(2017). 열린교육과 대안교육의 개념 비교. 교육철학 62, 73-97.

이병환·김영순(2008). 대안교육의 실천과 모색. 서울: 학지사.

이종태(2001). 대안교육과 대안학교. 서울: 민들레.

이종태(2007). 대안교육이해하기. 서울: 민들레.

임경근(2007). 기독교 학교교육, 강용원 편. 기독교 교육학개론. 서울: 생명의양식.

정유성(1999). 대안학교(특성화고등학교)의 교육과정 및 교사양성방안. 교육부 학술연구보고서.

조성국(2020). 한국 기독교 대안학교 운동사. (127-157)「한국기독교 학교교육운동사」. 서울: 기독교 학교교육연구소. 미간행학술대회원고집.

최석민(2006). 대안학교의 개념적 준거 탐색. 교육학논총 27-1, 1-19.

Cooper, B. S.(1994). "Alternative Schools and Programs". Husen, Torsten ed. The International Encyclopedia of Education. 2nd edition vol. 1. Oxford: Pergamon Press, 260-265.

Fantini, M. D.(1985). "Alternative Structure and Forms of Education". Husen, Torsten ed. The International Encyclopedia of Education. 1st edition vol 1. Oxford: Pergamon Press, 254-256.

Glatthom, A. A.(1975). Alternatives in Education: Schools and Programs. NY: Dodd, Mead & Company, Inc.

Moyer, F. H.(1972). A Comprehensive Bibliography of Open Education and Open Space Schools - a reader's guide. NJ: Plainfield. 15-17. ED 065 909

Weinberg, C.(1973). Alternatives in education: the meaning of alternatives.

NJ: Jossey-Bass, Inc., Publisher.

제3장

강영택(2013). 기독교 학교와 교회의 관계에 대한 고찰: 미국의 기독교 학교를 중심으로. 기독교 교육논총 33, 31-65.

강영택(2014). 미국 공교육의 전개와 기독교의 역할. 기독교 교육 논총 37, 167-198.

조성국(1990). 교회교육의 기초를 위한 신약성경의 교육적 함축성. 기독교 교육연구 창간호, 4-31.

조성국(2000). 기독교 교육 원형으로서의 구약성경의 언약과 교육. 고신대학교 논문집 25, 69-80.

조성국(2003). 기독교 세계관과 기독교 학교교육. 부산: 고신대학교부설기독교 교육연구소.

조성국(2007). 20세기 후반의 기독교 학교운동. 교회와 교육 가을겨울, 120-133.

조성국(2019). 기독교 세계관 형성을 위한 기독교 학교교육의 역사와 철학. 서울: 생명의양식.

조성국·이현민(2021). 기독교 세계관과 교육이론. 서울: 생명의양식.

Oppewal, D. & De Boer, P. P.(1984). Calvinist Day Schools: Roots and Branches. (in Carper, J. C. & Hunt, T. C. eds. Religious Schooling in America. Birmingham: Religious Education Press.)

Waterink, J.(1980). Basic Concepts in Christian Pedagogy. St. Catharines,

Ontario: Paideia Press.

제4장

기독교 학교연구소(2007). 기독교 대안학교 가이드. 서울: 예영.

기독교 학교연구소(2012). 기독교 대안학교 가이드. 서울: 예영.

박상진(2006). 기독교 학교교육론. 예영커뮤니케이션.

박상진·이종철(2019). 당신이 기독교 대안학교에 대해 알고 싶은 모든 것. BOOKK.

박상진·이종철(2021). 기독교 대안학교의 미래를 고민하다. 쉼이있는교육.

박상진.조인진.강영택.이은실(2012). 기독교 대안학교의 교육성과를 말한다. 예영.

이종태(2007). 대안교육 이해하기. 민들레.

정영찬(2007). 한국의 기독교 대안학교 교육에 대한 개혁주의적 고찰. 고신대학교 대학원 박사학위논문.

정영찬(2022). '조성국 교수의 한국교육과 기독교 학교 연구 분석', 개혁주의 기독교 교육학자 조성국. 개혁교육연구회.

조성국(2003). '기독교 세계관과 교육', 문화를 알면 교육이 보인다. 침례신학대학교출판부.

조성국(2014). 기독교 세계관에 기초한 기독교 학교의 미래과제. KSCRE.

조성국(2019). 기독교 세계관 형성을 위한 기독교 학교교육의 역사와 철학. 생명의양식.

조성국(2021). '한국 기독교 대안학교 운동사', 기독교 학교 운동사. 쉼이있는교육.

조성국(2022). '개혁주의 기독교 교육학의 교육과 연구를 위한 소명에 응답해 온 나의 생애: 기억에 기초한 주관적, 고백적, 현상학적 관점', 개혁주의 기독교 교육학자 조성국. 개혁교육연구회.

조성국·이현민(2021). 기독교 세계관과 교육이론. 생명의 양식

한국갤럽 홈페이지 https://www.gallup.co.kr

제5장

소진희(2019). HERE and NOW-학문 소명 진로. 부산: ReEd.

신국원(2006). 니고데모의 안경. 서울: IVP.

안점식(2020). 세계관 종교 문화. 서울: 죠이선교회.

조성국(2009). 기독교 교육의 정체성. 강용원 책임편집. 기독교 교육학 개론. 47-68. 서울: 생명의 양식.

Berkhof, L. & Van Til, C. (2017). 개혁주의 교육학(Foundations of Christian Education: Addresses to Christian Teachers)(이경섭 역). 서울: 개혁주의신학사.

Blomberg, D. (1980). If life is religion, can school be neutral?, Journal of Christian Education Papers. 67, 5-11.

Van Dyk, J. (2012). 기독교적 가르침, 그게 뭔가요?(Letters to Lisa)(박상호 역). 서울: 교육과학사.

Edlin, R. J. (2009). 기독교 교육의 기초(The cause of Christian education)(기

독교학문연구회 교육학분과 역). 서울: 그리심.

Kalsbeek, L. (1995). 기독교인의 세계관(Contours of a Christian philosophy) (황영철 역). 서울: 성광문화사.

Kuyper, A. (2020). 아브라함 카이퍼의 영역주권(Souvereiniteit in eigen kring) (박태현 역). 군포: 다함.

Opitz, D. & Melleby, D. (2014). 공부하는 그리스도인(The Outrageous Idea of Academic Faithfulness: A Guide for Students)(이지혜 역). 서울: IVP.

Peterson, E. (2006). 이 책을 먹으라(Eat this Book)(양혜원 역). 서울: IVP.

Plantinga, A. (2015). Knowledge and Christian Belief. Mi: Eerdmans Publishing Co.

Romanowski, W. (2004). 맥주 타이타닉 그리스도인(Eyes Wide Open: Looking for God in Popular Culture)(정혁현 역). 서울: IVP.

Smith, D. I. (2018). On Christian Teaching. Mi: Wm B. Eerdmans Publishing Co.

Smith, J. K. A. (2006). Who's Afraid of Postmodernism?. Mi: Baker Academic.

Smith, J. K. A. (2009). Desiring the Kingdom. Mi: Baker Academic.

Smith, J. K. A. (2010). Letters to a Young Calvinist: An Invitation to the Reformed Tradition. Mi: Brazos Press.

Smith, J. K. A. (2013). Imagining the Kingdom. Mi: Baker Academic.

Wayne, I. (2017). Education: Does God Have an Opinion?. Master Books.

Wolterstorff, N. P. (2002). Educating for life. Mi: Baker Academy.

Wolterstorff, N. P. (2007). 정의와 평화가 입맞출 때까지(Until Justice and Peace Embrace)(홍병룡 역). 서울: IVP.

제6장

김성수(1991). 학교 및 학교교육에 대한 성경적 조망. 통합연구, 4(4), 101-137.

별무리학교(2012). "별무리학교 설립이념". http://www.bmrschool.net/?c=1/6 (접속일: 2024.1.5.)

신득렬(2004). 현대 교육철학. 서울: 학지사.

신득렬(2014). 교양교육. 인천: 겨리.

이홍우(2011). 교육의 개념. 서울: 문음사.

National Institute for Christian Education(2023). 변혁을 위한 교육과정(Transformation by Design: the Big Picture)(류재신, 이현민 역). 인천: 템북.

Spykman, G.(2002). 개혁주의 신학(Reformational Theology: A New Paradigm for Doing Dogmatics)(류호준, 심재승 역). 서울: 기독교문서선교회.

Van Brummelen, H.(2014). 교실에서 하나님과 동행하십니까(Walking with God in the Classroom)(안종희 역). 서울: IVP.

Wolterstorff, N.(2007). 정의와 평화가 입 맞출 때까지(Until Justice and Peace Embrace)(홍병룡 역). 서울: IVP.

Wolterstorff. N.(2014). 샬롬을 위한 교육(Educating for Shalom)(신영순, 이민경, 이현민 역). 서울: SFC

제7장

김남익·전보애·최정임(2014). 대학에서의 거꾸로 학습(Flipped learning) 사례 설계 및 효과성 연구: 학습동기와 자아효능감을 중심으로. 교육공학연구, 30(3), 467-402.

박진우·임철일(2016). 육군 학교교육의 플립러닝 기반 상황위주 토의식 수업을 위한 교수 전략 개발 연구. 교육공학연구, 32(4), 771-808.

방진하·이지현(2014). 플립드 러닝(Flipped Learning)의 교육적 의미와 수업 설계에의 시사점 탐색. 한국교원교육학회, 31(4), 299-319.

봉현철(2007). 한국 기억 액션러닝 프로그램의 핵심성공요인 탐색: 요인의 내용과 요인간의 관계에 관한 고찰. 경상논총 25(3). 1-34.

부성숙(2014). 액션러닝 수업이 예비 유아교사의 자아개념 및 자기효능감에 미치는 영향. 유아교육학논집 18(5). 29-52.

이수인(2014). 교회학교 교사교육을 위한 문제중심 학습법의 사용. 기독교 교육논총 37. 233-259.

이현철(2018). 교회학교 교사, 어떻게 가르칠 것인가?. 서울: 생명의 양식.

임천택(2002). 학습자 중심의 국어과 평가. 경기: 박이정.

정석기(2015). 수업기술 향상을 위한 좋은 수업설계와 실제. 서울: 박영story.

최정빈·김은경(2015). 공과대학의 Flipped Learning 교수학습 모형 개발 및 교과 운영사례. 공학교육연구, 18(2), 77-88.

한국교육과정평가원(2017). 과정을 중시하는 수행평가, 이렇게 해요! KICE 연구·정책브리프 5, 1-7.

한국액션러닝협회, http://www.kala.or.kr/

한형종·임철일·한송이·박진우(2015). 대학 역전학습 온·오프라인 연계 설계전략에 관한 연구. 교육공학연구, 31(1), 1-38.

Barrows, H. S., & Tamblyn, R. M.(1980). Problem based learning: An approach to medical education. New York: Springer Publishing Company.

Bergmann, J. & Sams, A. (2012). Flip your classroom: reach every student in every class every day. Washington, DC: International Society for Technology in Education.

Edlin, J. R.(2004). 기독교 교육의 기초(The cause of Christian education)(기독교학문영구회 교육학분과 역). 서울: 그리심.

Marquardt, M. J.(2000). 액션러닝. 최고의 인재를 만드는 기업교육 프로그램 (Action learning in action)(봉현철·김종근 역). 서울: 21세기 북스.

University of Texas at Austin Center for Teaching and Learning (n.d.). What is the Flipped Classroom? Retrieved November 15, 2015 from https://facultyinnovate.utexas.edu/teaching/flipping-a-class..

제8장

박상진(2021). '대안교육기관에 관한 법률' 제정의 의미와 향후 과제. 장신논단, 53(1), 329-354.

이종철·김지혜 (2023). '대안학교 등록제' 도입에 따른 기독교 대안학교의 변화와 나아갈 방향. 한국기독교 교육학회 추계학술대회 발표자료집, 170-194.

조성국(2019). 기독교 세계관 형성을 위한 기독교 학교교육의 역사와 철학. 서울: 생명의 양식.

Fowler, S. (1990). Structuring the School for Freedom. In S. Fowler, H. van Brummelen, and J. van Dyk (Eds.) Christian Schooling-Education for Freedom. Potchefstroom: IRS.

Hanscamp, M. ed. (2018). The Christian School as Community. Springwood: Christian Education National.

Sergiovanni, T. J. (1994). Organizations or Communities? Changing the Metaphor Changes the Theory. Educational Administration Quarterly. 30(2), 214-226.

제9장

강용원(1982). 쉐마의 교육론. 미스바 제7집, 109-122.

김영철·주경란(1986). 학교제도. 서울: 한국교육개발원.

전광식(2019). 기독교 대안교육과 대안학교. 서울: SFC.

조성국(2000). 기독교 교육의 원형으로서의 구약성경의 언약과 교육. 고신대학교 논문집 제25집, 69-80.

조성국(2019). 기독교 학교교육의 역사와 철학. 서울: 생명의양식.

Archer Jr., G. L.(2005). Covenant. Elwell, Walter A. ed. Evangelical Dictionary of Theology (2nd edition) MI(Michigan): Baker Academic, 299-301.

Brown, F., Driver, S., Briggs, C.(1999). The Brown-Driver_Briggs Hebrew and English Lexicon: coded with Strong's concordance numbers. MA: Hendrickson publishers, Inc.

De Jong, Norman(1969). Education in the truth. Philipsburg: Presbyterian and Reformed Publishing.

Eavey, C. B.(1977). History of Christian Education. Chicago: Moody Press.

Harari, Y. N.(2017). 호모데우스: 미래의 역사(Homo Deus)(김명주 역). 파주: 김영사.

Mendenhall, G. E.(1962). Covnenant. Buttrick, G. A. ed. The Interpreter's Dictionary of the Bible: an illustrated encyclopedia. NY: Abindon press, 714-723.

Reble, A.(2005). 서양교육사(Geschichte der P·dagogik)(정영근 외 역). 서울: 도서출판 문음사.

Robertson, O. P.(1980). The Christ of the Covenants. Philadephia: Presbyterian and Reformed publishing co.

Williamson G. I.(1964). The Westminster Confession of Faith: for study classes. Philadephia: Presbyterian and Reformed publishing co.

Williamson, G. I.(2003). The Westminster Shorter Catechism: for study classes. Phillipsburg: P&R publishing co.

제10장

박주정(2014). 대안교육정책에 대한 중등교사의 인식연구. 한국교원대학교 교육정

책전문대학원. 2014.2

민들레 편집실(2023). 대안학교의 오늘과 내일. 민들레 vol. 149.

찾아보기

ㄱ

개인주의	31, 202, 209, 258
개혁교회	50, 56, 58, 60, 61, 62, 64, 65, 66, 67, 68, 70, 71, 72
개혁주의	68, 82, 89, 90, 91, 112, 113, 138, 139, 140, 146, 147, 318, 319, 321
경건	37, 58, 59, 62, 63, 71, 102
경쟁	16, 17, 32, 89, 100, 176, 198, 232, 247, 301, 313
계몽주의	55, 56, 58, 125, 217, 221
고신대학교	79, 82, 84, 85, 88, 89, 90, 91, 92, 99, 257, 266, 268, 269, 305, 317, 318, 324
공공성	88, 192, 259.00
공교육	15, 16, 17, 19, 20, 50, 69, 75, 77, 81, 82, 83, 84, 85, 98, 99, 105, 106, 130, 154, 155, 184, 185, 192, 193, 216, 246, 249, 251, 254, 255, 283, 288, 289, 297, 301, 313, 317
공동생활	207,
공동체 교육	275,
공립대안학교	38,
관찰 평가	177, 178
교사	19, 36, 37, 38, 39, 40, 41, 44, 52, 53, 54, 55, 57, 58, 62, 69, 71, 83, 88, 89, 90, 96, 97, 133, 135, 137, 138, 144, 145, 146, 147, 149, 150, 151, 155, 156, 157, 158, 162, 164, 165, 166, 167, 168, 169, 171, 172, 176, 177, 178, 179, 187, 191, 195, 196, 200, 201, 202, 204, 210, 213, 214, 218, 224, 226, 228, 230, 231, 232, 233, 234, 235, 236, 237, 241, 250, 252, 254, 255, 256, 257, 258, 259, 260, 266, 267, 274, 275, 277, 283, 284, 285, 286, 288, 289, 297, 303, 304, 305, 306, 307, 310, 314, 315, 322

교수 방법	30, 256
교육과정	15, 16, 23, 24, 25, 27, 29, 36, 38, 39, 41, 43, 46, 55, 57, 64, 66, 68, 70, 71, 72, 78, 83, 84, 85, 86, 87, 88, 89, 96, 97, 131, 132, 136, 137, 144, 145, 146, 147, 148, 149, 150, 151, 152, 153, 155, 156, 157, 164, 177, 184, 186, 190, 192, 195, 242, 243, 245, 246, 247, 248, 249, 250, 251, 254, 255, 256, 257, 260, 268, 269, 272, 273, 281, 284, 285, 286, 288, 289, 301, 306, 307, 308, 309, 313, 314, 316, 321
교육관	30, 42, 43, 105, 106, 258, 276
교육받은 사람	132, 136, 137, 138, 158,
교육의 도구화	17
교육적 가치	15, 17, 18, 20
교육철학	61, 66, 68, 69, 82, 84, 85, 89, 136, 266, 267, 268, 269, 270, 301, 306, 308, 309, 316, 321
교직원	266, 267, 307
구속	112, 113, 115, 116, 118, 120, 122, 124, 152, 222
국가수준 교육과정	15
규범	30, 62, 114, 131, 132, 156,
근대주의	50, 55, 56, 57, 58, 64, 70, 71
근본주의 대안학교	35, 37
급진적 대안학교	40
기독교 교육철학	61, 68, 82, 85, 301, 306
기독교 인간관	15, 20
기독교 학교	50, 54, 55, 59, 60, 61, 62, 63, 64, 65, 66, 71, 80, 82, 83, 84, 85, 86, 87, 88, 89, 91, 99, 100, 101, 141, 146, 147, 156, 184, 196, 197, 243, 245, 265, 295, 301, 317, 318

기독교교육   46, 61, 65, 66, 69, 70, 82, 83, 85, 89, 91, 100, 102, 107, 108, 112, 128,
                   217, 245, 254, 255, 256, 259, 260, 263, 265, 302, 306, 307, 308, 313,
                   314, 317, 319, 322, 323, 324

기독교사립학교   59, 60, 68, 70, 72

기독교학교교육   78, 86, 90, 91, 316
연구소

기독학부모   258

낙스   54, 70
네덜란드 신앙고백   56

대리인   140, 155, 227, 228, 231

대안교육   23, 24, 25, 26, 27, 28, 29, 30, 31, 32, 33, 34, 38, 44, 45, 46, 77, 83, 85,
                   86, 89, 93, 94, 98, 105, 155, 159, 182, 184, 185, 186, 187, 188, 189,
                   190, 191, 192, 193, 194, 195, 213, 214, 217, 218, 223, 226, 230, 231,
                   232, 233, 234, 235, 236, 237, 241, 243, 244, 245, 249, 252, 253, 254,
                   257, 260, 266, 267, 268, 269, 281, 301, 308, 313, 315, 316, 318, 323,
                   324, 325

대안교육기관법   184, 188, 191, 192, 194, 195, 196, 241,

대안학교   15, 19, 20, 23, 24, 25, 26, 27, 28, 30, 31, 34, 35, 37, 38, 39, 40, 41, 42,
                   43, 44, 45, 75, 76, 77, 78, 79, 80, 81, 82, 83, 85, 86, 87, 88, 89, 90, 91,
                   92, 93, 94, 95, 96, 97, 98, 99, 100, 101, 130, 134, 135, 136, 143, 144,
                   145, 154, 155, 159, 160, 173, 174, 175, 177, 181, 182, 183, 184, 185,
                   186, 187, 188, 189, 190, 191, 192, 193, 194, 195, 196, 199, 202, 205,
                   208, 209, 241, 242, 243, 244, 245, 246, 249, 250, 251, 252, 253, 254,
                   255, 256, 257, 258, 259, 260, 263, 264, 266, 267, 277, 278, 281, 288,
                   297, 301, 302, 304, 306, 313, 314, 315, 316, 318, 323, 324, 325

도르트신경　　　　56
독서교육　　　　　276, 312
동료평가　　　　　177, 178

ㄹ

루터　　　　　　　54, 56, 64, 110
르네상스　　　　　215

ㅁ

문제기반학습　　　163, 164, 165, 166
미인가 대안학교　　93, 94, 183, 184, 190, 192, 243, 244, 313

ㅂ

바우처 제도　　　　195
법제화　　　　　　61, 183, 185, 186, 187, 188, 191, 242, 243
부흥　　　　　　　58, 59, 63
뷰카시대　　　　　없음
비전트립　　　　　310
빅 픽처 모델　　　　150, 151, 152, 153, 154, 155, 156, 158

ㅅ

사교육　　　　　　16, 87
사립학교　　　　　55, 61, 64, 70, 71, 72, 88, 101, 185, 186, 187, 196, 217, 243, 245
사회개혁　　　　　54, 59

상담	283, 304, 305, 306, 307, 308, 311
샬롬	140, 141, 142, 321
성경	18, 19, 51, 52, 53, 54, 55, 58, 59, 62, 68, 70, 71, 72, 102, 107, 112, 113, 115, 118, 119, 121, 123, 126, 136, 138, 139, 140, 142, 151, 156, 197, 208, 210, 218, 219, 220, 225, 226, 232, 269, 270, 274, 286, 292, 307
성경적 관점	112, 117, 152, 153, 157
성경적 세계관	15, 17, 20, 136, 147, 149, 161, 271, 서문
세계관	15, 17, 19, 20, 33, 42, 46, 50, 52, 53, 55, 58, 59, 60, 61, 62, 64, 66, 68, 69, 71, 72, 77, 78, 79, 80, 81, 82, 83, 84, 85, 86, 87, 88, 89, 95, 97, 98, 99, 100, 101, 105, 106, 107, 108, 109, 110, 111, 112, 114, 115, 118, 120, 122, 126, 130, 133, 136, 143, 144, 145, 146, 147, 148, 149, 154, 155, 159, 161, 215, 217, 231, 267, 271, 273, 274, 275, 278, 281, 283, 286, 290, 292, 297, 301, 302, 304, 305, 306, 308, 309, 312, 313, 314, 317, 318, 319
세속성	72
세속주의	60, 301
소통 교육	275,
쉐마	225, 324
실재관	108, 111, 116, 120

액션러닝	163, 164, 170, 171, 172, 173, 322, 323
언약	50, 66, 102, 214, 218, 219, 220, 221, 222, 223, 224, 225, 226, 227, 230, 231, 232, 233, 235, 236, 237, 265, 314, 317, 324
언약교육	223, 225, 235, 237, 314
열린교육	28, 29, 30, 33, 241, 316

원안교육	33, 46
웨스트민스터 신앙고백서	227
위계적 모델	203, 204, 205
은사	154, 155, 297
인가 대안학교	93, 94, 183, 184, 190, 192, 243, 244, 313
인본주의	72, 79, 82, 107, 116, 117, 118, 123, 124
인성교육	16, 17, 76, 241
입시	16, 17, 100, 193, 241, 242, 301, 302, 313

ㅈ

자기평가	177, 178
자본주의	31, 42
자유대안학교	42
자유학교	34, 37, 38, 43
재정	39, 40, 44, 61, 186, 187, 190, 191, 195, 196, 205, 245, 256, 257, 259, 263, 266, 268, 308
정체성	37, 50, 51, 62, 63, 68, 69, 88, 101, 137, 143, 145, 147, 176, 183, 184, 185, 194, 195, 197, 198, 200, 202, 206, 209, 210, 243, 245, 270, 271, 273, 301, 308, 309, 310, 311, 313, 319
제자도	77, 78, 149, 150, 151, 153, 156
존엄성	44
종교개혁	54, 56, 58, 215
좋은 수업	161, 162, 163
좋지 못한 수업	161, 162

지식관	108, 111, 116, 122, 145
지혜	19, 126, 135, 154, 162, 223, 255, 266, 271
진보적 학교	35

ㅊ

참 평가	174, 176
창조	33 ,49, 102, 113, 114, 116, 117, 118, 119, 120, 121, 122, 123, 125, 131, 141, 152, 200
체험	24, 252, 287, 295, 296, 313
초·중등교육법	76
초등학교	24, 54, 55, 57, 97, 185, 216, 258, 283, 285, 289, 295
츠빙글리	54

ㅋ

칼빈	50, 54, 56, 58, 59, 60, 61, 65, 66, 67, 70, 71, 80, 85, 110

ㅌ

타락	33, 56, 113, 114, 115, 118, 120, 122, 124, 125, 126, 127, 141, 152, 224, 226
탈기독교	15, 18, 19, 20, 50, 69

ㅍ

평가	16, 29, 36, 39, 42, 46, 86, 110, 134, 144, 148, 149, 166, 170, 174, 175, 176, 177, 178, 179, 187, 191, 195, 232, 250, 251, 277, 322,
포스트모더니즘	18, 221

포트폴리오 평가	177, 179
플립러닝	163, 164, 167, 168, 169, 170, 275, 322

ㅎ

하나님	15, 17, 18, 20, 33, 49, 50, 51, 52, 59, 61, 62, 77, 81, 89, 99, 100, 105, 110, 111, 112, 113, 114, 115, 116, 117, 118, 119, 120, 121, 122, 123, 124, 125, 129, 130, 136, 137, 138, 139, 140, 147, 149, 152, 153, 154, 173, 191, 198, 199, 200, 207, 214, 218, 219, 220, 221, 222, 223, 224, 225, 226, 227, 228, 229, 230, 231, 232, 233, 234, 235, 236, 237, 254, 255, 264, 265, 266, 269, 270, 271, 272, 273, 277, 278, 282, 284, 285, 290, 297, 302, 303, 304, 308, 309, 310, 313, 314, 321
하나님 나라	15, 20, 77, 99, 137, 139, 149, 153, 235, 273, 278, 303
하브루타	265, 274, 310, 312
하이델베르크 교리문답	56
학교장	157, 266, 268, 304
학력인정	23, 24, 57, 187, 195
학부모	26, 37, 43, 45, 61, 83, 96, 135, 190, 195, 201, 204, 205, 210, 216, 217, 226, 233, 236, 237, 241, 246, 249, 252, 255, 256, 257, 258, 259, 267, 277, 278, 284, 294, 295, 303, 307
학생	15, 16, 17, 24, 26, 29, 30, 36, 38, 40, 41, 43, 44, 50, 64, 66, 69, 71, 78, 97, 134, 135, 137, 138, 139, 142, 143, 144, 145, 148, 149, 150, 152, 153, 161, 162, 163, 164, 165, 166, 167, 168, 170, 171, 172, 174, 175, 176, 177, 178, 179, 183, 186, 187, 193, 195, 200, 201, 202, 204, 206, 210, 213, 214, 216, 217, 218, 226, 228, 229, 230, 231, 232, 233, 234, 235, 236, 237, 238, 241, 242, 245, 246, 247, 248, 249, 250, 251, 252, 256, 257, 258, 259, 260, 265, 267, 268, 269, 270, 271, 272, 273, 274, 275, 276, 277, 278, 281, 284, 285, 286, 287, 288, 289, 290, 291, 292, 294, 295, 296, 297, 298, 302, 303, 305, 307, 308, 311, 313

학제	97, 216
협의 평가	177, 178
호주 기독교교육연구소	150, 151
홈스쿨링	25, 43, 44, 85, 145, 302, 303
환대	154,
효과적인 수업	162, 163